萨尔浒的铁骑

张前

著

辽宁人民出版社

图书在版编目（CIP）数据

萨尔浒的铁骑 / 张前著 . -- 沈阳：辽宁人民出版社，2025．6．-- ISBN 978-7-205-11520-3

Ⅰ．K248.305-49

中国国家版本馆 CIP 数据核字第 2025HL6436 号

出版发行：辽宁人民出版社
　　　　　地址：沈阳市和平区十一纬路 25 号　邮编：110003
　　　　　电话：024-23284191（发行部）　024-23284304（办公室）
　　　　　http ://www.lnpph.com.cn
印　　刷：河北朗祥印刷有限公司
幅面尺寸：160mm×230mm
印　　张：19.25
字　　数：248 千字
出版时间：2025 年 6 月第 1 版
印刷时间：2025 年 6 月第 1 次印刷
责任编辑：赵维宁
助理编辑：金美琦
封面设计：东合社·安宁
版式设计：一诺设计
责任校对：郑　佳
书　　号：ISBN 978-7-205-11520-3

定　　价：79.80 元

历史的长河中，总有一些时刻如璀璨的星辰，在岁月的沉淀中闪耀着不可磨灭的光芒。

在中国历史上，随着朝代的更迭，战争也时有发生，这些战争不仅改变了历史的走向，也演绎了许多惊心动魄、名垂千古的经典战例。在这些战例中，不乏以少胜多的经典战役，它们充分展示出古代中国将领的智慧、勇气和战略眼光。

如巨鹿之战，是秦末大起义中项羽率领数万楚军同秦朝名将章邯、王离所率四十万秦军主力，在巨鹿进行的一场重大战役；官渡之战，是东汉末年的重要战役之一，也是中国历史上以少胜多的著名战例之一；赤壁之战，是东汉末年，由孙权和刘备共同联合，于建安十三年（208）在长江赤壁一带大破曹操大军的战役。

而在中国东北的广袤土地上，也有一场以少胜多的战役令人犹记在心，那便是明万历四十七年（1619）发生的萨尔浒之战。它不仅决定了明清（后金）两代的命运走向，更以其独特的战术布局和惊心动魄的战斗场面，成为军事史上的一个传奇。

尤其是此役的主导者，一位集军事才华与政治谋略于一身的指挥家——努尔哈赤，在他的领导下，后金军取得萨尔浒之战的决定性胜利。然而，努尔哈赤能够走上历史舞台，拥有一方土地，具备较强的作战能力，其中至关重要的是他的先世先祖为其打下的基石。

没有任何成功是一蹴而就的，没有任何胜利是不需要付出的。

自努尔哈赤的先世祖猛哥帖木儿在明朝时期崭露头角伊始，整个宗族就经历了多舛的命运。在被敌人骚扰到只能无奈迁徙的情况下，猛哥帖木儿砥砺前行，终于能够使宗族登上历史的舞台。可惜，在猛哥帖木儿去世后，宗族曾一落千丈，几乎消失在历史中。后经几代人的奋斗，才逐渐恢复实力，重新出现在历史的地平线上。

到努尔哈赤年少时，又遭遇家族没落。努尔哈赤骨子里充满了不服输的精神，如同他的先世祖那样顽强，即便生活困苦，亲情寡淡，他仍积极向上。凭借过人的智慧与才能，一步一步，从给人称臣走到建州左卫指挥使的位置，再到统一建州女真，继而统一女真，势力强大到整个明朝都为之畏惧；一战一战，从以"十三副遗甲"含恨起兵，到最后发出"凭尔几路来，我只一路去"的壮志豪言，令人惊叹不已。

正是这份坚定与自信，吹响了萨尔浒之战的号角。

"集中兵力，逐个击破"这个与明军相反的战略，在短短5天时间里，让明军彻底顿悟，当初的放任、轻视、不屑，如一记重拳打在胸口。这一拳是努尔哈赤给的，是数十后金将领给的，是不计其数的后金士兵给的，是后金所有民众给的，是萨尔浒之战给的！

自此，后金兴盛，明朝没落。

可以说，萨尔浒之战是关乎明朝与后金命运的一战，是改变双方实力的一战，是中国历史上极为重要的一战，亦是为我们留下无尽思考的一战。

　　现在仍有很多人将这场战役铭记于心，也有很多人并不了解这场战役。虽然我们不能以现代的眼光去看待过去的历史，但我们可以通过这场战役去了解当时的历史背景，了解身处在当时社会环境下的人们的悲与喜、怨与盼。

　　也许，我们会产生新的思考。

张　前

目 录

第一章 命途多艰 逆境求生

一、平凡中的不平凡，萨尔浒之战

公元 1619 年，在中国为明万历四十七年即后金天命四年，论干支则为己未羊年。

这一年，明朝与后金展开了一场看似平平无奇，实则影响极为深远的战役。后金汗努尔哈赤以"凭尔几路来，我只一路去"的作战方针，临危不惧，奋起迎击明朝派出围攻赫图阿拉（今辽宁新宾西永陵镇老城村）的四路大军。此役便是历史上著名的萨尔浒之战。

萨尔浒之战的爆发并非偶然，而是当时社会激荡下的必然。当时，后金遭遇了严重的水灾、饥荒，百姓生活十分艰难，努尔哈赤为了缓解天灾带来的危机，起兵攻略明朝的边境，并接连取胜。努尔哈赤的举动，自然引起明朝的强烈愤怒。作为堂堂大国，明朝断然不能放任努尔哈赤这个曾经臣服的"部落酋长"的行为，于是组织了一支规模巨大的军队，出兵赫图阿拉，想一举荡平努尔哈赤。

在这样的历史背景下，萨尔浒之战拉开序幕。任谁都不会想到，这是一场决定明清（后金）命运以及未来中国几百年历史走向的战役。

明朝集结了 10 余万人的军队，也有另一种说法，是明朝派出 40 余万人的大军。不管明军的数量到底多少，说明的问题只有一个，就是明军的数量远超后金军的数量。

明军目标直指后金的都城赫图阿拉，辽东经略杨镐作为此战明朝的最高统帅，制订了一个四路合击赫图阿拉的作战计划。

在古代战争中，分进合击的进军方式，它的成与败，有一个至关重要的因素，就是多路军队要在规定的时间内到达指定地点。在那个缺乏即时通信手段的年代，要在预定的时间内准时到达指定地点集合，无疑是非常困难的，其中不可控的因素太多。而一场战争，一旦失去了战机，错过了约定时间，后果极为严重。作为统帅要担负的责任也非常大，会因为错失战机而背上罪名，甚至被判死罪。

杨镐的战略决策，无疑是盲目自大的，导致明军在战前就已经受到战机的牵制。此时的杨镐没有反思的时间，亦没有自省的空间，为了抢占战机，他只能决定出兵。明军行进时，恰逢大雪天气，天寒地冻，行进过程十分艰难。阴沉的天空，雪花随着呜咽的风声在空中盘旋，这样的景象似乎预示着明军在这场战役中的失败。

反观努尔哈赤统帅的后金军，仿佛与这场风雪融为一体，时刻窥探着明军的窘困。努尔哈赤凭借智谋，真正做到了“我只一路去”，以逐一消灭四路明军的作战计划，率先控制了整个战场的节奏，把握了萨尔浒之战胜利的关键。

萨尔浒之战就像推倒了第一张多米诺骨牌一样，明军开始一队一队地溃败、瓦解。

事实证明，一个智慧的统帅才是一支军队的灵魂。

从萨尔浒之战的总体来看，明朝的军事力量与实力，尤其是经济与人口都远远超过后金。战前明朝更是集结大军，想要重现以前犁庭扫穴的情景，彻底消灭后金。然而，战争的结果出乎意料。

从萨尔浒之战本身来看，明军在数量上的确占有优势，但是在后金军逐一迎击明军的具体战场上，明军的数量反而成为他们的劣势。正是因为后金军能够在形势不利的情况下，稳住不乱，搜集情报，组织指挥，制定符合后金军的战略战术，才能最终化劣势为优势，取得令人惊叹的胜利，所以说萨尔浒之战的结果也是在情理之中的。

任何情况下，无论事件的走向如何，人都是事件的主体。所以我们要想了解一场战役的实际影响，就要先了解它的主体，通过主体了解它的背景、起因、经过以及对社会产生的影响。只有了解它的背后，才能真正理解一场战役对于当时及未来的意义所在。

萨尔浒之战作为明亡清兴的关键、清朝的立国之战，努尔哈赤可以说是关键中的关键。正因为他的战略方针，明朝不但没有将他建立的后金消灭，还导致自己的溃败，这无疑显示出努尔哈赤优秀的军事才能。

萨尔浒之战的参与者众多，但主体人物非努尔哈赤莫属。

在女真各部互争雄长、动乱不安的岁月里，塔克世和额穆齐的长子努尔哈赤于明世宗嘉靖三十八年（1559）诞生于今辽宁省新宾满族自治县永陵镇赫图阿拉村，明朝时期被称为建州左卫苏克素浒河部赫图阿拉。努尔哈赤又作努尔哈齐，是后金政权的创建者，清朝的实际奠基人。

努尔哈赤少年时遭逢家道中落，生活一度艰难困苦，颇多磨难。直至明神宗万历十一年（1583），努尔哈赤以祖、父为明军误杀为由起兵，先后统一建州女真各部及海西女真、野人女真。正因为努尔哈赤的锋芒，当时他还受到明朝的封赐。

明万历四十六年（1618），努尔哈赤更是以"七大恨"誓师，出兵攻打明朝。努尔哈赤以"七大恨"誓师伐明，其中缘由可追溯到努尔哈赤的先世先祖。

二、努尔哈赤的先世先祖

述及君王的先世家族之前，往往要先讲一个神话故事，以彰显古代君王先祖的降世必定不是凡象。

有关努尔哈赤一族的起源，也有一个在女真人中广泛流传的发生于白山黑水间优美动人的神话故事。

关于这个神话故事，《满文老档》中亦有记载。话说努尔哈赤的第八子皇太极曾命将领霸奇兰和萨穆什喀带领军队前往黑龙江，征伐虎尔哈部。大军归来时，带回了一个名叫穆希克的首领，据穆希克描述："我父祖世代生活在布库里山布勒瑚里池地方。古来传说，在布勒瑚里池中，曾有三个女子——恩古伦、正古伦、佛古伦——临池沐浴，佛古伦吞下神鹊衔来的果实，后来生下了布库里雍顺。"

从穆希克的陈述中能够知道，仙女佛库伦（即佛古伦）因吞食神鹊衔来的果实，生下一名男婴，姓爱新觉罗氏，名布库里雍顺。

相传，布库里雍顺相貌奇伟、气宇不凡。在他长大成人后，佛库伦给了他一艘船，让他乘坐这艘船沿着牡丹江顺流而下。他穿越了茂密的丛林，渡过了险峻的峡谷，最终抵达了牡丹江与松花江的交汇处——斡朵里（今黑龙江省哈尔滨市依兰县依兰镇）。在布库里雍顺离开以后，佛库伦没有留恋，也选择了离开，飞升上天。仙女所生之子，必定不会平凡。布库里雍顺于是成为满洲的始祖。

佛库伦吞朱果的满族神话，在汉族中也能找到它的影子。若是阅读史料，不难发现，大多有关古代君王先祖的神话，或多或少都有着微妙的相似之处，就是只知道母亲的身份，不清楚父亲是谁。将喜鹊视为神圣的象征，存在图腾崇拜，以此来表达对祖先的崇敬之意。在佛库伦吞朱果生子的这个神话中，也能看出满族人民对他们共同祖先的崇敬心情。

布库里雍顺的目的地，也让我们明确了努尔哈赤先世历史久远、奇伟磅礴的历史活动舞台是在黑龙江和长白山一带的广阔地域。

布库里雍顺是满洲的始祖，而努尔哈赤的直系祖先则是史料中最早记载的元朝末期的猛哥帖木儿。据《燕山君日记》中记载："斡朵里乃大金支裔也。"由此可以推断，猛哥帖木儿是大金的后代，在元朝时期也担任官职。

元朝曾在建州女真地区设置了5个万户府，并任命5个万户（万户，官职名称，金初设置，元代相沿，隶属于枢密院或行省，统领千户、百户、镇抚等），猛哥帖木儿在元朝末期是5个主要的万户之一。

至明朝初期，位于今黑龙江省依兰县周边的3个主要万户，分别是托温万户高·卜儿阏、胡里改万户古论·阿哈出、斡朵里万户夹温·猛哥帖木儿，他们各自统领一个万户，且这3个万户实力相当。

当时，万户的官职是世代相袭的。三姓万户分别治理自己的所属女真军民，逐渐形成女真族的三大部落，即夹温·猛哥帖木儿统领的斡朵里部、古论·阿哈出统领的胡里改部和高·卜儿阏统领的托温部。

斡朵里部夹温·猛哥帖木儿的祖辈世袭为斡朵里万户府的万户。猛哥帖木儿驻地的斡朵里城，地理位置优越，自然条件较好，居住人口较少，曾是辽、金、元三朝的北方重镇。在猛哥帖木儿的带领下，斡朵里部的军民依靠渔猎采集，为元朝政府纳贡，并且肩负安抚、镇守元朝北边疆域的职责。

随着时间的推移，朝廷政局也在发生着变化。猛哥帖木儿虽然不在朝政的中心，但这些变化也跟他息息相关。

洪武元年（1368），朱元璋以"驱逐胡虏，恢复中华，立纲陈纪，救济斯民"为口号，率领起义的农民军队推翻了元朝的统治，建立明朝，定年号为洪武，建立都城应天府（今南京）。

自此，东北地区正式成为明朝的疆土，东北民众亦成为明朝的臣民。猛哥帖木儿所率的斡朵里部此时则处于一个比较尴尬的位置。而时局天翻地覆的变化也影响了之后努尔哈赤发展的轨迹。

据资料记载，在洪武帝执政的31年间，辽东地区曾发生过两件重要事件，它们与努尔哈赤的崛兴密切相关。

当时的社会环境相当混乱，洪武帝在处理东北地区的治理问题时，首要任务是清除辽东地区残留的元朝遗兵。为了铲除故元遗兵，洪武帝派出军队，直逼大都（今北京）。元顺帝收到消息后，深知自己无力抵抗明军，只得北走上都（今内蒙古自治区锡林郭勒盟正蓝旗东）。

洪武二年（1369），明朝又派出大将常遇春、李文忠率军攻打上都，明军势如破竹，大获全胜，顺势占领上都。元顺帝见都城已失，无奈之下再次败走，去往应昌（今内蒙古自治区赤峰市克什克腾旗达里诺尔湖西）。

洪武三年（1370），元顺帝病逝，其太子爱猷识理达腊继位，是为必力克图汗，定年号为宣光，史称北元。

未几，明朝再次出兵，名将徐达率领军队攻打爱猷识理达腊，并于沈儿峪大破扩廓帖木儿。另一边，明将李文忠所率军队攻下应昌。爱猷识理达腊只得带领随从逃往喀喇和林（今蒙古国鄂尔浑河上游东岸、杭爱山南麓）。此时，处于蒙古地区的故元残余势力已经显著减弱，但是辽东地区的故元势力依旧保持着强大的力量，于洪武帝而言，这无疑是一颗定时炸弹，威胁着明朝辽东地区的稳固。所以，洪武帝决心要接管故元辽东疆土。

洪武四年（1371），故元辽阳行省平章（平章，古代官名，原意为商量处理）刘益，向明朝献上兵马钱粮，以表臣服之心。刘益此举深得明朝的欢心，明朝因此顺理成章地设置辽都卫指挥使司。

洪武五年（1372），故元平章高家奴也向明朝示降，明朝不费一兵一卒，便坐收其利。

洪武八年（1375），明朝将辽都卫更名为辽东都指挥使司，以此顺理成章地接管了辽东地区的行政和军事事务，之后增设卫、所、州、盟，达到二十五卫、一百三十八所、二州、一盟。

洪武十一年（1378），北元必力克图汗爱猷识理达腊去世。

明朝设置辽东都指挥使司以及北元必力克图汗的死亡，这两个事件预示着辽东地区北元势力的衰弱。

上述事件中，表面上看虽似与努尔哈赤的崛起没有什么关联，实质上却是我们了解努尔哈赤的机缘，也是将在以后改变时局的关键。其间的因果关系，往往都是历史的重点。

北元势力的削弱，无疑给了明朝一个绝佳的机会，明朝随即加快对辽东的征抚步伐。洪武十四年（1381），明朝派大将徐达出兵攻打辽东，明军以雷霆之势大获全胜，辽东北元的势力再次遭遇冲击。同年，故元将领刘敬祖和其他30多名军官向明朝廷表示投降，其他故元军官看到这一情况后，也都顺势降明。部分女真首领见局势如此变化，也陆陆续续地向明朝投降。

洪武十八年（1385），明朝为了安抚辽东地区的百姓，对辽东地区的故元势力恩威并施，运送了大量的粮米到辽东，很大程度上改善了辽东地区民众的生计问题。明朝此举温暖了辽东民众的心，对辽东地区的管理也起到了积极的作用。翌年，故元降将高家奴用绮缎、布匹作为货币，从朝鲜购入大量马匹，以此来扩充战略物资。此时的辽东地区趋于平和，但好景不长，不久之后，故元太尉纳哈出仗着自己坐拥数十万部众，屡次出兵侵扰辽东边境，这让明朝十分恼怒。

洪武二十年（1387），明朝大将冯胜率领二十万大军，一路向北，直抵伊通河一带，欲征伐纳哈出。纳哈出的军事实力远不如明军，眼见抵挡不住，便主动向明朝示好请降。谁承想，纳哈出假借示降之际，实则是伺机寻找逃跑的机会，结果被冯胜的女婿常茂发觉。常茂愤然骤起，手执大刀砍向纳哈出，纳哈出被常茂的架势吓得不轻，只得乖乖投降，再无异心。

据《明太祖实录》中记载："羊、马、驴、驼、辎重，亘百余里。"说的就是纳哈出为了向明朝表明诚意，向明朝贡献大量物品和牲畜。不仅如此，在纳哈出投降后，明朝还名正言顺地将其30万余部众收入麾下，这对明军来说简直就是天降好事。冯胜自然大喜，按捺不住激动的心，立即向朝廷报告了这一喜讯，他汇报称，成功招降了纳哈出及其部下的4700多名将校以及6400多名包括国公、郡王、太尉、司徒、平章、行省丞相等各级官员。此外，还获得了金银铜制成的虎符和100多个牌面。

冯胜的得意无以言表，无意中也透露了明朝大将的一种风气，就是喜功且自大。当然，冯胜不是特例，之后也会述及其他明朝官员的行事作风，大多都会有这两个特点。而明朝文武官员的习气，也是它慢慢走向衰落的重要因素之一。

随着故元残余势力的陆续投降，东北地区已经完全纳入明朝版图。由此，明朝廷对北元长达20年的军事征伐以显著的胜利宣告结束。

以上记述中，也能说明洪武帝在对待东北地区的策略上采用的是征抚兼施策略，并取得了良好的成果，而这些成果也为之后的建州女真族向南迁移奠定了必要的历史基础。

在洪武帝成功平定东北地区之后，他面临着一个关键问题，就是处理与朝鲜的关系。

朝鲜，毗邻辽东地区，他们的王朝经历了20余年的王权更替，三易其主。在此期间，朝鲜国王趁辽东地区政权交替之际，曾多次出兵前来侵犯，企图抢占辽东地区的土地，一度越过鸭绿江，直抵辽阳、五老山城（又称"纥升骨城"，今桓仁满族自治县东北五女山）。

更过分的是，朝鲜内部的政变力量曾经与故元的残余势力相互勾结，使得辽东地区的军事、政治局势更加错综复杂。

朝鲜直至太祖李成桂统治开始，才清除了朝鲜内部政变的势力，朝鲜王国的政权得以稳定，王朝才得以统一。这时的朝鲜李朝，臣属于明朝。而朝鲜李朝与明朝的关系，对建州女真之后的演变、兴衰分和、迁徙变化，都有着不可分割的重大关系。

明朝初期，猛哥帖木儿仍任职斡朵里万户府的万户。这个时期的东北地区，有来自故元残余势力的不断干扰，有兀狄哈人的频繁侵扰引发的社会动荡，还存在着不同民族之间的矛盾和冲突以及部族之间的争雄，种种客观因素使得区域局势动荡混乱。在这样的历史背景下，猛哥帖木儿大约在明洪武五年（1372）前后，为了躲避混乱激荡的局势，率领斡朵里女真部民，沿着牡丹江而上，开始了流转迁徙的生活。

在交通尚不发达的古代，带着部落民众进行迁徙，面临天气莫测、道路崎岖、部民差异等难题，迁徙过程中的曲折与艰辛可想而知。

费尽周折，猛哥帖木儿带领部民先是移居到凤州（今吉林省梅河口市），后又南迁至珲春河流域居住。大约在洪武九年至十七年（1376—1384）之间，猛哥帖木儿再次率领他的部民迁移，他们离开了珲春河畔，渡过图们江，定居在朝鲜东北部的庆源、镜城地区。洪武二十一年（1388），猛哥帖木儿率领民众再度南迁至图们江下游斡木河（今朝鲜会宁）一带居住。

几经辗转，猛哥帖木儿终于带着部民找到一个十分靠谱的居住地。斡木河谷地理条件优越，左临下门岭，右靠玉峰山，不仅适合农耕，还非常适宜牧猎。这对猛哥帖木儿及其部民来说，绝对宜家宜居。

当时，明朝的指挥佥事、千户侯史家奴，按照命令在斡朵里设立了官署，地点就是现在的依兰县，也被称为"三姓"。这从侧面也说明另一个问题，就是洪武帝时期，明朝的势力已经扩张到建州女真的故乡之地。

可以说，元末明初的斡朵里女真，既是明代建州女真史的起点，也是明代满洲兴起史的原点。

三、明朝对女真的辖治

从上述的辽东时局变化和女真变迁转移中不难发现，它们与明朝政局的变化之间仿佛有一条看不见的线，紧密地联系在一起，可以说它们是随着明朝政局的变动而变化、而迁徙。也就是说，明朝的政局变化在当时的情势下起着主导作用。

洪武帝朱元璋死后，皇位由他的长孙朱允炆继承，定年号为建文，是为建文帝。

建文帝即位之初，明朝政局便发生了翻天覆地的变化。由于建文帝想巩固自己的权力，加强中央集权，于是实行削藩，这一举动直接成为燕王朱棣发动"靖难之役"的导火索。"靖难之役"持续了4年时间，最终朱棣夺取政权，改年号为永乐，标志着战争的结束。

在"靖难之役"进行的过程中，出现一个较为罕见的现象，就是相较于其他帝王，永乐帝对太监的重视程度尤为明显，特别是太监的建议在永乐帝的各项决策中起着重要作用。不仅如此，永乐帝在位期间，太监的地位直线上升，这在各朝各代中也是比较独特的。

永乐帝对宦官的倚重，为明朝后续皇帝重用宦官开了先河。随后的明朝历代皇帝大多有样学样重用宦官，如正统时期的王振、成化时期的汪直、正德时期的刘瑾、天启时期的魏忠贤等都滥觞于此。

太监的地位过高，对明朝的内政一定存在影响，但影响的好与坏、利与弊却另当别论。

凡事都有两面性，有坏的一面就一定有好的一面，有弊端一定就存在益处。明朝时期的太监中，也有创下壮举的事例，如郑和七下西洋、亦失哈八下奴儿干、侯显五使绝域、李达出使西域，则是明朝史、中华史乃至世界史上的壮举。

所以说，不是每个朝代受重用的太监都会为了一己私欲，不择手段地作出伤天害理的祸事。

永乐帝在位期间，不仅重用太监，还致力于内政改革，为了加强中央集权，设置了内阁和东厂。在边疆问题上，永乐帝也积极经营，尤其在招降安抚女真方面卓有成就。永乐帝在东北地区设置了奴儿干都司，这与努尔哈赤的崛兴有着直接而重大的关系，因为建州女真就隶属于奴儿干都司，所以值得特别关注。

明朝初期，女真分为四大部，分别是建州女真、海西女真、黑龙江女真和野人女真（又称东海女真）。

洪武八年（1375），明朝曾为了加强对女真等族部民的管理，设立了辽东都指挥使司，主要负责东北地区和山东北部的军事和行政事务。永乐帝在此基础上，继续洪武年间统治女真采取的措施，对东北地区统一管理，管辖范围已至黑龙江入海口。

永乐帝刚刚掌控政权不久，便派遣官员前往奴儿干进行招降安抚，并于永乐二年（1404），设置了奴儿干卫。奴儿干卫就是明朝在东北女真地区所设置的一座军事防御机构，性质属于卫所。卫所，即明朝设置的管理地方军事与行政事务的机构，明朝直接委任其官员，据《大明一统志》中记载，卫所对各部落"官其长为都督、都指挥、指挥、千户、百户、镇抚等职，给与印信，仍旧俗，各统其属"。卫所的职位实行世袭制，即父亲去世后由儿子继承、父亲年老由儿子接替、兄长去世后由弟弟继续，官员的任命、晋升、奖赏等事宜均需得到明朝的批准。考古工作者曾在考古工作中发现明朝授给奴儿干都司属下卫所的官印，其所在地位于辽、金时期的奴儿干城遗址，也就是在黑龙江下游的亨滚河口对岸附近的特林地区，称为庙街，即现在的俄罗斯尼古拉耶夫斯克。

据《明太宗实录》中记载，永乐三年（1405），"奴儿干卫指挥同知把敕答哈及兀者左卫头目木答忽等九十七人来朝，赐之钞币"。就是说，奴儿干卫指挥同知带领其部众 90 余人进京向永乐帝朝贡。朝贡，就是明朝廷敕准女真三大部各卫所进京向朝廷献上贡品的规定。贡品也称为方物，指的是各地特有的珍贵土产，例如马、貂鼠皮、猞猁狲皮、人参、海东青、东珠等物。朝贡不仅仅是各部对明朝的示好行为，也是明朝征抚各部、促进各部发展的行为，有着十分重要的作用：其一，卫所的官员要按照明朝规定的期限赴京述职，从而促进了各部在行政方面的发展；其二，卫所的官员要向明朝缴纳贡赋，并在缴纳贡赋中获得明朝的赏赐，这于各部的经贸发展来说是有益处的；其三，通过朝贡加强了中原与边远族群的联系；其四，在朝贡的过程中，文化交流变成双向，各部落不仅有机会了解中原文化，这种接触也促进了其自身文化的发展。

卫所派遣的朝贡使者抵达京城后，由礼部会同馆负责接待安排。当时，明朝的礼部位于南京的会同馆，被称为南馆，而北京的则被称为北馆。会同馆为贡使提供住宿，并接待前来朝贡的隶属奴儿干卫的女真诸部首领。

永乐七年（1409），明朝决定设置奴儿干都指挥使司，任命康旺为都指挥同知、王肇舟为都指挥佥事。奴儿干都司正式成为明朝的地方军政机构，在其辖区范围内有三百八十四卫、二十四所、七站、一寨；《明史》中所述及，外卫世官"凡袭替、升授、优给、优养及属所军政，掌印、佥书报都指挥使司，达所隶都督府，移兵部"。就是说，凡是关于继承、晋升、优待、抚恤以及相关的军事和政治事务，包括掌管印章和签署文件等职责，都由都指挥使司向都督府报告，然后都督府再将这些情况上报给兵部，其管辖的地域范围从东边的鄂霍次克海开始，西迄鄂嫩河，南濒日本海，北达外兴安岭。

奴儿干都司的设立，显著提升了明朝对黑龙江和乌苏里江流域的三大女真部落以及吉烈速、达斡尔、鄂温克、鄂伦春、赫哲等各族群的管辖与治理。但由于女真各族头目职位的世袭制，使得明朝对各族的实际控制力没有那么强，其中一些部族的头目存有较强的主观意识，导致明朝与女真各部之间的关系变得复杂起来。

努尔哈赤作为猛哥帖木儿的第六代后裔，他的崛起包括后来他对女真各部的统一，涵盖了奴儿干都司所辖的建州女真、海西女真、黑龙江女真和东海女真。当然这是后话。

在设置奴儿干都司之后，其中与明朝来往比较密切的是东海女真。

永乐九年（1411），永乐帝曾命太监亦失哈、都指挥同知康旺等，率领部众1000余人，前往东海女真所处地区，设立奴儿干都司。

据史料记载，永乐十年（1412），永乐帝指派亦失哈等人，设宴款待来自海西奴儿干以及海外苦夷（苦夷就是库页，地处现今俄罗斯萨哈林岛地域）诸地的百姓，并赐给他们衣服、器皿，还分给他们谷米。由此可见，明朝对东海女真部族的百姓较为友好，即便是海外部族的百姓，也能得到明朝廷的恩赏。

有关明朝奴儿干辖区范围内的卫所数量经常变化，因为史书记载的不同，略有差异，这里不一一记述。

据《明太宗实录》中记载，永乐十年（1412），奴儿干等处的女真头目准土奴、塔失等178人进京朝贡，明朝设置了十一卫，"命准土奴等为指挥、千百户，赐诰印、冠带、袭衣及钞币有差"。《明太宗实录》中还记载了永乐十二年（1414），"置辽东境外满泾等四十五站，敕其提领那可孟常等曰：朝廷说奴儿干都司并各卫，凡使命往来，所经之地，旧有站赤者，复设各站头目，悉恭命毋怠"。就是说，明朝在辽东境外设立满泾等45个驿站，任命那可孟常等人为提领，并命令他们，奴儿干都司以及各卫所，所有使者往来经过的地方，原来设有驿站的，恢复设立各站头目，要他们恭敬执行命令，不得懈怠。实际上，就是明朝对原先元朝时期的驿站系统进行了整顿、改进、扩展、监督和管理。

《明太宗实录》中还记载，永乐十二年（1414），"奴儿干都司都指挥同知康旺等来朝，贡貂鼠皮等物，赐赏有差"。大意是说，奴儿干都司都指挥同知康旺等前来朝贡，进献貂鼠皮等物，皇帝赐给丰厚的赏赐。永乐帝还批准了奴儿干都指挥使司都指挥同知康旺的请求，决定向奴儿干都指挥使司额外派遣 300 名士兵。

明朝的一系列举动，就是在东海女真地域设立了奴儿干都指挥使司，相当于现代的省级军政机构。明朝任命官员来管理这个机构，派遣军队驻守这里，还设立了驿站，要求他们定期进贡，并安排人员定期巡查，实施有序的管理。这也从侧面说明，黑龙江下游地区一直到黑龙江入海口以及海外的库页岛，都在明朝的管控之下。

据《明太宗实录》载，永乐十九年（1421），"奴儿干等都指挥王肇舟等……五百六十五人来朝，贡马，赐宴及钞币有差"。从文献记载的朝贡的人数就能看出，永乐帝对东海女真的招抚政策取得了一定的成功。

由于东海女真所处的位置距离京师较远，所以朝贡并没有一个严格的时间表。朝贡的物品主要包括当地的特产，例如海东青、马、貂皮、猞猁狲皮、珍珠等。作为回报，明朝通常会赐予他们彩色绸缎、衣物、货币等物品。

永乐帝对女真的招抚政策及与东海女真之间的往来，直到他去世后，他的儿子朱高炽（洪熙帝）享国日短，不到一年就病逝了，由他的孙子朱瞻基（宣德帝）接管了他的事业，奴儿干都指挥使司女真等官员依然继续定期朝贡，并且得到了明朝的奖赏。如洪熙元年（1425）、宣德三年（1428）、宣德五年（1430）、宣德七年（1432）、宣德九年（1434），在这段时间里，宦官亦失哈和都指挥康旺等人频繁地往返于北京和奴儿干之间。

在明代，女真地区的官职体系中包括了都督、都指挥使、指挥使、千户、百户、镇抚等各级职务，仍然按照之前的旧俗，各自统辖其所属部众，按期向明朝进贡，明朝赐予印信，且其官职始终实行世袭制，父死子继、父老子替，都须由明朝谕准。

东海女真与明朝的关系也影响着其他女真各族，尤其是海西女真。明朝在招抚东海女真的同时，开始着手招抚海西女真。而海西女真也在时刻关注着东海女真的部族变动，这就形成了一个非常微妙的关系，因为女真族内部的部落、地区、集团以及家族之间存在分歧，导致它们之间频繁发生争斗和冲突，造成了强者压迫弱者、多数欺凌少数的局面。

在明朝时期，海西女真展现了一个明显的趋势，就是他们原本居住在黑龙江、松花江地区，逐渐开始向南迁移。这一迁徙行为的主要原因，包括气候逐渐变冷以及当时社会局势的不稳定和频繁的战乱，还有部族内部的不断争斗。其中，很大一部分外部原因是源于东海女真的侵袭。

东海女真经常对建州女真和海西女真进行侵扰，"数与山寨仇杀，百十战不休"的现象频繁发生。由于不断的争战、掠夺、吞并和厮杀，海西女真和建州女真为了逃避东海女真的袭扰，加强了与辽东和关内地区的经济联系，避害趋利，逐步向南迁徙。

海西女真的各个部落纷纷投靠明朝，是在永乐初年。明朝为此广设卫所进行管辖，并封官赏赐，海西女真则定期朝贡。

随着时间的推移和部族的发展，海西女真逐渐形成扈伦四部，分别是哈达部、叶赫部、乌拉部、辉发部。

关于哈达部的历史记载，见于永乐初年。据《明太宗实录》中记载："女直野人头目塔剌赤、亦里伴哥等四十五人来朝，置塔山卫，以塔剌赤等为指挥同知，卫所镇抚千百户，赐诰印、冠带、袭衣及钞币有差。"永乐四年（1406），女真的头目塔剌赤、亦里伴哥等45人进京朝贡，明朝在松花江北岸的呼兰河流域建立了塔山卫，并委任塔剌赤担任指挥同知一职，卫所还置有镇抚、千百户等官员，明朝还赐予他们诰印、冠带、袭衣以及不同数量的钞币。

仅仅几十年的光景，塔山卫内部便出现了不睦的现象。为了塔山卫内部的矛盾不再激化，正统十一年（1446）十月，明朝出面协调。据《明英宗实录》中记载："设女直塔山左卫，给印。命塔山卫都指挥弗剌出掌印，管事。从呕罕河卫都督你哈答奏请也。"明朝增设了塔山左卫一职，并命弗剌出为都指挥，随后还颁发了"塔山左卫之印"。

塔山左卫位于开原以北，地理位置十分重要，不仅控制着朝贡路线的关键节点，是"江上诸夷入贡必由之路"，同时也是西部蒙古向海西地区进攻的战略要地。

明朝成化时期，蒙古势力的存在一直威胁着塔山左卫，在这种背景下，塔山左卫开始南移，寻求明朝的庇护。在弘治年间初期，塔山左卫已经迁移到了现今吉林省松原、农安一带。在迁移过程中，该部族的实力逐渐增强。随着塔山左卫的强大，明朝任命速黑忒为都指挥，掌管卫印，管理塔山左卫事宜。

嘉靖十二年（1533），速黑忒在塔山左卫的内乱中被杀，由克什纳承袭其职位。没过多久，克什纳在家族纷争中被杀害，随后他的侄子王忠继承了塔山左卫都督一职。面对东海女真的不断侵扰，塔山左卫不得不从现在的松原、农安一带继续向南迁移，迁至开原北部、靖安堡广顺关外的哈达河（即小清河上游）地区，并在那里定居生活。因与哈达河临近，由河得名，后被称为哈达部。哈达部地近明朝的广顺关，位置偏南，明人称之为南关，其牧猎范围由哈达河中上游拓延到柴河中游以东地区。该部贝勒居住在山城。这就是海西女真扈伦四部之一的哈达部。

永乐初期，海西女真诸部归附，明朝随即广设卫所。《明太宗实录》对此有所记载："女直野人头目打叶等七十人来朝，命置塔鲁木、苏温河、阿速江、速平江四卫，以打叶等为指挥、卫镇抚、千百户等官，赐诰印、冠带、袭衣及钞币有差。"永乐四年（1406）二月，女真部族头目打叶进京朝贡，明朝随即在松花江北岸建立了塔鲁木卫，任命打叶担任塔鲁木卫的指挥使，并授予他诰命印信、官服、官帽及货币。

大约在成化十九年（1483）之前，打叶的后人就不再承袭塔鲁木卫指挥一职，改由奇尔噶尼任塔鲁木卫指挥。正德八年（1513），奇尔噶尼被杀，被杀原因说法不一，奇尔噶尼死后，其子褚孔革听命于抚州，经常上贡财物，还要求明朝批准将塔鲁木卫提升为府州，授予印信和节度使的符节。明朝没有应允褚孔革的要求，而是要看褚孔革的表现，若是一年以上不骚扰明朝边境，才允许褚孔革进京朝贡。据《明世宗实录》中所记："海西塔鲁木卫女直都督竹孔革等三百七十八人来朝，贡马，赐宴，及彩币、袭衣、绢钞有差。"直至嘉靖三年（1524），褚孔革才得以率领部下赴京朝贡。

随后，褚孔革带领他的部落从松花江地区向南迁移，最终在开原北部的叶赫河流域定居，他们的活动区域从叶赫河流域扩展到东北的伊通河上游以及东辽河上游等地。由于靠近叶赫河，由此得名，后来被称为叶赫部。叶赫部与明朝的镇北关相邻，地理位置较为偏北，因此明朝人习惯称之为北关。叶赫部的贝勒即部落首领也居住在山城。这就是海西女真扈伦四部之一的叶赫部。

前文提到过塔山左卫都督王忠带领他的部众向南迁移，同时，他的叔伯侄子布颜也带领他的族人南迁，在乌拉河（牡丹江）沿岸定居，并兴建大城，成为一方霸主。因与乌拉河临近，因河得名，被称之为乌拉部。乌拉部的居住区域主要位于松花江以南以及拉发河流域，其核心区域位于现今的吉林省吉林市龙潭区乌拉街满族镇。与其他三部不同的是，乌拉部贝勒居住在临水平原之城，也是扈伦四部中唯一在临江平地之处筑城的部族，哈达、叶赫、辉发三部都是山城。这就是海西女真扈伦四部之一的乌拉部。

永乐七年（1409）三月，明朝在依兰设立忽儿海卫，任命恼纳、塔失为指挥使。谁都没有想到，明朝一卫二指挥使的做法，直接挑起忽儿海卫的内部矛盾，两个指挥使为了卫印展开争夺之战。

为了缓解恼纳和塔失之间的矛盾，明朝从忽儿海卫中分离出一个弗提卫，任命恼纳负责管理忽儿海卫，塔失则负责领导弗提卫。塔失去世后，王机砮接管了弗提卫的领导权。到了嘉靖年间，王机砮带领他的部族迁移到辉发河附近的扈尔奇山，在此筑城，定居生活。因地近辉发河，因此得名辉发部。辉发部的耕牧范围主要在辉发河沿岸地域，向南抵达柳河流域。辉发部的贝勒同样居住在山城之中。这就是海西女真扈伦四部之一的辉发部。

哈达部、叶赫部、乌拉部和辉发部，历史上统称为扈伦四部，也被称作海西四部。扈伦，实际上是海西女真的主要居住地，也就是说这四部原本是从海西地区迁移过来的。大约在嘉靖年间，海西女真四部的南迁和重组基本完成，他们主要聚居在辽东北部，以分散与集中相结合的形式定居在开原以北。

在这个时期，努尔哈赤所统领的建州女真族的 3 个主要卫所，也就是建州卫、建州左卫和建州右卫，主要分布在抚顺关以东，沿着苏克素浒河和浑河地区居住，还有一部分民众居住在婆猪江（又称佟佳江，即现今的浑江，位于辽宁省桓仁满族自治县境内）地带。

部族的形成，致使各部与明朝之间、各部相互之间形成了一个既微妙又敏感的三角关系，这种关系无疑是引起竞争的导火索。随着部族的成长与发展，对资源和领土的占有更加重视，随之展开的争夺也越发激烈。各部都想从明朝廷那里得到丰厚的赏赐、地位的肯定，因此，部族之间的冲突和战争日益激化。同时，在部族的发展过程中，各部内部也渐渐地出现了因权力和地位的争夺而产生的矛盾和纷争。这就使各部之间的竞争态势更加明显。

之后，海西女真即扈伦四部与努尔哈赤之间，在争夺女真各部的过程中发生了激烈的战争，也正是在这些争斗中，努尔哈赤展现了独特的政治才华与军事智慧，可谓出乎其类、拔乎其萃。可以说，各部的争夺之战，为努尔哈赤的崛起提供了历史的舞台。

四、多舛的先世家族

要说努尔哈赤崛起的直接原因，建州女真的迁徙与发展无疑是关键，特别是对建州女真的招抚。这里有必要详细地叙述一下永乐帝与建州女真，尤其是与建州女真首领猛哥帖木儿之间的联系，因为这关乎努尔哈赤的发展，也是萨尔浒之战发生的前提。

永乐帝对女真的情状很关注，曾向女真首领垂询女真地方的情状。史载："女直有山，其巅有水，色白，草木皆白，产虎、豹亦白，所为长白山也。天下山川多有奇异，但人迹不至，不能知耳。此地去辽东可千余里，朕尝问女直人，故知之。"（《北征录》）

尽管女真族居住的长白山区域并不是如记载中所说的那样草木皆白，但是永乐帝能够关注到居住偏远的女真，对女真的情状知其一二，说明永乐帝并非无知的昏庸之帝。

永乐帝在设立建州卫后，继续对女真各部落进行招抚和收纳。永乐二年（1404），明朝派遣辽东地区的千户王可仁前往图们江等地，对建州女真进行安抚。《明太宗实录》中对此有详细的记载："遣使赍敕谕兀良哈、鞑靼、野人诸部曰：'朕命统承天位，天下一家，薄海内外，俱效职贡。'近边将言：尔诸酋长咸有归向之诚，朕用嘉之。特令百户裴牙失里，赍敕谕尔：其各居边境，永安生业，商贾贸易，一从所便。欲来朝贡，与使臣偕至。"

大意是，永乐帝自认受命于天，因此能够统治天下，不管是国内还是海外的部众，理应效忠于明朝。永乐帝通过边境的将领传达自己的想法，还特别命令百户裴牙失里传达一个命令给各部族，希望各部族能够居住在各自的边境地区，永远安定地生活和发展自己的产业，并告诉各部族，如果想要进京朝贡，可以与使者一起前来。

从记载的内容可以看出，永乐帝向居住在边境的各部族传达了一个友好的、鼓励各部归顺和进贡的信息。他在强调自己是天的代表，统治着整个世界，希望国内和海外的部族都能向他效忠，同时也表示出对各部和国家归顺的高兴，并欢迎他们进京朝贡。

建州卫的都指挥使阿哈出进京朝贡时，永乐帝通过他了解到了猛哥帖木儿的相关情况，随后便指派钦差千户王教化等人携带诏书前往斡木河，目的是安抚并招揽猛哥帖木儿。前文提到过，猛哥帖木儿率领部众迁至斡木河一带居住。

大约在洪武初期，作为元朝时期3个万户之一的阿哈出，率领部众沿着牡丹江南下，定居在图们江地区。而永乐帝在还是燕王的时候，曾率领军队北上征讨故元势力，军队行进至斡朵里城附近。这两个地方是后来各部之间争战的重要地域。

永乐元年（1403）十一月，永乐帝在"靖难之役"中夺取皇位不久后，阿哈出到应天府朝贡。据《明太宗实录》中记载："女直野人头目阿哈出等来朝，设建州卫军民指挥使司，以阿哈出为指挥使，余为千百户所镇抚，赐诰印、冠带、袭衣及钞币有差。"明朝在胡里改部诏设建州卫军民指挥使司，任命阿哈出为指挥使。这是明朝最开始设立的建州卫，阿哈出为建州卫指挥使。永乐二年（1404），明朝正式建置建州卫。

永乐四年（1406），兀狄哈不断侵扰阿哈出，加上阿哈出与朝鲜的关系并不和睦，因此，阿哈出又率部众由图们江地带西迁到辉发河上游的凤州定居。阿哈出于永乐九年（1411）去世，他的职位由其子释加奴承袭。大约在永乐十八年（1420），释加奴去世后，他的儿子李满住继承了他的职位，负责统一管理建州卫。

李满住在建州卫中占据了极其重要的地位，曾受到努尔哈赤等人的尊敬和仰慕。在永乐二十一年至成化三年（1423—1467）期间，建州卫一直由李满住统辖，是为建州女真的核心人物。

李满住曾先后多次接受明朝的封职：宣德元年（1426），任都指挥佥事，后升都指挥使；正统七年（1442），任都督佥事；正统十二年（1447），升任都督同知。接受明朝封职赏赐的同时，李满住不遗余力地向明朝表示忠诚。宣德四年（1429），李满住派人前往京城，要求入朝担任侍卫一职。正统十二年（1447），蒙古瓦剌也先屯兵潢河（今西拉木伦河），欲出兵攻打海西女真。在辽东局势十分紧张的情况下，李满住申请到北京去担任护卫从行。

不仅如此，李满住曾多次亲自前往京师朝贡，随时听从明朝的征调，建州卫的重要事情，李满住也都会向明朝奏报。李满住对明朝的忠心远不止此。与建州女真相邻的朝鲜曾企图招抚李满住，都被李满住果断拒绝。

李满住能够长时间统辖建州卫，跟他对明朝的忠诚度有很大的关系。而努尔哈赤的崛起，又与李满住有着很大的关系。当然，这都是后话。

永乐帝向猛哥帖木儿抛出橄榄枝，《李朝实录》中有关永乐帝对猛哥帖木儿的招抚作了详细的记载："尔能恭敬朕命，归心朝廷，朕甚嘉之。今再遣千户王教化的等，赐尔等彩缎表里，尔可亲自来朝，与尔名分、赏赐，令尔抚安军民，打围牧放，从便生理。"从记载中可以看出，永乐帝希望猛哥帖木儿可以恭敬地接受他的招抚，归顺朝廷。永乐帝为了让猛哥帖木儿体会到他的重视，派遣千户王教化等人，带着给猛哥帖木儿的赏赐前去招抚，并以具体的招抚政策向猛哥帖木儿表达了招抚的诚意。

永乐帝对猛哥帖木儿的招抚政策，是古代帝王对臣子或归顺的部落首领的一种恩赏和惯用的安抚言辞，既能彰显出帝王的慷慨和权威，同时也表达出希望臣子或首领能够忠诚于朝廷，维护地方稳定和安全。

猛哥帖木儿接受明朝的招谕后，于永乐三年（1405）跟随钦差千户王教化等到南京入朝。据《李朝实录》中记载，永乐帝"授猛哥帖木儿建州卫都指挥使，赐印信、钑花金带，赐其妻幞卓、衣服、金银、绮帛"。

就是说，明朝任命猛哥帖木儿为建州卫的都指挥使，赐予猛哥帖木儿印信和钑花金带（印信，即官员行使权力的凭证；钑花金带，是一种高级别的装饰品，象征着官员的尊贵地位）。还赏赐了猛哥帖木儿的妻子幞卓（一种头巾或头饰）、衣服、金银和绮帛（一种精美的丝织品），这些物品都是非常珍贵的，足以说明永乐帝对猛哥帖木儿及其家庭的尊重和厚赏。

猛哥帖木儿出身于一个庞大的家族。他的父亲名为挥厚，曾在元末担任过万户一职。挥厚去世后，猛哥帖木儿的母亲改嫁给了挥厚同父异母的弟弟包奇，之后又生下於虚里、凡察等孩子。

猛哥帖木儿受到明朝的敕封后，在家族的地位和部族的威望都得到了明显的提高，成为建州左卫女真部的重要人物。

当时，猛哥帖木儿有一支千余人的精强队伍，分作中军、左军和右军，共三军。猛哥帖木儿亲自统率中军，他同母异父的弟弟凡察统领左军，他的儿子阿谷统领右军。没有战事时，这支精强的队伍就耕牧、围猎，遇到外敌侵扰时便驱骑出征。此时的猛哥帖木儿及其部众，在生活上不能算是富足安逸，但也是按部就班地发展部族的产业，一时间还算平稳。只是在这平稳的表象下，总有一双眼睛在暗处一直窥探着猛哥帖木儿的一举一动。

朝鲜国对建州女真一直虎视眈眈。朝鲜咸吉道都节制使金宗瑞就奉朝鲜国王李裪之命，向他汇报猛哥帖木儿家族的情状。金宗瑞依仗着自己在斡木河地界居住时间长，对建州女真情形十分了解，便将打探到的情况事无巨细地向李裪汇报。

《李朝实录》中曾记："猛哥帖木儿，皇后之亲也。遣人招来者，皇后之愿欲也。骨肉相见，人之大伦也。"意思就是，猛哥帖木儿是皇后的亲人，之所以派人去招他回来，也是皇后的愿望，亲人相见才符合人伦大道。谁能想到，远在斡木河的猛哥帖木儿，还是皇室亲戚呢。由此可以看出，猛哥帖木儿归顺明朝廷，也是顺理成章的事，不管是出于个人伦理还是家族利益考虑，这都是一个比较明智的选择。

永乐九年（1411），猛哥帖木儿因与朝鲜发生摩擦，闹得很不愉快，加上兀狄哈的不断侵扰，于是决定带着自己的部众前往凤州，与建州卫阿哈出一起生活。

在猛哥帖木儿搬到凤州之后，他与明朝的联系变得更加紧密。永乐十年（1412），猛哥帖木儿进京向皇帝进贡并汇报工作。原本猛哥帖木儿和阿哈出都是元朝的万户，但如今他们都被任命为建州卫的指挥使，在职位的安排上显得不太合适。明朝为了更好地管理建州卫的部众，决定增设建州左卫，并任命猛哥帖木儿统领建州左卫，担任指挥使。

于是，猛哥帖木儿在多重身份的加持下，于永乐二十年（1422）被明朝征召，带领他的部队跟随永乐帝前往北方，参与对抗鞑靼部阿鲁台的军事行动。战争结束后，猛哥帖木儿随同永乐帝返回北京。由于辽东地区经常受到鞑靼和兀良哈铁骑的骚扰，猛哥帖木儿担心再次遭受攻击，因此向永乐帝提出了迁回斡木河的请求。同年九月，永乐帝批准了他的请求，允许他和他的部众回到斡木河地区定居。

永乐二十一年（1423），猛哥帖木儿率领他的那支精强队伍和部众，大约7000多人，分批返回斡木河的旧居，继续耕牧围猎的生活。

猛哥帖木儿迁回斡木河之后，与明朝仍然保持着密切的臣属关系，并勤勤恳恳地为明朝办事，在其职、尽其责。

猛哥帖木儿返回斡木河之后的5年间，曾3次进京朝贡。永乐十一年（1413），《明太宗实录》记载："建州等卫都指挥李显忠、指挥使猛哥帖木儿等来朝，贡马及方物，特厚赉之。"永乐十四年（1416），"赐建州左卫指挥猛哥帖木儿等宴。"永乐十五年（1417），"建州左卫指挥猛哥帖木儿奏举其头目卜颜帖木儿、速哥等，堪任以职，命为指挥千百户。"

从史载的内容就能看出，猛哥帖木儿对明朝的忠诚是实心实意的。

猛哥帖木儿与明朝保持友好往来的时候，建州卫李满住于永乐二十年

（1422），也向明朝提出迁往别处安居的请求。经过考量，明朝同意李满住的请求。永乐二十二年（1424），李满住带领他的部众迁移到婆猪江西岸，定居在兀剌山（今桓仁五女山）南麓瓮村地区。

女真各部与明朝的关系逐渐稳定，各部之间虽然是暗流涌动，但也算相安无事。可一切的平静随着永乐帝的去世悄然而逝。

永乐帝于永乐二十二年（1424）去世，在位22年，他的儿子朱高炽继承了皇位，改年号为洪熙，是为洪熙帝。可惜，洪熙帝在位还不满1年的时间，便于皇宫钦安殿内驾崩。皇位由永乐帝的孙子朱瞻基继承，改年号为宣德，被称为宣德帝。

在宣德帝统治时期，建州女真遭遇了极其严重的变故——斡木河之难。

明朝的皇帝接连更迭，并没有影响猛哥帖木儿对明朝的忠心。宣德元年（1426）正月，猛哥帖木儿进京朝贡时，受到明朝的封赐。从记载中能够知道，猛哥帖木儿被封为都督佥事。《明史》曾记："都督佥事，武职，正二品。"可见猛哥帖木儿已经身居要职。

宣德八年（1433）二月，猛哥帖木儿再次前往京师朝贡，被授予右都督、都指挥佥事的官职。《明史》曾记："左、右都督，武职，正一品。"也就是说，猛哥帖木儿晋升了，身居高位。

在完成朝贡仪式之后，猛哥帖木儿与弟弟凡察、长子阿谷和明辽东都指挥佥事裴俊等人一同返回斡木河，并积极协助明朝管束杨木答兀的部队，这一行动却触发了斡木河的动荡。由于此次事件发生于宣德八年（1433），地点在斡木河，因此被称为宣德斡木河之变。对于建州左卫来说，这不仅是一次重大的变故，更是一场灾难，所以也被称为斡木河之难。

杨木答兀出生于辽东地区女真族中一个显赫家族，在开原任千户一职。杨木答兀为人自大，野心勃勃，曾密谋叛乱，肆行剽掠，最后畏罪逃匿，裹胁千余口逃窜至斡木河。杨木答兀屡次拒绝明朝的招抚，还拒绝归还被他掠走的人口，因此不敢入朝。明朝见杨木答兀冥顽不灵，于是派辽东都指挥同知裴俊等人前往斡木河地区进行招抚，但出乎意料的是引发了斡木河之变。

史载："皇帝敕谕建州左卫掌卫司右都督猛哥帖木儿及男阿谷并大小头目人等，比先杨木答兀一起漫散出去军官，已陆续招还复业。近闻高早化等六十九家，见在尔处地方居住。兹遣指挥同知裴俊，千户赵镇古老，百户王茂赍敕谕前来，招其回还。"（《李朝实录》）

猛哥帖木儿忠于明朝，接受皇帝的命令，自然不敢懈怠。

宣德八年（1433）六月，明辽东都指挥同知裴俊奉宣德帝的旨意，率领百余名官军前往斡木河地区，目的是夺回被杨木答兀掳走的民众。他们的部队于八月末抵达了斡木河地带，并在那里安营扎寨。猛哥帖木儿带着弟弟凡察和儿子阿谷及其兵马，与裴俊一行会合。

杨木答兀收到明朝派猛哥帖木儿随同裴俊一起前往斡木河的消息，随即采取行动，伙同古州女真部阿答兀等300余人马，突袭裴俊一行。猛哥帖木儿率领凡察、阿谷等人奋起迎敌，全力保护裴俊及其部属。双方经过一番激战，杨木答兀不敌，势孤力穷，为了保命，仓皇而逃。猛哥帖木儿也损失惨重，他的弟弟凡察和儿子阿谷还有部分明军在激战的过程中受伤，所载的皇帝的赏赐物品及马匹被杨木答兀抢去。为了追回这些物品，捕获杨木答兀，猛哥帖木儿与裴俊带领部队继续追击，一直追到河的北岸。然而，杨木答兀还是设法逃脱了。

杨木答兀顺利从猛哥帖木儿那儿逃走后，也没闲着，集结了约800人马，穿戴盔甲，气焰嚣张地直奔猛哥帖木儿、凡察、阿谷等住处和裴俊的营寨。杨木答兀所率人马攻势异常凶猛，转眼间便攻破了防御栅栏，将房屋围得水泄不通，并放火焚烧，进行了无节制的抢劫。这场混乱中，猛哥帖木儿、阿谷等在激战中不幸被杀，猛哥帖木儿的次子董山被敌人俘虏，弟弟凡察则带伤逃离了现场。

这场灾难性的事件严重破坏了建州左卫的寨子，导致人员伤亡惨重，力量大为削弱，遭受了前所未有的重创。

宣德八年（1433）的斡木河之变，无疑是女真发展史上一个极具重要性和深远影响的历史事件。这次事件还引发了一系列出人意料的连锁反应。

斡木河之变对后续历史进程产生的影响，主要表现在以下几点。

其一，这次斡木河事件的发生，使得女真建州部在不久的将来彻底摆脱了朝鲜，即李朝的控制。从原本居住的朝鲜咸吉道的斡木河地区，成功迁徙回到了明朝的辽东苏克素浒河（苏子河）流域定居生活，从而加强了与汉族经济文化的双向交往，社会发展得到稳步且快速的提升。

其二，斡木河之变增强了女真建州左卫部首领对明朝的忠诚度，继而得到明朝更多的封赏，也增强了建州左卫部在女真诸部中的影响力。

其三，斡木河事件的发生，推动了女真建州三卫的合并，进一步加强了女真建州部的凝聚力，使女真建州部逐渐发展成为女真诸部统一的核心。

其四，女真建州左卫部通过斡木河之变迁住苏克素浒河流域，这里自然条件得天独厚，地理位置十分优越，成为建州女真日后崛起和发展的重要基地。

其五，斡木河之变后，建州左卫指挥使猛哥帖木儿的后代，经过六代人的不懈努力和精心管理，直至努尔哈赤在苏克素浒河畔的赫图阿拉点燃了一个能够引发辽东和整个中国乃至世界变革的火花。

总体来说，斡木河之变标志着建州左卫女真向辽东地区大规模迁移，也成为后来的满洲崛兴的起点，对建州左卫女真部具有重要的历史意义。同时，猛哥帖木儿对明朝的忠诚，不仅影响了他的后代，也对包括努尔哈赤在内的后人产生了深远的影响。

前文所述及在斡木河之变中被掳的董山，就是努尔哈赤的五世祖。在斡木河之变后，掌控建州左卫部的是猛哥帖木儿的弟弟凡察，这也为后来建州左卫部的发展埋下了一个不稳定的引信。

宣德七年（1432）二月，据《明宣宗实录》中记载，"建州左卫土官都督佥事猛哥帖木儿遣弟指挥佥事凡察等，贡马及方物"，不久之后，明朝"赐建州左卫土官指挥佥事凡察等钞币、绢布有差"。同年三月，明朝再次授予奖赏，并提升凡察为都指挥佥事，"建州左卫指挥佥事凡察，以招抚远夷归附，升为都指挥佥事，且赐敕劳之"。宣德八年（1433）二月，明朝再次对猛哥帖木儿和凡察进行了官职上的提拔，"升建州左卫土官都督佥事猛哥帖木儿为右都督、都指挥佥事，凡察为都指挥使"。

从史料的记载中，可以知道凡察在一年之内得到了两次晋升。只是这接连晋升的福气里似乎又蕴藏着祸端。

凡察得到晋升不久后，就遭遇了前文提到的斡木河之变。在这次事件中，猛哥帖木儿不幸遇害，凡察则幸运地逃过一劫。明朝对猛哥帖木儿、凡察兄弟二人在斡木河事件中表现出的忠诚和勇敢给予了高度认可，为了表彰他们的壮举，赐予他们奖赏。猛哥帖木儿已经罹难，所以明朝就升凡察为都督佥事。《明宣宗实录》中曾记："升建州左卫都指挥佥事凡察为都督佥事，仍掌卫事，余升秩有差。先是，遣都指挥裴俊往斡木河招谕，遇寇与战，而众寡不敌，凡察等率众往援，杀贼有功，故超升之。"大意就是，明朝念及之前指挥同知裴俊前往斡木河进行招谕时，遭遇敌寇的袭扰，与之交战的过程中，兵力不敌，导致大败，好在凡察等人率领部众前往支援裴俊，拼力抵抗敌寇，杀敌有功，所以明朝才破格晋升他们的职位。

猛哥帖木儿死后，其子董山又被掳去，建州左卫不能没有首领，所以明朝便命凡察执掌建州左卫事务。

出于对建州左卫内部稳定的考虑，加上想摆脱来自朝鲜的滋扰等多种因素，凡察认为在斡木河难以长久居住下去，便想返回明朝境内定居。一直对建州左卫虎视眈眈的朝鲜自然不会轻易同意凡察的要求。经过与朝鲜的几番交涉，凡察终于在正统五年（1440）六月，得以率领部众途经婆猪江，九月抵达苏克素浒河流域，与李满住会合。

明朝得知凡察与李满住会合后，决定将凡察指挥的建州左卫重新安置，主要居住区域以苏克素浒河上游的赫图阿拉为中心。此外，他们的居住范围还扩展到了梅河口市以南和桓仁满族自治县以西的丘陵河谷地区。

由于建州左卫的卫印在斡木河之变中遗失，所以明朝重新授予建州左卫新的印章。由此，凡察继猛哥帖木儿之后，正式成为建州左卫新的掌印首领。

凡察在这边稳步发展，另一边董山的情状却不比凡察。董山被掳不久后，毛怜卫指挥哈儿秃将其赎回。毛怜卫就是明朝在东北设置的一个军事防御机构，与建州卫性质相同，同属于明朝女真胡里改部，二者之间有族缘关系，同为建州女真的主体。董山被赎回后，面临的状况更加凄惨，家寨破败，生活难以为继，为了生存，不得不去寻求凡察的庇护。

在董山向凡察寻求帮助的这段时间里，凡察、董山、阿谷的遗孀以及她腹中的孩子之间出现了新的纠纷，对建州左卫的发展产生了一定的影响。

董山投靠凡察后，在斡木河的境遇也没好到哪里去，如前文所述，彼时的凡察也在想方设法离开斡木河。董山为了远离这种艰难的局面，于是奏请明朝迁往辽东，与李满住合住一处。

《明英宗实录》中对此作了详细的记载："建州左卫都督猛可帖木儿（即猛哥帖木儿）子童仓（即董山）奏：'臣父为七姓野人所杀，臣与叔都督凡察及百户高早化等五百余家，潜住朝鲜地，欲与俱出，辽东居住，恐被朝鲜国拘留，乞赐矜悯。上敕朝鲜国王李祹，俾将凡察等家送至毛怜卫，复敕毛怜卫都指挥同知郎卜儿罕，令人护送出境，毋致侵害。'"大意是，董山向明朝说明了目前的境遇，并请求能够和叔叔凡察一同迁到辽东居住，但是担心朝鲜国从中作梗，希望明朝可以出面从中调和。于是明朝给朝鲜国王李裪下令，让他将凡察等家族送至毛怜卫。随后，明朝又派毛怜卫都指挥同知郎卜儿罕安排人员护送凡察及其随行人员离开边境，以确保他们的安全。

正统二年（1437）十一月，经明朝的允准，董山和凡察得以迁往辽东居住。

早在永乐二十一年（1423），明朝就已经允准李满住迁到婆猪江一带居住。翌年，李满住带领着400多户搬到了婆猪江的瓮村等地安家。宣德八年（1433）六月，由于受到朝鲜国的骚扰，李满住不得不从瓮村搬到了兀剌山北边的吾弥府（今辽宁省桓仁满族自治县古城镇古城子村）。正统三年（1438）初，李满住再次带领他的部族迁移到浑河上游地区。同年六月，他们又搬到了灶突山（今辽宁省新宾满族自治县永陵镇烟筒山），与他一同迁移的还有他的叔叔猛哥不花以及毛怜卫。

凡察和董山带领部众300多户，经历波折和重重障碍，最终成功地迁移到浑河支流苏克素浒河一带，并与李满住一起定居。

凡察和董山将他们的部落迁往辽东婆猪江和苏克素浒河地区，标志着建州女真在经历了长达半个世纪的分离、团聚、欢乐与悲伤以及不断的流离失所之后，最终得以重新团结在一起。这片被群山环抱的苏克素浒河地区，在后来成为努尔哈赤崛起的基地。

在苏克素浒河一带定居后，安稳的日子没过多久，凡察和董山之间就产生了矛盾。起因正是凡察手中的建州左卫新印，而之前遗失的建州左卫旧印其实在董山手里。于是，在凡察、董山这对叔侄之间，由于各自掌管着不同的卫印，引发了一场关于卫印的争夺战。

如前所述，董山是猛哥帖木儿的次子，在迁移到苏克素浒河时，他才22岁，正值盛年。董山体格高壮，仪表堂堂，对他倾附的部众很多，这也是董山争夺卫印的底气。自此，一卫新旧两印的纷争正式开始。

《明英宗实录》中有详细记载："敕建州左卫都督凡察及故都督猛哥帖木儿子指挥董山曰：往闻猛哥帖木儿为七姓野人戕害，掠去原降印信。宣德年间又复颁降，令凡察掌之。前董山来朝云，'旧印已获'。近凡察来朝又奏，'欲留新印'。一卫二印，于法非宜。敕至，尔等即协同署事仍将旧印遣人送缴，庶几事体归一，部属信从。"大意是，明朝廷已经了解新旧两印存在的来龙去脉，眼下是董山想持有旧印，欲率领建州左卫。而凡察则希望留有新印，其中目的不言而喻。但明朝认为，一个卫所拥有两枚印信，这在法律上是不合适的。所以命令董山和凡察协同处理此事，并将旧的印信派人送回朝廷，以便统一印信的管理，使得部属能够信服。

明朝的态度十分明确，却没有得到凡察、董山的积极回应。究其原因，竟是凡察想把旧印也留在自己手里。为此，明朝又训谕："谕建州左卫都督凡察、指挥董山曰：比尔凡察奏，本卫印为七姓野人抢去，朝廷给与新印，后董山来朝奏已赎回旧印，凡察来朝又请留新印，已允所言，令凡察暂掌新印，与董山同署卫事，遣人进缴旧印。今尔凡察又奏旧印传自父、祖，欲俱留之。朕惟朝廷自祖宗建立，天下诸司，无一卫二印之理，此必尔二人以私意相争，然朝廷法度，已有定制，尔等必当遵守。敕至，尔凡察仍掌旧印，尔董山护封如旧，协心管事，即将新印遣人进缴，不许虚文延缓，以取罪愆。"（《明英宗实录》）

从上述记载中，可以看出明朝因凡察出尔反尔的行为已经动怒，并且训斥凡察、董山二人不应因一己私欲产生争执，造成卫所内部矛盾产生。新印不愿交，旧印也不想交，自然没有这样的道理。明朝这次的谕旨，可以说是直截了当的敕令，就是让凡察交出新印，并要求凡察、董山二人放弃权力斗争，遵守明朝廷的规定，和睦相处。

明朝为了彰显恩威并施的威严，明令朝廷的规范，再次发出谕旨，依然是《明英宗实录》中记载的内容："敕谕建州左卫都督金事凡察、董山等：尔等世居边陲，旧为亲戚，正宜同心协力，抚率部属，用图长久。往岁冬，因尔一卫存留两印，已尝遣敕谕尔凡察、董山协同署事，将新印进缴。今尔凡察乃奏，董山不应署事。都指挥李章加等又奏保凡察独掌卫事，此事朕处置已定，岂容故违。敕至，尔等即遵依前敕，存留旧印，随将新印缴来，务在安分辑睦，毋为小人所惑，自取罪愆。尔凡察所奏，取回人口，已敕边将如例给粮接济，尔等其钦承之。复敕辽东总兵官、都督金事曹义等，遣人往察其二人不和之故，及多人之情，并计议处置之方，奏闻，处之。"

从史料记载的内容看，明朝不仅敕令凡察上交新印，还派出辽东总兵前去了解凡察与董山叔侄之间不和的原因，并访查舆情，深度了解民众的想法。明朝针对凡察和董山不和的事件提出了解决问题的方案建议，但事情的进展不如明朝预期的那样顺利。

正统六年（1441）八月，明朝廷的辽东总兵官、都督金事曹义先向凡察和董山传达了皇帝的旨意，然而二人并没有因为正统帝的旨意握手言和，而是依旧各执一词。曹义只得亲身前往开原进行协调，向二人宣谕法制，可谓晓之以理动之以情，其中利害，条分缕析。对于民众的意愿，曹义也细细地访查。经过一番调查，曹义看出大部分民众倾附于董山。于是又向凡察进行一番劝说，凡察这才勉强答应交出新印，但他的态度并不是特别积极。曹义明白，如果强迫他交出印章，可能会引发不稳定的情绪，不利于长远的治理。

为此，曹义参考了明朝初期海西女真叔侄争印的先例，向朝廷提交了奏章："永乐中，海西野人都指挥恼纳、塔失叔侄争印，太宗皇帝令恼纳掌忽鲁哈卫，塔失掌弗提卫，其人民各随所属。今兹事体，与彼颇同，请设建州右卫，以处凡察，庶消争衅，以靖边陲。上命俟其来朝议之。"（《明英宗实录》）

曹义的建议，虽然是依据明朝初期的方法，但也顺利解决了眼下建州左卫所面临的难题，这无疑是稳定建州左卫内部的一个妙计。

正统七年（1442），凡察和董山进京朝贡，明朝针对二人卫印之争作出解决的新决策。据《明英宗实录》记载："分建州左卫，设建州右卫，升都督佥事董山为都督同知，掌左卫事，都督佥事凡察为都督同知，掌右卫事。董山收掌旧印，凡察给新印收掌。……尔等自今宜谨守法度，各安生业，毋事争斗，以取罪愆。"

就是说，明朝决定将建州左卫分成两部分，增设了建州右卫，董山被任命为建州左卫的指挥官，负责处理建州左卫的所有事务，并被提升为建州左卫指挥使和都督同知。同时，凡察被赋予管理建州右卫的职责，并被提升为都督同知。从此，建州女真被划分为建州卫、建州左卫和建州右卫，历史上称之为"建州三卫"，都是明朝辖治下的建州女真部。

此时，建州虽分为三卫，但他们居住在一处，并且同族联姻。如掌管建州卫印的李满住，娶了阿谷的孀妇为妻；掌管建州左卫印的董山，又娶了李满住之女为妻。

建州三卫的重要性，在之后的叙述中会凸显出来，因为建州三卫后来成为满洲发展的核心，亦是努尔哈赤崛起的本营。

董山执掌建州左卫印后，在部族的影响力和地位得到了很大的提高，势力渐渐恢复。此时的建州卫指挥使李满住年事已高，这对于董山来说，是个绝佳的机会。他趁李满住年迈之际，兼管三卫事宜，颇有统一建州女真之势。

从董山的角度来看，统一建州女真是一份雄伟的事业，但通往成功的道路上，还有明朝这座大山挡在他面前。

明朝中期正处于明朝鼎盛时期，国力十分强大，明朝在加强对女真等族管辖的同时，又使它们有各自擅长的领域，让它们无法归到一处。正如老子在《道德经》中讲的："朴散则为器，圣人用之，则为官长，故大制不割。"只有让各部族之间互相制衡和竞争，才能确保政权的稳固和完整。

这种"分其枝，离其势，互令争长仇杀，以贻中国之安"的政策，就是明朝廷统治者对女真族的传统政策。

与此同时，明朝辽东镇守太监、总兵官等，对女真的安抚方法不当，时常出现横加勒索、滥杀贡使、关闭马市、挑起事端、冒充功劳的现象，种种行为，激起女真首领的强烈不满，甚至以侵犯劫掠来向明朝辽东镇守太监、总兵官等进行报复。

这里要着重说一下马市。明朝为了促进女真族和汉族以及东北地区各族之间的贸易往来，在辽东通往女真地区的交通重镇开设了马市，最初是交易马匹，因此得名马市。

马市开设始于永乐三年（1405）。因为当时从蒙古到京的路途十分遥远，加上天气炎热，所以蒙古福余卫指挥使喃不花等向明朝奏请，希望可以在附近找到一匹适合的马匹进行替换，以保证进京之路顺利进行。于是明朝"令就广宁、开原择水草便处立市，俟马至官给其直"（《明太宗实录》），就是在广宁、开原选择水草丰美的地方开设马市，等到马匹到来时，官府就付给马价。

当时，明朝开设的马市有 3 处，据《辽东志》中记载："一于开原城南以待海西女直；一于开原城东；一于广宁以待朵颜三卫，各去城四十里。"

随后，为了满足贸易增长的需求，明朝决定增设一些新的马市。例如，天顺八年（1464），为建州女真设立了抚顺马市；成化年间，又在古城堡南部为海西女真增设了一个马市，于嘉靖二年（1523）迁移到庆云堡（今辽宁铁岭东北）北；到了万历初年，还在清河、叆阳、宽甸等地增设了新的马市。万历二十三年（1595），在义州（今辽宁省义县）开设马市。

《辽东志》中有较为详细的记载："夷人买卖。开原每月初一日至初五日一次，广宁（今辽宁省北镇市）每月初一日至初五日一次、十六日至二十日一次，各夷将马匹物货，赴官验放，入市交易，不许通事人等将各夷侮弄、亏少马价及偷盗货物，亦不许拨置夷人以失物为由诈骗财物，敢有擅放夷人入城，及纵容无货人入市，有货者在内过宿，规取小利，透漏边情，违者俱问，发两广烟瘴地面充军，遇赦不宥。"

就是说，与夷人进行买卖交易，开原每月初一至初五进行一次交易，广宁则每月初一至初五进行一次交易，十六日至二十日再进行一次交易。夷人要将马匹和货物带到官方检验处进行检验，合格并放行后，方可进入市场进行交易。明朝规定，不允许翻译人员等羞辱、欺骗夷人，不允许压低马匹价格或偷盗货物，也不允许故意诱导夷人声称丢失物品，以此来诈骗他们的财物。明朝还规定，未经允许私自放夷人进城，或纵容没有货物的人进入市场，或有货物的人在市场内过夜，或利用小利进行非法交易，或泄露边境情报的人，都会受到被发配到两广的烟瘴之地充军的惩罚。由此可见，明朝有关马市的管理，制定了既具体又严格的规定，以此来保障夷人的切身利益。

马市，分为官方市场和私人市场，它们之间的区别在于"凡马到市，官买之余，听诸人为市"（《明宣宗实录》），也就是说，凡是运到市场上的马匹，官方把最好的马匹买走后，剩余的马匹可由其他人来买卖。女真用马匹去交换盐、米等生活必需品，如此一来，他们得到了所需的食用物品，而明朝也得到了所需的战马。于是，军需用品，由官市交易；民需用品，由私市交易。

马市自开设以来热火朝天，交易的商品也是种类繁多。比如，女真和蒙古地区提供的交易物品包括各类牲畜、皮毛、人参、药材等当地特产；而汉族地区则提供了铁制农具等生产工具、生产资料，还有生活用品等。

在马市刚刚设立的时候，所有的交易都是通过物物交换的方式进行，直到永乐十五年（1417），才开始实行货币交易。负责管理马市的官员是由明朝指派的，他们的职责不仅限于检查进入市场的货物，还负责征税，也叫马市抽分。

正因为马市的开设，女真前来马市交易的人数越来越多，每次入市的人数多达数千，这就促进了市场的繁荣。随着市场越来越繁荣，马市的交易频率和规模显著增加。交易量不断增长，交易的商品种类也变得更加丰富，大量的耕牛和生产工具开始流入女真地区。

由此可以看到，女真各部在向南迁移之后，他们的生活变得更加稳定，经济状况也得到了良好的发展，各部族之间、各部族与汉族之间的交易也更为密切。所以说，马市的开设，对促进女真各部经济发展具有深远的意义。

建州女真的报复行为，招来明朝廷的派兵攻杀，而另一边的朝鲜国也趁机出兵，名义上是呼应明朝，实际是豺狐之心。建州女真迁到辽东的这段时间里，曾先后3次受到朝鲜和明军的袭击。其中，最为惨重的是成化丁亥之难中董山的蒙难，这是建州左卫继猛哥帖木儿蒙难后的又一次重创。

成化三年（1467），这一年是丁亥年，因此也被称作丁亥之难。

事件的导火索是董山等女真贵族因不满明朝廷的压迫而发起的反抗，他们采取了极端的行为，经常派军队攻打辽东地区，抢夺耕牛、马匹、衣物、粮食以及人口等资源。这种行为严重扰乱了辽东地区人民的生活，给他们带来了极大的灾难。

明朝的一份文件中记载："建州三卫女直，结构诸夷，悖逆天道，累犯辽东边境，致廑圣虑，特命当职等统调大军，捣其巢穴，绝其种类。"从咨文内容能够看出，明朝对建州女真的抢掠行为极为恼怒，特地命朝鲜国统率大军，捣毁建州三卫的巢穴，灭绝他们的种族。

董山于成化三年（1467）入京朝贡。在返回的途中被明军擒住，关押在广宁。同年九月，明朝军队与朝鲜军队联手，向建州发起攻击，而董山在广宁的关押处被处决。

明朝指派太监黄顺负责监督军队，左都御史李秉、武靖侯赵辅等统领

8万多名士兵，分作五路：以黄顺、史李秉、赵辅所率之军为中路，出鸦鹘关往苏克素浒河进发；韩赟所率之军为右翼，向通元堡进发；裴显所率之军为左翼，直奔碱厂；王瑛所率之军为后军，分为两支队伍，分别发向抚顺所和铁岭卫。东面，朝鲜以绫城君具致宽为都体察使，领兵万余，分成五个不同的方向发动进攻。

一时间，建州女真被包围，不仅正面遭受攻击，连侧面也遭到夹击，形势不容乐观。与明军和朝鲜军的联合军相比，建州女真力寡势弱，只能依恃山林为险阻，借弓矢以防御。面对势如破竹的联合军，建州女真即便是顽强抵御，也难逃厄运。

关于这场战役，明朝武靖侯赵辅在《平夷赋》中详细记述了建州女真的惨烈遭遇："神枪发而火雷迅击，信炮举而山岳震摇。尽虏酋之所有，罔一夷而见逃。剖其心而碎其脑，粉其骨而涂其膏。强壮就戮，老稚尽俘。若土崩而烬灭，犹瓦解而冰消。空其藏而潴其宅，杜其穴而火其巢。"

由此可见，建州女真受到明军和朝鲜军的双重攻剿，神枪、火雷使整个山岳仿佛都在震动。如此猛烈的攻势下，建州女真经历了一场空前的浩劫，他们的居所被火焰吞噬，族人遭到杀害、俘虏，储备的粮食被洗劫一空，首领也被残忍杀害，整个部落的景象支离破碎、惨不忍睹。

丁亥之难可谓建州女真遭受的空前灾难，如此惨败的情况下，建州女真统一的道路被隔断，前路一片迷茫。

丁亥之难留下的只有满目疮痍，恢复之路漫长而艰难。然而，建州女真并没有得到上天的垂怜，部民的心灵尚未从痛苦中挣脱出来，就要被迫面临又一次劫难。

成化十五年（1479），成化之变发生，此年乃己亥年，所以又称己亥之变。

关于己亥之变事发的原因，说法不一。对建州女真到底是采取围剿还是安抚，朝堂之上文武大臣各持己见，意见难以统一。

据《明宪宗实录》记载，明廷大太监汪直、辽东巡抚陈钺等主张围剿，并向成化帝奏请发兵，计划荡平建州女真，以靖边陲。他们说："声言来寇辽东，且言往年建州三卫，构海西、毛怜，累犯边境，朝廷授以都督、都指挥之职，诸夷因起争端，纷纷扰乱，亦欲挟制以求显职，与其加升而招侮，莫若整兵而征讨。""宜复调军，捣其巢穴，以除边患。"

从明朝的角度而言，此次事变是因为建州女真的肆行抢掠。汪直、陈钺以建州女真声称要来侵犯辽东为由，数落他们的不是，不懂感念朝廷之恩惠，加上之前建州女真的确多次侵扰边境，似乎坐实了他们无故挑起争端的罪名。

但是，朝廷中也有站在建州女真角度考虑问题的大臣。余子俊等大臣认为，建州女真时而归顺、时而反叛，究其原因是因为朝廷有时开放马市，允许他们购买铁器来与他们结好，有时又会以马市来控制、管理他们。建州女真之所以会侵犯边境，也是因为明朝廷下令禁止贸易。余子俊针对是否出兵建州给出了诚恳的建议，他认为不能单凭某些人列举建州的罪行就将他们捣毁，兹事体大，理应慎重。再者，倘若出兵，会使周边那些来朝拜且没有侵犯边境的少数民族感到惊恐和疑惑。

由此可见，边衅的原因之一是贸易渠道不畅通，明朝时常以此来掣肘建州女真。

也有一些官员认为，是大太监汪直邀功心切的缘故。

陆游诗云："小人计已私，颇复指他事。"汪直为人便是如此，只考虑自己的私利，顺着他的人会得到他的庇护，指责或违逆他的人就会招到他的报复。

《明史》中曾记："十五年秋，诏直巡边，率飞骑日驰数百里，御史、主事等官迎拜马首，棰挞守令。各边都御史畏直，服橐鞬迎谒，供张百里外。至辽东，陈钺郊迎蒲伏，厨传尤盛，左右皆有贿。直大悦。……兵部侍郎马文升方抚谕辽东，直至不为礼，又轻钺，被陷坐戍，由是直威势倾天下。"

从记载中可以看出，汪直所到之处排场十足，为了彰显自己的权威，甚至鞭打地方官员。陈钺巴结、依附于汪直，便能得到他的赏识和优待。反观兵部侍郎马文升，只因没有阿谀谄媚，就被汪直视为不敬，随便找个理由陷害马文升，导致马文升被迫戍边。

当时，汪直掌管着司礼监，左都御史兼提督团营王越和辽东巡抚陈钺等人也纷纷投靠汪直，他们相互勾结、内外串通，经常挑起边境事端，然后奏请出兵。边境部族的兵力自然无法与明朝匹敌，他们就顺理成章地把胜利归功于自己，以此来提升自己在朝中的地位。

余子俊等大臣的进言不无道理，因为之前明朝官员赵辅就曾因贪功，启衅边陲争端，导致董山被杀。而赵辅因立了军功，官职得到提升，由伯升为侯。赵辅的这种行为，可以说是一个历史教训，为明朝留有后患。

辽东监察御史强珍对汪直等人的行为感到不耻，言辞恳切地向朝廷奏疏，《明宪宗实录》中作了详细记载："建州班师之后，虏即入叆阳、清河二堡之境，四散杀掠男妇五百余名，头畜无算，实由前巡抚都御史、今户部尚书陈钺启衅邀功，以致虏报复旧怨。其守堡指挥王英、白祥，及分守副总兵、都指挥吴瓒，右参将崔胜等，俱不能防御，而镇守总兵等官、太监韦朗、都督緱谦等，又各畏罪贪功，隐匿前事，直待朝廷论功升赏。陈钺回京之后，始以奏闻，实为欺罔，请皆逮问，以正其罪。兵部尚书余子俊等覆奏，引《皇明祖训》，参钺累犯死罪，不宜再纵，当从珍言。上命吴瓒、崔胜戴罪杀贼，韦朗停岁赐食米半年，緱谦、陈钺各停俸一年，余皆属珍逮问之。"

强珍认为，建州女真之所以出兵，是因为陈钺先挑起衅端，只因一己私欲，导致建州报复旧怨。而那些守堡的官员，也无防御能力，但是害怕获罪，不敢如实禀告朝廷。说得直白一些，陈钺等人就是能力不足，还妄想贪图功利。强珍建议将这些人全部逮捕、问罪。余子俊等人赞同强珍的观点，并引用《皇明祖训》，指出陈钺多次犯下死罪，不应该再宽容他。

多名大臣的上奏有条有理，成化帝应他们的奏请，不痛不痒地处罚了这些人。

而强珍义正词严的奏章，彻底把汪直得罪了，遭到了汪直的报复，强珍被用刑具押送到京城，遭受拷打，最后被发配到辽东戍边。

历朝历代中，像强珍这种刚正不阿的大臣被陷害、身陷囹圄的例子比比皆是。这种现象似乎已经成为庙堂之上公开的存在。也许在统治者的眼里，一个大臣的道德行为不能成为他能力的评判标准，他们更在乎的是如何去平衡大臣之间的微妙关系。如果天平倾倒，会直接影响朝廷未来的走向。

在争论中，成化帝最后作出决定，谕准发兵征讨建州女真。

成化十五年（1479）十月，汪直负责监督军事行动，抚宁侯朱永担任总指挥官，而陈钺则以辽东巡抚和右副都御史的身份协助汪直处理军事事务。明朝大军浩浩荡荡地向建州进发，计划出其不意地发动攻势，直捣其老巢。

攻打建州，自然少不了朝鲜军。《明宪宗实录》中记载，明朝命朝鲜国王李娎出兵，与明军协同作战，一同攻打建州，诏书上写道："建州女直，逆天背恩，累寇边陲，守臣交请剪灭，朕念彼中亦有向化者，戈铤所至，玉石不分，爰遣大臣抚谕，贷其反侧之愆，听其来京谢罪，悉越常例，升赏宴待而归。曾未期岁，贼首伏当加等，复纠丑类，侵犯我边，虽被官军驱逐出境，而未遭挫衄。廷议皆谓此贼冥顽弗悛，罪在不宥，已令监督总兵等官，选领精兵，刻期征剿。我师压境，王宜遣兵，遥相应援。贼有奔窜至国境者，必擒而俘献之。逆虏既除，则王敌忾之功愈茂，而声名永享，于无穷报酬之典，朕必不尔缓也。"

朝鲜国王李娎接到明朝的诏书之后，当即派兵策应。而朝鲜军抵达满浦、镇江时，由于江河被冰封，耽误了前行，没能在约定的时间抵达征讨建州的前线，等赶到的时候，只能从侧翼攻打建州。

相差悬殊的兵力，注定了建州女真在这场战役中的惨败。其结局，在《明宪宗实录》记载的朱永向朝廷上奏的捷报中有所体现："建州贼巢，在万山中，山林高峻，道路险狭，臣等分为五路，出抚顺关，半月抵其境。贼据险迎敌，官军四面夹攻，且发轻骑，焚其巢穴，贼大败，擒斩六百九十五级，俘获四百八十六人，破四百五十余寨，获牛马千余，盔甲、军器无算。"

朱永的奏报中称，由于建州女真的巢穴所处地理位置险阻，给明军的进攻造成了干扰。但这些干扰在他们制订的作战计划面前都不是问题，明军轻而易举地焚烧了建州女真的巢穴。

汪直通过此役，地位迅速攀升，成为炙手可热的人物。陈钺从右副都御史提升为右都御史，其他参与此事的官员也都获得了晋升、加俸、记功，受到赏赐的人多达 2000 余人。

征讨建州女真取得胜利后，朝鲜国也来凑热闹，向明朝奏称："遣左议政尹弼商、节度使金峤等引兵渡江，进捣贼巢，斩首十六级，生擒男妇十五人，并获辽东被虏妇女七人，及驱其牛马，毁其庐舍。"（《明宪宗实录》）朝鲜此举，既让明朝别忘记他们在这场战役中贡献了一份力量，也表达了对明朝的忠心，希望从中获得恩赐。

己亥之难，是继斡木河之难和丁亥之难后，建州女真所遭受的又一次极其严重的打击。正是由于这连续三次的重创，建州女真从此逐渐走向衰败，历经了长达百年的低迷时期。

有史以来，边陲问题，兹事体大，各朝各代都是谨慎对待，尤其是对于采取围剿还是安抚的政策更是慎重。若是合情合理，朝廷派兵进行征讨，理所当然；然而，如果征讨过当，就会产生反效果，激起对方的反击，会产生连锁反应。

兵部尚书余子俊等对建州女真该采取何种政策，曾忠诚、正直、果敢地向成化帝谏言："今推诚抚安，事将就绪，若欲加兵，则抚安成命，不足为恩，适足为仇，无以示信。况六月兴师，兵法所忌，宜令总兵、巡抚等官，按兵境上，以戒不虞，仍与文升等协和定议，以抚安为主，少苏边困，果有深入为寇，方许征讨。"（《明宪宗实录》）

余子俊在辽东边政的问题上看得很透彻，从他几次奏言中，能够发现他提的建议很有价值。余子俊始终主张安抚，不能轻易用兵，可以循循善诱，加强边陲的防御工事。最主要的是，余子俊认为不能因为一些小事端，就派重兵捣巢，更不应该因为某些人贪功的私欲，断送两族的和平。可谓有理有节，发人深思。

关于边陲之事，乃朝廷之重事，必须十分用心，不能任意妄为，否则会留下后患，祸及子孙。

而建州女真的三次大劫难，对努尔哈赤日后的崛兴有着很大的影响。

五、一方基地

董山在丁亥之难中罹难后，他的长子脱罗承袭他的职位，成为建州左卫都指挥同知。董山有3个儿子，分别是长子脱罗、次子妥义谟、三子锡宝齐篇古。史载："建州左卫都指挥佟那和劄等奏：乞命都督董山子脱罗，李古纳哈侄完者秃，各袭其父、伯之职。事下兵部，尚书白圭等言：董山等世受国恩，享有爵土，罔思敬顺，自取诛戮。脱罗等乃叛逆遗孽，法当诛夷，然既听其悔过来朝，待以不死矣，予夺之宜，惟圣明裁处。上曰：虏酋背负恩义，罪当族灭，今首恶已诛，余皆悔过向化，朕体上天好生之德，悉加宽宥。脱罗等既众人奏保，其授罗都指挥同知，完者秃都指挥佥事，令统束本卫人民，依前朝贡，再犯不贷。"（《明宪宗实录》）

脱罗主要在成化和弘治这两个时期担任建州左卫都指挥同知一职。脱罗性格软弱温顺，在他执掌建州左卫印时，建州女真仍处于分裂状态，还因明朝廷出兵缴获他们的部属和牲畜、焚烧他们的房屋和积聚的财物而遭到惨烈重创，元气一时间难以恢复。

正德元年（1506）脱罗去世，明朝命脱罗之子脱原保承袭其职位。脱原保在正德年间与明朝保持着密切的关系。

脱罗的三弟锡宝齐篇古，有关他的历史资料记载不详。为何要提锡宝齐篇古呢？因为他的儿子福满，是努尔哈赤的曾祖，也是后来被清朝尊为兴祖直皇帝的人。也就是说，锡宝齐篇古是努尔哈赤的四世祖。因为历史记载不详，这里也不作深述。

说回努尔哈赤的曾祖，他有 6 个儿子，分别是大儿子德世库，居住在觉尔察地；二儿子刘阐，居住在阿哈河洛地带；三儿子索长阿，居住在河洛噶善地带；四儿子觉昌安，居住在赫图阿拉地带；五儿子包朗阿，居住在尼麻喇地带；六儿子宝实，居住在章甲地带。福满的 6 个儿子，各自筑城，分城而居。其中，赫图阿拉城与其他五城的距离，较近的只有 5 里，较远的有 20 里。可见福满的 6 个儿子，虽不住在一处，却环卫而居，彼此之间相互照应，关系紧密，息息相通，成为建州女真中一个较大的宗族，在苏克素浒河地域也算一个比较有势力的宗族。

据《清太祖武皇帝实录》中载："六子六处，各立城池，称为六王，乃六祖也。"福满的六子也被称为六王，后又被称为宁古塔贝勒，于崇德元年（1636）定封爵。贝勒，在亲王、郡王之下。

福满的第四子觉昌安是努尔哈赤的祖父，后来被清朝尊称为景祖翼皇帝。

觉昌安居住在赫图阿拉。天聪八年（1634），皇太极谕定："赫图阿喇城，曰天眷兴京。"自此，赫图阿拉城被称作兴京。

觉昌安率领他的家人和部众，在苏克素浒河流域种植粮食、编制麻布、进行狩猎和采集，还曾到抚顺的马市进行贸易活动。

据史料记载，到抚顺马市买卖的，属叶赫贝勒的排面大，与其率领的千余人相比，觉昌安所率的几十人实在是少得可怜。以觉昌安当时的实力，他到马市买卖是不会被记录到史料中的，这也从侧面说明他是建州女真苏克素浒河部的一个小部的首领。

觉昌安不仅智慧出众，在他的族群中享有极高的声望。他还与明朝辽东总兵官李成梁保持着紧密的联系。他利用家族的财富和影响力，成功地扩大了自己的势力范围。

当时，与觉昌安部族相近的还有两个强族，就是硕色纳和加虎。《清太祖努尔哈赤实录》中对这两个强族亦有记载："是时，近地部落中，有硕色纳者，生子九，俱强悍；又有加虎者，生七子，俱轻捷多力，尝身披铠甲，连跃九牛。二族恃其强，侵凌诸路。"

古时，稍微强大点的部族，大多会有蚕食其他弱小部族的野心，这两个强族也不例外。它们恃强凌弱，侵凌诸路。然而，觉昌安却从不畏惧这两个部族，他凭借着出类拔萃的智慧和敢于挑战的勇气，率领兄弟及子侄们，奔赴征战硕色纳和加虎的战场。

《清太祖高皇帝实录》中记载："破硕色纳子九人，灭加虎子七人，尽收五岭迤东，苏克苏浒河迤西，二百里内诸部，六贝勒由此强盛。"觉昌安打败了硕色纳的9个儿子，消灭了加虎的7个儿子，掌控了五岭以东、苏克素浒河以西方圆200里内的各个部落。由此，六贝勒的势力开始强盛起来，觉昌安也得到部众的信任和拥护。

觉昌安有5个儿子，分别是长子礼敦、次子额尔衮、三子界堪、四子塔克世、五子塔察篇古。其中，第四子塔克世正是努尔哈赤的父亲，后来清朝追尊他为显祖宣皇帝。

努尔哈赤的先世，自猛哥帖木儿开始，之后依次经过董山、脱罗、脱原保、锡宝齐篇古、福满、觉昌安，直到塔克世，历经八代相传，历时200年。居住的地域由斡朵里到凤州，再到斡木河，又迁婆猪江，复迁于苏克素浒河，其间历经曲折、饱受艰辛。部族曾兴衰交替，数度起伏，频繁盛衰，最后，他们选择在赫图阿拉安家落户。

赫图阿拉的自然条件和地理位置，相较于海西女真、黑龙江女真和东海女真所处的地区更为优越。

首先，赫图阿拉地理位置适中，既不像海西女真那样与明朝廷的辽东地区过近，也不像黑龙江女真和东海女真那样远离辽东地区。也正是因为比较适中的位置，经济才得以发展，信息比较灵通，倘若发生围剿事变，集结力量也比较容易。

其次，赫图阿拉的资源非常丰富，虽然历史文献中没有留下详细资料和数据，但从当代新宾县志的记载中，能够了解到此地区既有山峦叠翠，又有江河蜿蜒；既有丘陵起伏，又有平原辽阔；既适合耕作田地，又适宜狩猎活动；既能捕鱼，又能采集丰富的自然资源。正是因为有了这样优越的地理条件，才为努尔哈赤之后的崛起提供了宝贵的独立发展空间。

赫图阿拉还有很多优势，比如气候宜人、四季分明、雨水丰沛等，特别适合居住。

赫图阿拉的交通也十分便利，向东，穿过阿布达里冈山谷，就是现今的桓仁满族自治县，再过佟佳江河谷就是鸭绿江，江对岸便是朝鲜；向南，沿山谷可直达辽东首府辽阳；向西，沿苏克素浒河、浑河河谷，可到沈阳；向北，可到辽北重镇开原，开原北便是哈达、辉发、叶赫3个部落。最为关键的是，东西南北4条通道，都是山路，更适合机动性强的骑兵，而对于步兵和辎重炮兵则显得相对不利。所以，赫图阿拉的地理环境对发展以森林文化为背景的、擅长骑射的八旗军作战十分有利。

提到作战，就不能不提赫图阿拉的优势。这里既开阔又独立，既能进攻又能防守。后来明朝之所以没有发觉努尔哈赤在慢慢变强大，赫图阿拉的封闭环境是其中一个重要的原因。之后发生的萨尔浒大战，努尔哈赤取得胜利的一个重要因素，就是赫图阿拉得天独厚的地理优势。

可以说，赫图阿拉位于山区与平原的交界处，是农业文明与森林文明的交汇点，也是汉族文化与满族文化的交汇地，同时处于明朝与朝鲜的边界区域。努尔哈赤正是凭借这一地理和文化的优势，巧妙地发展起来，逐步壮大，最终成就了一番伟业。

总而言之，单从赫图阿拉的地理位置看，就能发现此地气象不凡、人杰地灵。

建州女真处在中心位置，居战略要冲，在女真四大部中具有强大的影响力，也是因为历史背景、地理环境、经济发展、文化交融、军事战略、政治格局、社会结构、民族关系、首领与民众等多方面的有利因素，再加上明朝实力的衰退、蒙古地区的分裂、朝鲜势力的减弱以及海西女真各部落间缺乏团结，这些条件共同促成了女真各部的统一，使得努尔哈赤成为整合这些力量的核心领导者。

出身于建州左卫指挥使家族的努尔哈赤，敏锐地捕捉到了时代的机遇，利用得天独厚的地理条件，组织民众的力量，运用精妙的策略，凭借其非凡的个人魅力，成功地推动了女真各部落的统一和社会的变革，最终奠定了清王朝的基础，成为开国元勋。

第二章　发轫之始　雄心勃发

一、锈蚀的权威

在努尔哈赤起兵成功统一女真各部的历程中，嘉靖时期统治的衰落与腐化是一个极其重要的外在因素。因为相较于明朝的庞大，建州女真也只是一个部族，它是明朝全国政治棋盘上的一枚棋子，它的前进后退、向左向右，都受到明朝总政治形势和总经济形态的约束、制衡和影响。

倘若一个王朝的政治权力中心统一且强固，那么少数民族的首领即便是卓越非凡，想必也很难崛起称雄，只有被王朝剿灭的命运。董山被明朝所杀，就是一个例子。相反，当一个王朝的政治权力中心衰落、腐朽，且少数民族的首领有能力起兵，那么称霸一方乃至实现统一，大概是可行的。

努尔哈赤出生的时候，明朝犹如一座摇摇欲坠的大厦，支柱倾斜，横梁不稳，岌岌可危。

嘉靖时期的衰落败坏，主要体现在两个大方面和四个关键点。从外部来看，明朝面临着来自南方的日本海盗，即南倭；还有来自北方的游牧民族，即"北虏"的双重威胁。从内部来看，明朝的腐败和衰落以及边防的松弛成为亟待解决的难题。这两大方面和四个焦点交织在一起，使明朝陷入内外交困、四面楚歌的艰难局面。

南倭和"北虏"的存在给明朝带来了巨大的压力和困扰，导致明朝的军队和百姓不堪重负，国库空虚。嘉靖年间，南倭的威胁和"北虏"的侵扰同时加剧，警报频繁，让朝廷倍感头疼。可以说，南倭和"北虏"的问题不仅仅是嘉靖时期明朝走向衰落的重要原因，也是其衰落所导致的严重后果。这种局面，致使明朝面临着前所未有的挑战和危机。

明朝初期以来，南倭带来的困扰越来越严重。如洪武二年（1369）六月，《明太祖实录》中所记，"倭人入寇山东海滨郡县，掠民男女而去"。至洪武三年（1370）六月，"倭夷寇山东，转掠温、台、明州傍海之民，遂寇福建沿海郡县"。

从洪武到嘉靖期间，广阔的海滨地区同时告警。倭寇入侵后，烧杀抢掠无恶不作，许多城乡都遭受了战争的蹂躏和劫掠。明朝为了应付倭寇的袭扰，不得不长期征战，导致岁无宁日，财政消耗巨大。

嘉靖三十九年（1560），也就是努尔哈赤出生一年之后，正值嘉靖中期，倭寇之患发展到了极点，给沿海地区的百姓带来了巨大的灾难。从山东至广东，沿海地区动荡不安，其中江浙地区所受灾难尤为严重。

史书记载，当这些倭寇逼近扬州时，不仅杀害了同知，百姓也遭受焚烧和抢劫；当倭寇来到苏州时，由于城门紧闭，他们无法攻破，但是他们带给百姓的绝望和无助无法言说，最后都化成泪水。

《倭变事略》中记载："四郊庐舍，鞠为煨烬；千队貔貅，空填沟壑。既受无辜之驱命，复浚有生之脂膏。闻者兴怜，见者陨涕。"大意是，遭遇倭患的城镇的房屋，被倭寇付之一炬，化为灰烬；成千上万的官兵填满沟壑。凡是听到他们的经历和遭遇的人都会为他们流下伤心的泪水。

遭遇倭寇之难的百姓，在战火之后流离失所，无家可归。死去的人尚未被安葬，幸存的人只能到处流浪。所见之处一片荒凉，就连神灵和鬼魂都在为他们哭泣。

那些倭寇丧尽天良、泯灭人性，肆意烧杀抢掠，无恶不作，他们的行为令人发指，完全丧失了人类的底线和良知。

正是因为南倭之患，使得已经衰落的明朝更加衰败。

谈及"北虏"之患，自正统时期之后，其严重程度越发加剧。据《明史》载："当洪、永、宣世，国家全盛，颇受戎索，然畔服亦靡常。正统后，边备废弛，声灵不振。诸部长多以雄杰之姿，恃其暴强，迭出与中夏抗。"

就是说，在明朝的洪熙、永乐、宣德时期，明朝处于全盛时期，虽然也曾经遭受过"北虏"的侵扰，但边疆地区的顺从和抵抗并没有固定的规律。然而，到了正统时期之后，边陲的防御渐渐废弃懈怠，朝廷的威望和影响力也逐渐减弱。各部族的首领通常以英勇卓越的姿态出现，仗着自己强大，屡次与中原地区抗衡。

根据《边政考》记载的资料统计，嘉靖时期，蒙古贵族骑兵侵扰边陲多达 50 余次，是天顺、成化、弘治、正德 4 个时期入侵总数的 2 倍。之所以会出现这种严峻的形势，与嘉靖帝的决策失误有着密切的关系。

蒙古俺答汗等多次派遣使者，向明朝请求通贡互市，然而嘉靖帝却以傲慢的态度回应，甚至一度斩杀使者。嘉靖帝此举无疑惹怒了俺答汗。俺答汗为解心头之怒，派出骑兵向边陲发动侵袭。明朝得知后，当即命官军布置边防，进行防御。

宣大总督苏祐为此进言："先年摆边，诚为无益。宣府之边，千有余里，一镇之军，不过七八万，每里七八十人，岂足守御？又分有信地，人不敢离；虏聚而多，我分而寡，势自不支。一处溃入，千里之守，俱为虚设。虏既入边，我兵反后。此摆边之失也。"(《明世宗实录》)苏祐直接指出了设置边防的失误之处：兵力不足，且防守区域过于分散。边防的官兵要把守各个预定的区域，不敢轻易离开。倘若来犯者聚集起来，人数众多，明朝的官兵根本防御不住，形势自然不利。

由此可以看出，所谓的千里防线形同虚设。

再看明朝的迷惑行为，更加让人不解。明朝既不调整蒙古贡市政策，也不去纠正这种消极防守的失误，而是责令边陲守将："如无破虏奇绩，大臣不许回京，并镇、巡官一律坐罪。"(《明世宗实录》)

"诸将既畏虏而不敢进，复畏律而不敢退。不得已自污以求去，或诈病以欺君。"(《明世宗实录》)前有强敌压境，后有严律督军，在这种情势下，守边将领因惧怕敌人而不敢前进，又怕军法不敢后退。无奈之下，只能谋求他法，试图离开军队，有的官兵还假装生病来欺骗皇帝。

在这样的历史背景下，明军一再颓败，士气也越来越弱。自古以来，军队对于一个王朝的重要性无可估量。可以说，它是维护王朝安全和稳定的基石，也是保卫领土完整、捍卫民族尊严的坚强后盾。然而，嘉靖时期的官兵，缺乏抵御外敌的能力，加上明朝内部不稳定，导致他们自顾不暇、畏首畏尾。

据《明神宗实录》中记载："九边丑虏，宣、大、山西有俺答诸部，陕西三边有吉能诸部，蓟、辽有土蛮诸部及黄台吉支党。"当时，明朝北部边陲的9个重要的军事重镇中，宣府、大同和山西地区有俺答等部落，在陕西三边地区有吉能等部落，在蓟州、辽东有土蛮等部落，还有黄台吉的支系党羽。

在努尔哈赤出生前后的10多年间，蒙古军队多次侵犯京城附近地区，京城曾5次进入紧急防御状态，俺答成为明朝的心腹大患。《明神宗实录》中曾记宣大总督方逢时的疏言："俺答益称雄桀，攻克诸部，虎踞朔庭，东连察罕，西胁番回，五十余年以攻我，中土之民，困于征输，边鄙之民，死于锋镝……致我三军战斗，暴骨满野，万姓流离，横尸载道，城廓丘墟，刍粮耗竭，外罹惨祸，内虞他梗，边臣首领不保，朝廷为之旰食。"

从方逢时上疏陈述的内容中，可以看出俺答骁勇，攻克了多个部落，如一只猛兽般占据北方的边境地区，长期以来一直侵犯明朝。明朝的百姓因征战和赋税，生活在水深火热之中，边境地区的百姓更是凄惨，死于兵刃之下。

总之，因为俺答的来犯，给明朝带来了前所未有的压力与不安。明朝为抵御俺答汗的骑兵向南侵犯，"增兵增饷，选卫修垣，万姓疲劳，海内虚耗"（《明神宗实录》）。

由此可见，这样的防御使得百姓疲惫不堪，朝廷资源损耗十分严重。

据《明世宗实录》载："浙直以被倭，川贵以采木，山陕宣大以兵荒，不惟诸军兴征发停格，即岁入二百万之额亏其三分之一。"也就是说，当时每年200万两的定额税收亏损了三分之一，支出远远高于实际岁入，令人瞠目。

南倭与"北虏"之患持续多年。明朝官员王世贞曾点明，明朝自庚戌年开始，西北的军队几乎天天与"北虏"对战；从壬子年开始，东南的军队也是几乎每天与倭寇作战。这样持续性的作战，导致军队的损耗越来越大。

庚戌年，是嘉靖二十九年（1550）；壬子年，是嘉靖三十一年（1552）。庚戌与壬子，都属于嘉靖中期。

历史表明，嘉靖时期的衰败受到了多方面的内外因素影响。就外部而言，南倭与"北虏"的威胁是其没落的重要外在因素，这些外敌的存在，对明朝的稳定和安全都是巨大的挑战。就内部而言，明朝的衰败则主要受到了廷衰，即朝廷内部的腐败和衰落的影响，其中包括官员贪腐、政治斗争等问题的加剧以及边弛即边境防御松弛问题。

廷衰与边弛两大内部问题，致使明朝官疲于政、兵疲于战，内部腐朽、外部乏力。

至嘉靖时期，明朝腐败至极，边境告警不断，使得整个明王朝处于风雨飘摇之中。而以上种种，既是明朝败落的重要原因，也是嘉靖帝腐朽的严重后果。

明朝的衰败之弊，在明朝初期就已经显现，这也注定了整个王朝只能经历短暂的辉煌。

自从明太祖朱元璋废除宰相后，皇权强化、膨胀。皇帝失去了宰相的制约，转而依恃宦官，进一步加剧了皇权的集中，而这种权力集中并没有给朝廷的发展带来加持，反而加剧了腐败的速度。

努尔哈赤出生时，明朝已走过近200年的历程。当朝廷陷入腐败的泥潭，各种弊端便接踵而来，严重阻碍了明朝的正常发展。

嘉靖帝痴迷于道教修行，大兴土木建造宫殿庙宇，生活极度奢侈糜烂，导致明朝的官吏治理严重败坏。据《明世宗实录》中记载："修设斋醮，连日不止，耗蠹财用，淆渎宫廷。"嘉靖帝沉迷于祭奠鬼神，斋戒和祈祷仪式成为日日要忙碌的事。

道士邵元节因投嘉靖帝之所好，在奉天殿的盛宴上，接受了嘉靖帝赏赐的紫衣玉带，还被封为礼部尚书，同时被授予一品官的尊贵服饰。

道士陶仲文，原本只是一个管理库房的道士，就因为擅长使用符水和祷祀，得到了嘉靖帝的欣赏。嘉靖帝身体抱恙，康复后特别感激陶仲文的祈祷之功，因此授予他少保和礼部尚书的职位。没过多久，嘉靖帝又加封陶仲文为少傅。后来，陶仲文又晋升为少师，同时继续兼任少傅和少保。纵观整个明朝时期，只有陶仲文一人同时担任3个高级别的职位，不仅显示出陶仲文在朝廷中的独特地位，也能体现出嘉靖帝对道教的痴迷。

当时，大臣们竞相取悦嘉靖帝，以谋求恩宠，祭祀活动也日益频繁。为此，淮王献上稀有的白雁，总督则呈上珍贵的灵芝。

据史料记载，有一个叫王金的国子生，是一个杀人在逃人员，通过贿赂的手段与宫中的使者建立了紧密的关系。王金利用这种关系，获得了数以万计的灵芝，他将这些灵芝聚集在一起，形成了一座灵芝山，并命名为"万岁芝山"。此后，王金因进献灵芝受到了嘉靖帝的赏识，被任命为太医院的御医。

甚至有一个罢官闲居在家10多年的人，名为顾可学，他自称能以男女之尿炼制出长生不老药，因此得到了嘉靖帝的青睐，被破格提拔为工部尚书，不久之后又转任礼部尚书，最后更是被加封为太子太保。当时，在百姓间流传着一句谚语："千场万场尿，换得一尚书。"（《万历野获编》）满是对顾可学因炼制长生药而被提拔为尚书一事的讽刺。顾可学为人好大喜功，喜欢大兴土木，祭天祭地，修缮西苑，还建造了3座大殿和2座宫殿。他的生活奢华无度，大量蓄养宫女，数量动辄上千。被他蓄养的宫女，常常受到欺凌和鞭打，最终引发了一场被称为"壬寅宫变"的闹剧。

壬寅，是嘉靖二十一年（1542），宫婢杨金英等人计划缢杀嘉靖帝。

据《明史》中记录，当时，嘉靖帝的情况比较严重，鼻孔不断涌出鲜血，气息微弱，生命垂危，后经御医许绅"急调峻药下之，辰时下药，未时忽作声，去紫血数升，遂能言"。嘉靖帝辰时服下药物，未时突然发出声音，排出许多紫黑色的血之后才能够开口说话。自"壬寅宫变"后，嘉靖帝便不再居住于大内宫殿，而是移居到了西苑居住。

嘉靖帝从嘉靖十三年（1534）开始，便不再参与日常的朝会。此后的做法更是令人瞠目，"日求长生，郊庙不亲，朝讲尽废，君臣不相接"（《明史》）。嘉靖帝一心追求长生不老，为此基本不会亲自参与郊庙祭祀，朝会讲解也完全废除，甚至很少与大臣们接触和交流。对于嘉靖帝的行为，史称"世宗自甲午以后，三十余年不视常朝"。

嘉靖帝选择退居西内，全身心地投入到追求长生一事上，并从文武大臣及词臣中精心挑选了一批人，让他们到西苑专门负责撰写供奉给神明的青词。

严嵩以擅长撰写青词，得到嘉靖帝的赏识和信任。他一心媚上，专权于西内，在很长一段时间内占据高位。不仅如此，严嵩还滥用职权，流毒天下。在明朝一代，有很多奸恶之事，往往都与宦官有关。《明史》中曾载："惟世宗朝，阉宦敛迹，而严嵩父子济恶，贪婪无厌。"到了嘉靖时期，宦官们飞扬跋扈的行为才稍许收敛，但严嵩父子还在继续作恶，他们二人的贪婪腐败之心似乎永远无法满足。

正所谓"从来天运总循环，报应昭彰善恶间"，严嵩父子最终为他们的罪行付出了代价。

严嵩的罪行被揭露后，他的儿子严世蕃在市集上被执行了斩刑。《明史》中记："籍其家，黄金可三万余两，白金二百万余两，他珍宝服玩所直又数百万。"朝廷抄没严嵩的家产时，发现了大量的金银财宝，数额令人震惊。严嵩被抄没家产后，他在自己祖先的墓地旁搭建了一间小屋居住，最终死在墓地旁。

当时，还有一个一心媚上的官员名叫袁炜。他中进士后，也擅于写青词。嘉靖帝的宠物猫死后，要求官员为猫写挽词，朝中的其他官员对此嗤之以鼻，又怕嘉靖帝开罪，于是都推辞说写不好，或待润色，而袁炜却写"有'化狮作龙'语，帝大喜悦"（《明史》）。袁炜因巧于谄媚逢迎，官路畅通，一度官至礼部尚书、户部尚书兼武英殿大学士，并进入内阁处理重要事务，还被授予太子太傅和建极殿大学士的职位。后来，他在返回故乡的途中去世。

以上种种事例，足以说明嘉靖时期朝廷内部的衰朽与腐败。

其实，明朝的衰败与边境防御松弛，这两者相互关联、互为因果。自嘉靖时期以来，明朝边境防御松弛，边事情状越来越糟糕。

明朝曾在洪武、永乐、宣德三个时期，为了稳定北部边疆，采取了积极的征抚政策，以确保边境的安宁与稳固。到正统、景泰、天顺三个时期，皇帝被敌方俘虏，边境祸乱日趋严重，国家的安全也受到了威胁。到成化、弘治、正德三个时期，北方边境的情况趋于平稳，尚未出现大的危机。到嘉靖、隆庆、万历三个时期，边境地区频繁受到侵扰，北方的问题也越来越严重。

北方边事的问题日益加剧，究其原因，主要是因为明朝长时间忽视边陲事务，导致边陲事务被荒废；而边陲事务之所以被荒废，则是因为明朝内部的纪律与制度腐败不堪。

明朝这种毫无章法的应对问题方式，形成一种恶性循环，最终导致闭环。而那个重用亲近奸佞小人、疏远贤能之士，对外大肆改革、对内则30余年不视朝的嘉靖帝，最终导致明朝的官吏贪污腐败，将领软弱无能，盗贼横行妄为，百姓每日生活在艰难困苦中。由于财政匮乏，嘉靖帝为了筹集资金，竟然轻信"有才"之士，妄想"点金"成钱，简直可笑至极。嘉靖帝以为，这样做既能减轻百姓的负担，还能补充国库所需。然而，他的天真想法不仅导致普通百姓难以维持生计，还让宗室成员也难以维持生活。

嘉靖四十年（1561）二月，代府奉国将军朱聪浸到京师上奏："臣等身系封城，动作有禁，无产可鬻，无人可依，数日之中，曾不一食。老幼嗷嗷，艰难万状。有年逾三十而不能婚配，有暴露十年而不得殡埋，有行乞市井，有佣作民间，有流移他乡，有饿死道路。名虽宗室，苦甚穷民。"（《明世宗实录》）朱聪浸在上疏中陈述着艰难的生活，可以看出，即便是当时的官员都在艰苦度日，身负重任却不堪生活的重担。虽然是宗室成员，但实际上所遭受的苦难甚至超过了普通的穷苦百姓。

一个王朝，若是连宗室成员的生计都无法妥善解决，那么边陲事务的筹划就更加鞭长莫及了。

明朝到了中期以后，辽东地区的军事防备也渐渐松懈。究其原因，仍是宦官贪婪，边境将领骄横放纵，致使牧地被侵占，军马损失惨重，屯田制度也遭到破坏，士兵为了保住性命纷纷逃亡。

据《辽东志》中记载，辽东明初实行军屯制，"军士守城十二，屯田十八"。但到了嘉靖时期，军屯制度被渐渐破坏，"辽东屯田半废，近行营田之法，拔军耕种，致行伍空虚"（《明穆宗实录》）。

辽东地区的边防松懈，致使官兵常常为了冒领战功隐瞒败仗，甚至谎报胜利，为此还滥杀无辜。

《明史》中曾记："寇入塞，或敛兵避。既退，始尾袭老弱，或乘虚捣零部，诱杀附塞者充首功，习以为常。"文中记录了当时敌人侵入边塞时，官兵往往收起武器进行躲避，敌人撤退后，官兵才开始拿起武器追击，不过追击的是敌方遗留下来的老弱病残，或是与大部队分散的敌军部队，他们甚至诱杀那些依附于边塞的百姓，他们把杀害的这些人充作自己的战功。在当时，官兵的这种行为已经成为常态。

这种倒行逆施的做法，导致辽东地区的明军愈加兵衰势弱，也使辽东地区的边民愈加离心背明。

总而言之，南倭之祸、"北虏"之忧，内廷之衰、边备之弛，无一不在说明嘉靖年间明朝已经由强盛走向衰落。正如《明史》中所记："将疲于边，贼讧于内，而崇尚道教，享祀弗经，营建繁兴，府藏告匮，百余年富庶治平之业，因以渐替。""因以渐替"说的就是明朝到嘉靖时期已由盛转衰。

而明朝的衰落，为满族的崛起创造了有利的外部条件。至于谁能抓住这个机会，巧妙地利用这个客观条件，登上历史的舞台并上演精彩的剧目，还需要考虑其主观条件。

努尔哈赤的家世背景以及他青少年时期的经历，是构成他登上历史舞台诸多方面条件中的一个至关重要的因素。

二、崛起的序曲

努尔哈赤出生在建州女真苏克素浒河部的赫图阿拉，一个经济条件并不优越的家庭。

前文已经讲述过赫图阿拉优越的地理位置，它是一座平顶冈丘，其北面紧邻苏克素浒河，东面毗邻苏克素浒河的支流皇寺河，西面靠近苏克素浒河的支流加哈河，南面则是里加河。赫图阿拉城四面近水，三面岩壁陡峭，平地突然凸起，而冈顶则平坦开阔，是一座鬼斧神工的山寨城。除了四面环水之外，它又四面临山，东面是皇寺山，南面是鸡鸣山，西面是烟筒山，而北面则是一望无际、连绵起伏的群山。

努尔哈赤，就出生在这片秀丽、优渥的土地上。他所率领的部落，名为苏克素浒河部，因地处苏克素浒河而得名。

苏克素浒河，发源于长白山的西麓，经过蜿蜒流淌，流到现今的抚顺东营盘地方与浑河汇聚，随后它们又共同汇入太子河，最终流入渤海湾。这一河流的流向，宛如大自然的精心布局，将这片土地上的众多自然景观串联起来。

当时，苏克素浒河的水量较大，可以行船，同时其丰富的水产资源也为周边地区提供了丰富的食物来源。苏克素浒河的谷地地区，有深厚的土层和肥沃的土壤，加上雨量充沛和适宜的气候条件，这里成为一片理想的农耕之地。

沿着苏克素浒河的两岸可以看到无论是谷地还是丘陵，都被勤劳的百姓开垦耕种。山坡丘陵上，树木茂密，大量的人参、松子、榛子等植物给人们提供了丰富的山珍林产，同时也吸引了很多山禽野兽在此栖息繁衍，为百姓提供了丰富的猎捕资源。当春日阳光明媚、温暖宜人的时候，平原和谷地上，耕牛遍布田野，禾谷生长茂盛，到处都是一片生机勃勃的景象。

努尔哈赤的父亲塔克世，有 5 个儿子和 1 个女儿。塔克世的正妻是阿古都督的女儿，姓喜塔拉氏，名额穆齐，后来被尊为宣皇后。喜塔拉氏生下 3 子 1 女，分别是长子努尔哈赤，三子舒尔哈齐，四子雅尔哈齐以及一个未提及具体名字的女儿。他的继妻那拉氏，名叫肯姐，是哈达贝勒万所养的族女，她生性刻薄，只生育了 1 个儿子，就是第五子巴雅喇。他的另一个妻子李佳氏，是古鲁礼的女儿，也抚养了 1 个儿子，就是第二子穆尔哈齐。

努尔哈赤所属的宗族是一个庞大的家族，并且在当地具有相当大的影响力与势力。如前文提及的硕色纳、加虎两大强族，觉昌安攻破这两大强族后收复了赫图阿拉周围的诸多部族，自此开始强盛。

在当时建州女真族中，努尔哈赤的家族是一个中产之家。他的祖父觉昌安能率领数十名女真人前往抚顺马市进行贸易，并受到明朝的优待和赏赐。除此之外，觉昌安能与海西女真部中最强大的首领万汗建立联姻，还能蓄养阿哈。阿哈，有时也叫包衣阿哈或者包衣，就是奴隶。阿哈在家里负责挑水、劈柴、舂米、烧饭；在田地里负责耕耘、树艺，秋天则收割庄稼；还要进行采集、放牧、打猎和捕鱼等活动。

觉昌安还同明朝辽东总兵李成梁有所交往，这种交往也进一步证明了他的家族在建州女真中属于中产之家，具有一定的地位。

塔克世的家与其他女真人的家一样，也是用泥、木材和草料建造的，房屋和院子外面用木栅围起来，作为院墙。住室内部南、西、北三面都砌有火炕，俗称"转围炕"。这种三面炕的起源，可以从鄂温克、鄂伦春、赫哲等族的习俗中得到线索。住室窗户的设计很独特，只能从外部关闭，窗纸被贴在窗外。而用于排烟的烟筒，被称为"呼兰"，它采用中空的圆木制作而成，通常被安置在房屋的后面部分。

杨宾曾在《柳边纪略》中详细记录了室内的布置："开户多东南，土炕高尺五寸，周南、西、北三面，空其东。就南、北炕头作灶，上下男女各据炕一面。夜卧，南为尊，西次之，北为卑。"从记载中还可以看出，女真人对于睡觉的位置、朝向也是有讲究的，南边的炕位最为尊贵，西边次之，北边则被视为较为卑微的位置。夜晚入睡时，"头临炕边，脚抵窗。

无论男女尊卑，皆并头；如足向人，则谓之不敬"，"头不近窗者，天寒窗际冰霜晓且盈寸，近窗衾裯亦为寒气所逼，每不干，乃知头临炕边亦不得已也"。在室内的西炕墙上，还有一个专门用于祭祖的"板子"，旁边摆放着祭盘，用于祭祀祖先。

在院落的东南角，竖立着一根高达1丈多的木杆，俗称"索罗杆子"，主要作祭神、祭天之用。这种习俗，最先受影响的是盛京的清宁宫，后来逐渐地影响到了北京的坤宁宫。宫殿的正门被改到了偏东的一间，又在此间的东北角隔出一小间，里面放置了两口大锅，用来煮祭祀用的肉。外部还放置了一个包有锡皮的大桌子，用于宰猪。正门的西边有三间房间，内部的南侧、西侧和北侧用一条长炕连通，早晨的祭祀活动在西炕进行，晚上的祭祀活动在北炕进行。宫殿的窗纸也是被贴在窗户的外部。在宫殿的前面，竖立着一根用于祭祀天神的杆子，即"索罗杆子"。

当时，觉昌安、塔克世信奉的是萨满教。萨满教，是一种在东北亚地区和我国东北部的满-通古斯语系民族中广泛流传的原始宗教信仰。萨满教的祭祷仪式与竖立"索罗杆子"祭天的传统相结合，经过发展，演变成为"堂子"，就是为祭天祀神所设的专用场所。实际上，女真人认为杆子是木林大树的象征，所以才会用设立杆子的方式进行祭天、祭神，这也是他们在祭祀活动上的独特之处。

当时，在女真族的传统习俗中，男子会剃发并留长辫子，身穿长袍马褂，其特点是袖口前长后短，俗称"马蹄袖"。此外，他们还习惯系上腰带，脚上则穿着靰鞡。女性则保持天足，身穿长衫，其袖口设计得较为狭窄，后来，这种服饰被称为旗袍。

在女真人中，不管是男性还是女性都擅长骑射。如果谁家有男孩降生，家里便会有人将弓箭悬挂于门前，寓意着这个男孩未来将成为一个擅长骑射的高手。女真族的男孩，六七岁的时候就开始用"斐阑"这种工具来练习射箭了。待他们稍微长大一些后，就会骑着马，手持弓箭，在山林中驰骋射猎。

骑马射箭之余，孩子们还会围坐在一起，玩一种叫作"罗罗"或"罗丹"的游戏。游戏中使用的道具是一种特制的背式骨具，通常是由猪、獐、鹿、麋等动物的前腿腕骨制成，并染上各种颜色。孩子们通过投掷这些骨具，根据其仰偃横侧的情况来判断胜负。这种摊掷戏骨，实际上是一种孩童军事游戏，在玩的过程中，孩子们要运用智慧与技巧才能取胜。

努尔哈赤的少年时期就是在这样的环境中度过的。正是因为这样的成长经历，才让他越来越强健勇敢、机智沉着、吃苦耐劳，并且精通弓箭和马术。

在建州女真中，努尔哈赤的家庭原本属于中产阶层，但是到了青少年时期，他却接连遭遇种种磨难和不幸。

倘若是懦弱的人，经历一次次的磨难后，恐怕会变得更加胆怯，但努尔哈赤顶着磨难和煎熬，坚强勇敢地成长起来，在这些磨难的考验下崭露头角。

努尔哈赤的青少年时期，曾先后经历了 3 次重大的磨难：幼年时失去母亲；少年时被迫身处异乡；青年时期又失去父亲和祖父。失去至亲，本就是沉重的打击，努尔哈赤还要在这样的痛苦下被迫成长，实属不易。

努尔哈赤 10 岁的时候，他的亲生母亲去世了，而他的继母那拉氏对他又缺乏关爱和照顾。《满洲实录》中曾载："汗十岁时丧母。继母妒之，父惑于继母言，遂分居，年已十九矣，家产所予独薄。"

生母故去，而努尔哈赤的继母又生下了同父异母的弟弟，这使得他在家庭中的地位变得十分微妙，甚至有些困难。"英明汗自幼贫苦。"（《满文老档》）这句载述，十分符合当时努尔哈赤的处境。

努尔哈赤在青少年时期就已经积极参与劳动。每到三月至五月、七月至十月的采集季节时，他便同伙伴们一起进入茂密的森林，搭建临时的小棚作为栖身之地，每个棚子能住三四人，他们白天采集，夜晚就在小棚中休息。努尔哈赤将挖出的人参、采集的松子、摘的榛子和收集的蘑菇，拿到抚顺马市上交易，用赚来的钱维持或补贴生活。

这一时期，努尔哈赤因参与劳动增加了与部民的接触，为他日后的政治生涯打下了坚实的基础，并产生了深远的影响。

当时，汉人与女真人、蒙古人之间的贸易活动主要集中在几个关键地点，分别是开原城东北 70 里的镇北关、开原城西南 60 里的清河关、开原城东 60 里靖安堡的广顺关、开原城西 60 里庆云堡的新安关以及开原城东 30 里的抚顺关等地。这些关隘是当时贸易往来的重要枢纽。

这种集市就是马市，《明会典》中记载了它的规定："每月初一至初五日，十六日至二十二日开二次。各夷止将马匹并土产货物，赴彼处委官验放入市，许赉有货物者，与彼两平交易。"马市规定，每月的初一至初五，以及十六至二十二日会开放市场。各族前来参与马市的人，将马匹和当地的土特产带到指定的地方，由明朝官员检验后放入市场。同时，允许携带货物的人与当地的商人进行公平的交易。

开市时，汉人、女真人、蒙古人等熙熙攘攘会聚到一起，十分热闹，形成了一个多元化的市场。女真人大多会带着人参、松子、榛子、蘑菇、木耳、蜂蜜、东珠、麻布、马匹、貂皮、猞猁狲皮等土产品进行贸易。他们从汉人那里买来耕牛、犁铧、木锨等生产工具以及布匹、铁锅、食盐、水靴、针线等生活用品。

由此可见，互市贸易不仅推动了汉族和女真族之间的经济文化交流，还促进了双方的经济发展，丰富了百姓的物质生活，进一步加深了各民族之间的友好往来。

努尔哈赤经常到抚顺关马市进行商业交易，他积极与汉人交往，深入了解汉族的农耕经济，熟悉明朝廷的政治动向，还与汉族的儒生建立了往来关系，深受汉族文化的影响。努尔哈赤在集市贸易的交往中，对辽东地区的山川地貌有了更透彻的了解，通过与蒙古人和汉人的广泛交流，还学会了蒙古语，对汉语有了初步的认识，也能认识一些汉字。

由此可见，抚顺关马市贸易更像是一所大学校，为努尔哈赤提供了一个广阔的学习平台，使他得以从中学习到社会与经济、政治与文化、民俗与语言以及军事与地理等领域的知识，从而增长了他的见识，丰富了智慧和内涵，更开阔了他的胸怀，磨炼了他的意志。这对他今后要走的路有着很重要的意义。

努尔哈赤在青少年时期经历的第二次重大磨难，是他在明军攻破建州女真王杲的寨子之后，不得不投奔辽东总兵李成梁，并在其麾下效力。

据《万历武功录》中记载，建州右卫指挥使王杲"为人聪慧，有才辩，能解番、汉语言字义"，可见王杲为人聪明有才智，还能够理解并解释满语和汉语的字义，加上建州右卫兵强马壮，所以王杲依仗这股雄厚的实力，自认为是一方霸主。

嘉靖四十一年（1562），王杲设置埋伏，将明朝辽东副总兵黑春擒获并杀害。

万历二年（1574）七月，王杲联合来力红，击杀了明朝的游击将军裴承祖等人。

王杲所为自然引起了明朝的不满，明朝廷当即断绝了与王杲的贸易往来和对他的赏赐，王杲因此纠集部众入侵明边境。明朝辽东总兵李成梁领兵击败了王杲的进犯。同年十月，李成梁又亲自率领大军，以迅雷不及掩耳之势向王杲的营寨发动进攻。

王杲的营寨位于险峻之地，城墙坚固，栅栏密集，而且他还派了精锐部队负责防守，明军一时难以攻克。李成梁见状，便亲自监督士兵准备火炮、石头和火器，并砍伐栅栏，发动猛烈的攻势，决意要拿下王杲营寨。

《万历武功录》中对王杲营寨的情状如此记载："环而攻之，会大风起，遂纵火焚烧杲室屋五百余间及刍茭，烟火相望，诸虏大败北。我兵乘胜先登，斩首捕虏凡一千一百四级，夺获马、牛凡五百二十五头，盔、甲凡九百八十一副。"

明军将王杲的营寨包围并发起攻击。恰逢大风骤起，于是李成梁下令火攻，王杲500多间房屋以及粮草储备转眼间化为灰烬。烟雾四起，火光冲天，一片惨状。王杲的部队见大势已去，便向北逃去。明军自然不会轻易放过王杲，乘胜追击，攻入营寨，斩首和俘虏共计1104人，夺获马牛共525头以及盔甲981副。

王杲在兵败之后的第二年逃到了哈达部。让王杲没有想到的是，哈达部的首领王台竟率领他的儿子扈尔干将其捆绑起来，献给了明朝的边境官员。《清史稿》中记，王杲被"槛车致阙下，磔于市"。可见王杲的结局非常惨烈，被装进囚车押送到京城，并在市场上被处以磔刑——分裂肢体之刑。

李成梁攻破王杲的营寨，致使王杲被明朝处以极刑，这对努尔哈赤产生了深远而重大的影响。

王杲与王台，一个背叛明朝欲自立为雄，一个忠于明朝成为臣子，但他们都没能统一女真族。后来，努尔哈赤就是从他们两个人的事件中得到了启示，取他们所长而弃他们所短，采取了既称臣又称雄的双面策略。这个双面策略，使努尔哈赤在很长一段时间内都能稳步发展，不受来自明朝的干扰。

王杲的寨破人亡，为10年后努尔哈赤顺利登上建州的政治舞台创造了条件、铺平了道路。

王杲死后，努尔哈赤转投到李成梁麾下。关于努尔哈赤投奔李成梁的原因说法不一：一说努尔哈赤是在抚顺进行贸易时，得到了李成梁的庇护和收养；一说努尔哈赤在王杲的营寨破毁后被俘，随后被李成梁收编。

尽管努尔哈赤转投李成梁麾下的原因与时间众说不一，但他的确曾在李成梁的帐下待过，史籍和历史文献中也有颇多载述，摘录如下：

《三朝辽事实录》记载："奴方十五六岁，请死，成梁哀之。"大意是，李成梁见努尔哈赤年纪尚轻，可怜他。

《皇明通纪辑要》记载："奴与速同为俘虏。"大意是努尔哈赤被捉为俘虏。

《山中闻见录》记载："太祖既长，身长八尺，智力过人，隶成梁标下。每战必先登，屡立功，成梁厚待之。"大意是，努尔哈赤长大后，身材高大，才智过人，隶属于李成梁的部下，每每发生战事，努尔哈赤总是身先士卒，多次立下战功，李成梁对他十分欣赏，并厚待他。

《叶赫国贝勒家乘》记载："壬午，十年，秋九月，辛亥朔，太祖如叶赫国。时上脱李成梁难而奔我，贝勒仰佳努（即杨佳努，又作杨吉砮）识上为非常人，加礼优待。"大意是，努尔哈赤刚刚脱离李成梁的追杀，投奔叶赫，叶赫贝勒杨佳努看出努尔哈赤并非常人，所以对努尔哈赤特别礼遇，并给予优厚的待遇。

叶赫贝勒杨佳努很欣赏努尔哈赤，对他非常器重，不仅将女儿嫁给他，还赠送了马匹和甲胄作为礼物。为了保障努尔哈赤能够安全返回赫图阿拉，杨佳努还派兵护送努尔哈赤。

努尔哈赤在青少年时期所经历的第三次重大磨难，是他的祖父觉昌安和父亲塔克世在明军攻打阿台的古勒寨时，不幸死于战火之中。这是努尔哈赤以祖父留下的"十三副遗甲"含恨起兵的直接原因。

总之，每个伟大的民族在其历史的每一个阶段，都会需要并创造出属于自己的杰出人物。

明朝中后期，朝廷的统治逐渐走向衰落，与此同时，满洲处于蓬勃发展的上升时期。这样的社会背景和时势，为满族创造出伟大人物提供了有利的历史条件和舞台。

努尔哈赤在青少年时期经历了失去至亲、家道衰落的磨难，但他凭借自身的刻苦努力和曲折丰富的人生经历，培养出了勇敢、胆识、坚毅和智慧的品质。而他的家族历史上，曾担任过明朝建州左卫指挥使的显赫职位，这就好像一把历史的火炬，激发了他的斗志，让他以"十三副遗甲"悲壮起兵，从此踏上了历史舞台。这把火炬不仅仅照亮了他的道路，也引领他走向辉煌。

三、父祖蒙难，含恨在心

努尔哈赤的崛起，恰逢女真社会部族之间以及与其他民族之间的矛盾错综复杂、相互交织之时。部落间的争斗日趋尖锐，部族间的战争也愈演愈烈。如《满洲实录》所载："各部蜂起，皆称王争长，互相战杀。甚且骨肉相残，强凌弱，众暴寡。"部落纷纷崛起，不甘居于人下，各个都想自称为王，争夺霸权，互相攻打，杀戮不断，甚至到了骨肉相残的地步。强者欺凌弱者，人多欺负人少的现象此起彼伏。可见当时的局势多么混乱动荡。

明朝到了万历后期，原本的建州三卫在建州女真中已不复存在，而是逐渐形成了建州五部，包括苏克素浒河部、浑河部、完颜部、董鄂部和哲陈部。除此之外，还有长白山三部，即讷殷部、朱舍里部和鸭绿江部。这些部族共同构成了当时建州女真的主要力量。

在那个时期，建州女真的巨族小族、强部弱部，都各自占据城寨或自主屯堡，争夺霸权，相互攻打掠夺。

前文提到过，万历初期，在建州女真的众多部落中，王杲曾"犯辽阳，劫孤山，略抚顺、汤站，前后杀指挥王国柱、陈其孚、戴冕、王重爵、杨五美，把总温栾、于栾、王守廉、田耕、刘一鸣等，凡数十辈"（《清史稿》），成为雄踞一方的部族领袖。

万历二年（1574），由于明朝断绝了与建州女真的贡市贸易，导致王杲的部族陷入困境。王杲为此率领部众大举进犯明朝辽东和沈阳地区。当时，明朝辽东总兵李成梁攻破了王杲的营寨。

在王杲领兵犯边的行动中，努尔哈赤的父亲塔克世和祖父觉昌安都曾参与过。在此之前，觉昌安、塔克世父子曾与李成梁建立了良好的关系。正是因为觉昌安和塔克世父子两代都与李成梁结下了深厚的情谊，所以他们之间的关系才会被认为"有香火之情"，可见当时他们父子都依附并忠诚于明朝。

特别是在明军进攻王杲的营寨时，塔克世为明朝作出了重要的贡献，因此被明朝封为建州左卫指挥使。

王杲死后，他的儿子阿台、阿海分别占据了古勒寨和莽子寨，始终保持联系，相互支持。

哈达部的王台将王杲绑缚并献给明朝后，被明朝封为龙虎将军。然而，不久之后，王台于万历十年（1582）去世，他的儿子扈尔干承袭职位。无奈扈尔干性格懦弱胆小，难成气候。

另一边，王杲之子阿台和阿海始终放不下王台将他们的父亲绑缚并献给明朝的怨恨，遂计划向扈尔干复仇。就在王台去世的这一年，阿台和阿海联合了叶赫部的清佳努和杨佳努两兄弟，一同向哈达部发起进攻。

这时，明朝辽东总兵李成梁率领军队抵达曹子谷，并发动攻势，取得胜利。随后，李成梁为了"缚阿台，以绝祸本"，于万历十一年（1583）领兵攻打阿台与阿海。

《山中闻见录》中对此役有略详的记载："明辽东总督周咏，巡抚李松与宁远伯成梁，决策往征之。成梁乃勒兵从抚顺王刚台出塞百里，直捣古勒寨。寨陡峻，三面壁立……麾诸军火攻两昼夜，射阿台殪；而别将秦得倚已破阿海寨，诛海。"

从文献的记载中可以看出，明军对古勒寨发动了猛烈的攻势。由于古勒寨地势陡峭险峻，三面都是直立的峭壁，所以李成梁下令火攻，最终射杀了阿台。同时，另一将领秦得倚也攻破了阿海的寨子，将阿海诛杀。

在此战役中，明军一举攻克古勒寨与莽子寨，阿台和阿海也一并被杀，加上之前在曹子谷的战斗，明军共斩首和俘虏了 3000 余人。明朝为庆祝此役得胜，还特别在郊庙举行了告捷仪式，并记录了周咏、李松、李成梁等人的功绩。

此时，苏克素浒河部的图伦城尼堪外兰得益于明朝的扶植，自然而然地成为明朝的一个傀儡。而野心颇大的李成梁认为这是一个很好的机会，欲通过利用这个傀儡来加强对建州女真各部的统治。明朝之所以能够迅速拿下古勒寨，除掉阿台，其中少不了尼堪外兰的推波助澜。

古勒寨之役，努尔哈赤的父亲和祖父死于城内。《清太祖武皇帝实录》中作了详细的载述："宁远伯李成梁攻古勒城主阿太（即阿台）、夏吉城主阿亥（即阿海）。成梁于二月率辽阳广宁兵，与尼康外郎（即尼堪外兰）约以号带为记，二路进攻。成梁亲围阿太城，命辽阳副将围阿亥城。城中见兵至，遂弃城遁，半得脱出，半被截困，遂克其城，杀阿亥……城中人信其言，遂杀阿太而降。成梁诱城内人出，不分男妇老幼尽屠之。

"阿太妻系太祖大父礼敦之女，祖觉常刚闻古勒被围，恐孙女被陷，同子塔石（即塔克世）往救之。既至，见大兵攻城甚急，遂令塔石候于城外，独身进城，欲携孙女以归，阿太不从。塔石候良久，亦进城探视，及城陷，被尼康外郎唆使大明兵并杀觉常刚父子。"

古勒寨遭受围攻的时候，第一个坐不住的人是觉昌安。因为阿台的妻子是觉昌安的孙女，也就是努尔哈赤的伯父礼敦的女儿。觉昌安看到古勒寨被围攻已久，十分担心孙女的安危，他不想孙女身陷战火之中，同时也想劝说阿台投降，于是他和儿子塔克世便一同前往古勒寨。

抵达古勒寨后，塔克世留在外面等候，觉昌安独自进入寨里。由于等待时间较长，塔克世心中担忧，便也进入寨中查看情况。随着明军的攻势越来越猛烈，觉昌安和塔克世父子二人一时间难以离开，都被困在寨内。

虽然明军的攻势很猛，却没有立刻攻克古勒寨，宁远伯和李成梁为此大怒，认为是尼堪外兰不够忠诚，引导有误，便要降罪于他。尼堪外兰十分恐慌，为了保住性命，主动提出前往城下进行招抚。

当尼堪外兰来到城下时，他高声呼喊道："天朝大兵既来，岂有释汝班师之理？汝等不如杀阿太归顺。太师有令，若能杀阿太者，即令为此城之主！"（《满洲实录》）招抚是假，借刀杀人才是真。他告诉阿台的部下，明朝大军已抵达，攻克古勒寨就是眨眼工夫的事，如果想保住性命，不如杀了阿台，归顺朝廷。尼堪外兰是要借助阿台部下的手取阿台的性命。尼堪外兰还假借明廷之名，说只要杀了阿台，就能成为古勒寨的新主人。

重赏之下，必有勇夫，阿台的部下中有人相信了这是明朝的承诺，于是杀了阿台选择投降。李成梁成功拿下古勒寨之后，将城内的人引诱出来，不论男女老少，全部屠杀。如此混乱的局面中，努尔哈赤的祖父觉昌安和父亲塔克世不幸遇难，被明军误杀。

当努尔哈赤惊闻父祖蒙难的噩耗时，他捶胸顿足，悲痛之情无以言表。他质问明朝边境官员："我祖、父何故被害？汝等乃我不共戴天之仇也！汝何辞？"（《清太祖高皇帝实录》）努尔哈赤对明军无故杀害祖父和父亲的行为深感愤怒。自此，对明朝的仇恨深深地埋在了努尔哈赤的心里。

明朝边境官员派来使者向努尔哈赤表示歉意，并解释说道："这并不是朝廷本意，只是个误会！"将努尔哈赤祖父和父亲的遗体返还，并赠送了30份敕书和30匹马以及重新颁发的都督敕书，以表安慰。

可见当时明朝对那些无辜之人的性命根本不当回事，一句误会、几道敕书便想息事宁人。殊不知，在以后的岁月里，明朝会为此时的行为付出代价。

明朝一面对努尔哈赤表示抚慰，另一面又支持尼堪外兰在甲版地区筑城，并扶持他成为"建州主"。明朝这种两面三刀的做法，反映出其在处理与努尔哈赤的关系时既复杂又矛盾，既抚慰又忌惮的情绪。

当时，建州女真族中的一些部落，鉴于尼堪外兰势力强大，背后还有明朝的支持，纷纷选择依附尼堪外兰。即便是努尔哈赤的同族子孙，也都发誓要除掉努尔哈赤，以表转投、依附尼堪外兰的决心。

努尔哈赤对明朝扶植尼堪外兰的行径深感不满，但碍于实力不足，无法直接起兵与明朝对抗，因此便将心中的愤怒和仇恨转移到尼堪外兰身上，视其为杀害祖父和父亲的罪魁祸首，决心要报仇雪恨。

努尔哈赤对明朝的边官说道："杀我祖、父者，实尼康外郎（即尼堪外兰）唆使之也，但执此人与我，即甘心焉。"（《清太祖武皇帝实录》）努尔哈赤的目的很明确，要求明朝将尼堪外兰交给他。只要明朝肯交人，他便不再追究。而明朝一心扶植尼堪外兰作朝廷的傀儡，自然不会同意努尔哈赤的要求。因此，才会发生之后的努尔哈赤椎牛祭天、含恨起兵的事件。

四、怒火中的飞翔

突如其来的灾难，往往能激发那些心怀壮志的人，让他们能够在逆境中振奋精神，团结一切可以团结的力量，厚积薄发，努力争取最后的胜利。而努尔哈赤正是这样一位充满雄心和决心的大志者。

为了报杀害祖父和父亲之仇，努尔哈赤决心要除掉尼堪外兰，因此他必须组建一支强大的队伍。努尔哈赤巧妙地把对尼堪外兰不满的人拉到自己这一边，如苏克素浒河部的萨尔浒寨主卦喇，曾被尼堪外兰诬陷，遭到了明朝抚顺边关的处罚；还有卦喇的弟弟诺米纳、嘉木湖寨的寨主噶哈善、沾河寨的寨主常书以及他的弟弟扬书等人，对尼堪外兰都充满了愤恨。这些人归投努尔哈赤后，说道："念吾等先众来归，毋视为编氓，望待之如骨肉手足。"（《满洲实录》）他们希望努尔哈赤对待他们能够像对待骨肉手足一样，而不是视他们为普通百姓。

努尔哈赤自然同意他们的请求，并与4位寨主对天盟誓，共同反抗尼堪外兰。通过这种方式，努尔哈赤成功地扩大了自己的势力，为之后的复仇奠定了坚实的基础。

万历十一年（1583）五月，努尔哈赤以报祖父和父亲之仇为名，以塔克世留下的"遗甲十三副"，率百余名士兵对尼堪外兰驻守的图伦城发起了凶猛的攻击。

在这场战役中，努尔哈赤成功击败了尼堪外兰，并顺势拿下了图伦城。然而出乎意料的是，原先努尔哈赤与诺米纳约定共同攻打图伦城，但临战前，诺米纳却违背了约定，没有按时领兵出击。

此前，索长阿，就是努尔哈赤的三伯祖父，他的子孙龙敦曾对诺米纳兄弟说："尼堪外兰筑甲版城，是得到朝廷的支持和哈达的帮助，你们为何要跟随努尔哈赤去攻打尼堪外兰呢？"诺米纳认为这话在理，所以背弃了与努尔哈赤的盟约，没有派兵前去支援。而尼堪外兰也提前收到了消息，便带着妻子逃离图伦城，向甲版城奔去。

尽管尼堪外兰逃脱，但努尔哈赤仍凭借着一腔怒火，成功攻克了图伦城，并在胜利后返回。

自此，努尔哈赤崭露头角，但他没有因此骄傲自满，还采用了"顺者以德服，逆者以兵临"（《清太祖武皇帝实录》）的策略，即对于顺从者，就用恩德使他归服；对于叛逆者，则用武力使他降服。通过这一策略，努尔哈赤揭开了吞并和统一建州女真各部战争的序幕。

努尔哈赤起兵之初势单力薄，需要集结自己的宗族力量共同对抗敌人。他的祖父有兄弟6人，共有22个儿子，他的父亲有兄弟5人，所以，努尔哈赤的父祖、伯叔、兄弟以及宗侄加起来有数十人之多。

努尔哈赤刚起兵时，他的宗族内部有很多人并不支持他。如努尔哈赤的伯祖德世库、刘阐、索长阿以及叔祖宝实等人的子孙们，因为忌惮努尔哈赤的才能，他们在堂子上发誓要共同谋害他。努尔哈赤的六叔祖宝实之子康嘉等三人同谋，纠集外部势力，一同劫掠了努尔哈赤所属的瑚济寨，然后离去。

即便是被这些同宗族的亲人背叛加害，努尔哈赤也没有对他们采取强硬的惩罚手段，而是宽容大度，优待善良，斥责邪恶，他在以实际行动告诉部众们，对于团结本族部众的力量这件事他是认真的。努尔哈赤之所以积极团结部族力量，就是要不断壮大自己的实力。

在努尔哈赤起兵之时，既成功地团结了宗族内部的力量，又展现出了卓越的人才识别与任用能力。他的身边有两位至关重要的人物，如同他的左膀右臂，他们就是额亦都和安费扬古。

《八旗满洲氏族通谱》中曾载，额亦都"世居长白山地方，幼时父母为仇家所害"。额亦都的家族世代居住在长白山地区，年幼时，父母被仇家所害，额亦都藏在邻村才逃过此劫。额亦都 13 岁时，拔刀杀死仇人后逃往建州苏克素浒河部嘉木湖寨，依靠姑母生活。

后来，他遇到了努尔哈赤，交谈之间发现两人十分投机，于是额亦都向努尔哈赤表达了想要跟随他的想法。不承想，额亦都的姑母强烈反对他跟随努尔哈赤。额亦都对他的姑母说道："大丈夫生世间，能从碌碌终乎？"（《清史稿》）他认为，作为男子汉大丈夫，不能庸碌地度过此生。翌日，额亦都不告而别，从此跟随在努尔哈赤身边。

至于额亦都为什么会毅然决然地跟随努尔哈赤，史载："额亦都识为真主，请事太祖。"额亦都认定努尔哈赤为真命天子，于是请求跟随努尔哈赤。由此可见，额亦都确实意识到，与努尔哈赤同行能够开创一番伟大的事业。

当努尔哈赤攻打图伦城时，额亦都身先士卒，奋勇陷阵。可以说，额亦都对努尔哈赤忠心效力，无论遭遇什么困难与危险，他始终与努尔哈赤站在一起，护努尔哈赤周全，甚至在夜间与努尔哈赤交换住处，以防努尔哈赤遭暗算。这足以说明额亦都对努尔哈赤的深厚信任和无私奉献。

后来，努尔哈赤将他的第四个女儿穆库什许配给了额亦都。在接下来的 40 多年里，额亦都一直跟随努尔哈赤的脚步，赤胆忠心，骁勇善战，"屡被重创，遍体疮痍"，深受努尔哈赤的信任。因此，他成为后金开国时期的五大臣之一，为后金的事业作出了重要贡献。

另一位重要人物——安费扬古，他的家族世代居住在瑚济寨。他的父亲完布禄坚定地追随努尔哈赤，即使面对章甲、尼麻喇人的诱惑和胁迫，始终忠诚，不为所动。当这些人企图绑架他的孙子以逼迫他背叛时，完布禄仍没有一丝动摇，坚定忠诚如初。

努尔哈赤起兵之后，安费扬古便跟从努尔哈赤。在努尔哈赤领兵攻克图伦、攻击甲版的战役中，安费扬古都亲自上阵，奋勇当先，毫不畏惧，即使面对飞来的箭矢和滚落的石块也毫不退缩。

安费扬古跟随努尔哈赤 40 余年，每当遭遇强大的敌人，他总是毫不犹豫地挺身而出，冲锋陷阵，展现出了强悍的作战能力。正是因为他的勇敢和忠诚，他也成为后金开国五大臣之一。

努尔哈赤带领额亦都、安费扬古等，以一支不到百人的队伍击败了尼堪外兰，成功拿下图伦城，并以图伦城为起点，开始逐步统一苏克素浒河部。

努尔哈赤家族所在的苏克素浒河部，其分布范围涵盖了苏克素浒河下游直至该河注入浑河处的一带地方。苏克素浒河部萨尔浒城主卦喇的弟弟诺米纳，曾与努尔哈赤立下盟约，但后来因为看到尼堪外兰倚仗明朝廷的势力而变得强大便背弃了盟约，"阴助尼堪外兰，漏师期，尼堪外兰得遁去"（《清史稿》）。诺米纳秘密地帮助尼堪外兰，泄露了军事行动的机密，尼堪外兰才能抓住时机，从努尔哈赤的眼皮子底下逃脱。

诺米纳背弃盟誓的行为，让努尔哈赤心生怨恨，但努尔哈赤并没有采取强攻的方式去攻打诺米纳，而是选择了更为巧妙的计策。努尔哈赤暗自制订了详细的进攻计划，旨在击败诺米纳，并夺取萨尔浒。

努尔哈赤没有因心中的怨恨而丧失理智，作出冲动的决定。而是能够冷静自持，一步一步、稳扎稳打地制订战略计划，这足以证明努尔哈赤过人的智谋与战略眼光，也为之后的胜利奠定了基础。

当时，诺米纳和萧喀达派人来邀请努尔哈赤，希望努尔哈赤同他们联合，一起攻打浑河部巴尔达城。努尔哈赤佯装同意他们的邀请，与他们达成盟约，计划联合攻击巴尔达城。

然而，到了临战之际，努尔哈赤要求诺米纳率先发动攻击，孰料，诺米纳竟然不答应。这时，努尔哈赤便采取了预先制定好的计策，轻而易举地除掉了诺米纳。据《满洲实录》记载："太祖曰：'尔既不攻，可将盔甲、器械与我兵攻之。'诺密纳不识其计，将器械尽付之。兵器既得，太祖执诺密纳、萧喀达杀之，遂取萨尔浒城而回。"

努尔哈赤说："既然你们不打算进攻，那就把盔甲和武器都交给我，我来攻打巴尔达城。"不费一兵一卒，只需作战工具，诺米纳自然乐意答应努尔哈赤的要求。殊不知，诺米纳早已掉进努尔哈赤的计谋中。随即，诺米纳把全部的器械都交给了努尔哈赤。努尔哈赤得到兵器后，当即采取行动，捉住诺米纳和萧喀达并除掉了他们。随后，努尔哈赤攻取了萨尔浒城，然后返回。

尽管努尔哈赤除掉了诺米纳、萧喀达，但他没有对这两个人的部民施加伤害。而是让他们继续居住在萨尔浒城，并命人修复、加固了城栅，以确保该地的安全和稳定。

在统一女真各部的战争中，努尔哈赤的军事策略展现出了一个特点，那就是他不仅在战场上以强大的步兵和骑兵进行猛攻，还擅长运用巧妙的计谋来智取。他之所以能够迅速统一苏克素浒河部，智慧是重要因素。

努尔哈赤在统一苏克素浒河部后势力渐强，威信也日渐提升。

万历十二年（1584），在努尔哈赤起兵1年之后，他对附近的城寨采取积极的军事行动，主动发起攻击。正月时，努尔哈赤出兵讨伐李岱，并攻打兆佳。

　　当时天寒地冻，且城寨位于山上，岭路艰险。努尔哈赤亲自督战，命士兵凿山开路，鱼贯而行，攀登而上。岂料，李岱早已有所准备，严密防守，等待敌人。面对艰难的环境和李岱的顽强抵抗，一些士兵心生畏惧感，产生退缩的想法，向努尔哈赤建议暂时撤军，等待合适的时机。努尔哈赤不同意也不允许撤军，说道："吾固知其有备而来，何遽回耶？"努尔哈赤告诉部下，自己就是奔着他们是有所准备而来的，何来撤退一说。遂努尔哈赤亲自督战，发动猛烈攻势，李岱抵御不住，努尔哈赤最终攻克了城寨，并将李岱捕获。

　　同年六月，努尔哈赤再次出兵，讨伐萨木占，攻打马尔墩。

　　此前，努尔哈赤的妹夫噶哈善在路上被其继母的弟弟萨木占等人杀害。努尔哈赤闻讯后，勃然大怒，随即披上战甲，跃上战马，紧握弓箭，疾速奔驰，最终抢回了噶哈善的遗体并进行了殡葬。为了给噶哈善复仇，努尔哈赤率领 400 名士兵前往马尔墩寨，欲发动攻击。

　　马尔墩寨位于山顶之上，地势险峻，防守严密。努尔哈赤设立了木牌和遮蔽矢石，并将士兵分为三组，以并列进攻的形式逼近马尔墩寨。

　　当努尔哈赤的部队距寨子越来越近的时候，寨子上的守军疯狂投掷飞石和滚木，导致努尔哈赤军艰难行进。努尔哈赤心里清楚，如此下去，定会兵败而乱，于是他冒着矢石的危险，弯弓射箭，精准地射中了寨子上的头目纳申，箭矢穿透了纳申的面颊并贯穿了耳朵。说时迟那时快，努尔哈赤又连续射倒了 4 人。如此精准的箭法，使马尔墩寨的守兵感到恐惧和胆怯。

　　努尔哈赤见势，连续进攻了 4 天，并利用夜间敌人防守松懈的时机，带领士兵赤脚攀爬陡峭的山崖，最终攻克了马尔墩寨。这是努尔哈赤自起兵 1 年以来，继图伦、兆佳之后夺取的第三座城寨——马尔墩寨。

　　此时的努尔哈赤处境并不乐观，面临着双重挑战。他既要攻取外部的敌人城寨，又要应付内部的矛盾与阻碍。通过几次攻寨行动，努尔哈赤的军事天赋逐渐显露出来，惹来他人的嫉妒，使他树敌颇多。即使在内部矛盾比较多的情况下，努尔哈赤还能巧妙地运用策略，灵活应变，尽量避免树敌过多。在这样的情势下，努尔哈赤的实力逐渐由弱变强，而他自身也得到了锻炼，实现了内外兼修，最终取得了辉煌的成就。

其间，在努尔哈赤身上发生了一起刺杀事件。一日深夜，睡梦中的努尔哈赤敏锐地察觉到窗外有异常的脚步声，他当即起身，手持佩刀和弓箭，将子女藏在隐蔽的地方以确保他们的安全．然后让妻子假装去上厕所，自己则紧随其后，利用妻子的身体作为掩护，潜伏在烟囱的侧后方。由于隐蔽得当，那人没有发现努尔哈赤。当努尔哈赤借着闪电的光线看到那人逼近时，迅速用刀背将对方击倒，并大声喝令近侍洛汉将那人捆绑起来。洛汉建议把那人杀掉，以此来警示要暗害努尔哈赤的人。而努尔哈赤却另作他想，若是杀了那人，他的主人可能会以此作为发兵的借口，眼下努尔哈赤的兵力尚弱，不宜树敌。于是，努尔哈赤佯言道："你一定是来偷牛的！"

那人心想，多么好的借口，于是回道："我确实偷了牛，但并无其他恶意。"

洛汉愤愤地说："此贼人是以偷牛为借口，实际上就是想害我们主上，我们应该杀了他，以警后人！"

努尔哈赤断然说道："他确实是来偷牛的，我相信他并没有其他意图！"于是下令将那人释放。

努尔哈赤选择释放刺杀者是他深思熟虑后的结果，实在是明智之举。努尔哈赤之所以这么做，意在减少敌人，避免不必要的冲突。此举充分体现了他临危不乱、善于随机应变的性格。这样的策略也有助于他积攒力量，为将来统一行动做好准备。在成功统一苏克素浒部之后，努尔哈赤继续采用这样的策略，逐步将董鄂等其他部落吞并，得以实现更广泛的统一。

董鄂部位于董鄂河（今浑江）流域，与苏克素浒河部相邻。

那时的各部落内部矛盾和纷争不断，董鄂部也不例外。努尔哈赤得知董鄂部内部自相扰乱的消息后，决定抓住这个时机对董鄂部发起攻击。将领们纷纷谏阻道："军队不应轻易进入他人的领地，如果胜利了自然好，可一旦出现失误，那又该如何应对呢？"

努尔哈赤力排众议，说道："倘若我们不先发制人，那么就会给他们喘息的机会，一旦他们重新团结，一定会联合起来对付我！"

努尔哈赤的担忧不无道理，即便是他已经尽量低调，但日益强大的实力是不争的事实。时间久了，其他部落定会反应过来。到时，努尔哈赤就真的危险了。说服诸将后，努尔哈赤便率领 500 名士兵，带着装有蟒血的毒箭，踏上了征讨董鄂部首领阿海巴颜所在的齐吉答城的征途。

阿海巴颜得知努尔哈赤领兵奔他而来后，随即召集了 400 名士兵，紧闭城门，坚守阵地。努尔哈赤领兵对城栅发起了围攻，并下令放火焚烧城上的悬楼和城外的房屋。眼看就要攻破城池，谁知这时却天降大雪。努尔哈赤知道此时不宜继续进攻，便下令撤军还师。

在撤退回师的途中，努尔哈赤率军顺势向翁科洛城发动攻击。翁科洛城的百姓得知这一消息后，迅速集合兵力，退入城内，并紧闭城门，严防密守，共同抵抗努尔哈赤军。

努尔哈赤军抵达翁科洛城下后，当即下令放火焚烧城楼上的悬楼以及环绕城墙的房屋。那时的战争，大多都采取火攻，这跟当时居住的环境有很大关系。只见努尔哈赤攀登上房屋，跨越屋脊，向城内弯弓射箭，发起猛烈的攻势。

城中有一个叫鄂尔果尼的人，他手持弓箭，瞄准努尔哈赤，随即稳稳地拉动弓弦，放飞箭矢，箭矢精准地穿透了努尔哈赤的铠甲，刺入他的身体，伤口深约一指宽。

努尔哈赤果断地拔下箭镞，血流直下，流至脚边。努尔哈赤好似没有痛觉一般，迅速利用手中拔出的箭矢，反身向城下射去，那人应弦而倒。

尽管身受箭伤，努尔哈赤却毫无顾及，反而能够借此机会，反向射杀敌人，充分表现出他顽强的战斗精神和不屈的斗志。

此时，努尔哈赤已负箭伤，但他没有因此停下战斗的脚步，依然奋战于阵前，弯弓射箭，继续向敌人猛烈进攻。

这时，城中另一人，名叫洛科，趁着浓烟弥漫的时机，暗中向努尔哈赤发出一箭。伴随着一声尖锐的响声，箭镞穿透了努尔哈赤的锁子甲围领，正中努尔哈赤颈部。箭镞因撞击卷曲成双钩状，肉眼可见的伤口长达一寸有余。

努尔哈赤再次毅然地拔下箭镞，因为这个举动，还连带出了两块血肉，鲜血如注般涌出，情况十分危急。周围的士兵见状，纷纷上前想要登上房顶，将身负重伤的努尔哈赤搀扶下来，以确保他的安全。

努尔哈赤却制止了他们的行动，说道："你们不要靠近，不能让敌人察觉到，我自己慢慢下来。"只见努尔哈赤一手捂住伤口，一手支撑着弓箭从房上下来。努尔哈赤从容地从房上下来后，因箭矢深深刺入了颈静脉，血流不止，几次昏迷，无奈之下，他只得下令弃城，带着重伤的身体回师。

努尔哈赤的伤口逐渐愈合后，再次领兵去攻打翁科洛城。经过激烈的奋战，最终攻克翁科洛城，并俘获了鄂尔果尼和洛科两个人。众将领把鄂尔果尼和洛科牢牢捆住，让他们跪在努尔哈赤面前，并请求努尔哈赤对二人施以乱箭穿胸的酷刑，以雪翁科洛城箭伤之恨。

《清太祖高皇帝实录》中记录了努尔哈赤当时说的话："两敌交锋，志在取胜。彼为其主乃射我，今为我用，不又为我射敌耶！如此勇敢之人，若临阵死于锋镝，犹将惜之，奈何以射我故而杀之乎！"努尔哈赤认为，两军交锋时，目标都是为了获取胜利。鄂尔果尼和洛科二人所为，不过是为了他们的主人。眼下，他们已经成为努尔哈赤的部下，自然也会将箭矢射向敌人。在努尔哈赤的眼里，二人都是勇敢之人，倘若将来他们战死沙场，努尔哈赤亦会感到惋惜。所以，努尔哈赤断不会因为曾经的立场不同就杀死他们。

努尔哈赤没有杀掉鄂尔果尼和洛科，还亲自为他们解绑，并且十分慷慨地任命他们为牛录额真。努尔哈赤不仅没有计较过去的仇恨，还给予他们优厚的待遇，赋予他们重要的官职，表现出对他们充分的信任。

由此可见，努尔哈赤有着一位领导者应具备的格局观。

努尔哈赤不计较私怨、宽宏大度的胸怀，深深地感动了众将领。他们意识到，即便是面对敌方的勇士，即使他们犯了重大的错误，努尔哈赤仍然选择重用他们。这种态度让将领们自愧不如。由此，将领们对努尔哈赤更加敬重，也更加珍惜跟随努尔哈赤的机会。

由是，努尔哈赤所率的部族，在他宽仁大度的胸怀与深思远虑的心智下，既加强了部伍官兵的团结和凝聚力，也加快了统一建州女真的步伐。

五、建州新篇章

努尔哈赤起兵之后，四处征战，不断扩大势力，重新整合建州女真的事业逐步取得进展。在取得苏克素浒河部和董鄂部的重大胜利后，努尔哈赤再次挥师，兵指哲陈部，以不可阻挡的势头在统一建州女真的道路上策马奔驰。

哲陈部位于浑河上游流域，紧邻苏克素浒河部左侧。万历十三年（1585）二月，努尔哈赤率领25名披甲战士和50名士兵，向哲陈部界凡寨发动攻击。

因哲陈部界凡寨已获悉努尔哈赤军前来，提前做好了防守准备，所以努尔哈赤此行一无所获。当努尔哈赤率军退回到界凡南的太兰岗时，萨尔浒、界凡、东佳和巴尔达城的四位城主联合起来，集结400余名兵士追击努尔哈赤军。

界凡城的城主讷申和巴穆尼急速而来，直逼努尔哈赤的军队，努尔哈赤见状，独自一人驰骋迎战。讷申骑着马猛劲儿冲向努尔哈赤，砍断了他的马鞭，努尔哈赤眼疾手快，当即拨转马头，挥舞着刀奋力砍向讷申，将讷申后背砍成两段，没有一丝停歇，努尔哈赤又转身射箭，射中巴穆尼，使其中箭落马并当场毙命。后面的追兵见努尔哈赤如此骁勇，都惊怯呆立，不敢再轻易追击。

努尔哈赤见敌众我寡，没有丝毫慌乱，而是利用敌军尚未稳定的情况，一方面指挥步兵和骑兵有序撤退，另一面自己停留在讷申的尸体旁边，准备应对可能的突发情况。

讷申的部众向努尔哈赤喊道："人已死去，为什么还不离开？难道是想吃他的肉吗？你赶紧走吧，我们只想收殓城主的尸体。"

努尔哈赤答道："讷申乃我的仇人，如今我能杀了他，自然也可以吃他的肉。"话音落下，努尔哈赤决定殿后，让士兵有序地撤退。

寻得机会，努尔哈赤迅速带领7人潜伏起来，巧妙地隐藏了身体，只露出头盔，伪装成伏兵的样子。敌方失去了首领，又怀疑前有伏兵，所以他们不敢上前，而是边喊边撤退。努尔哈赤见他们没有继续追击的意思，便率军慢慢地返回。

休整了近2个月，同年四月，努尔哈赤又率马步兵五百向哲陈部进发。因途中遭遇大水，努尔哈赤下令步兵和骑兵返回营寨，只留下绵甲兵50人、铁甲兵30人，共计80人继续向前进发。行至浑河河畔时，因为加哈的苏枯赖虎暗中传递了消息，托漠河、章甲、巴尔达、萨尔浒、界凡这五位城主得到消息后，迅速召集了800余兵，凭借浑河作为防线，背靠南山，在界凡布置了阵地，等待努尔哈赤的到来。

双方兵力相差10倍有余。单从兵力上看，努尔哈赤此次征伐哲陈部似乎没有胜算。

五部联合军依仗人多，有恃无恐，便养精蓄锐，以逸待劳，气焰高涨到目中无人的地步。这种情势下，努尔哈赤的处境十分危险。

努尔哈赤的部属，尤其是五叔祖包朗阿的孙子札亲和桑古里，看到敌方人多势众、气势汹汹，心生胆怯，吓得他们纷纷解下身上的甲胄，准备逃跑。

《满洲实录》中记载了当时努尔哈赤的愤怒，只见他怒斥道："汝等平昔在家，每自称雄于族中，今见敌兵，何故心怯，解甲与人？"他们这些人，平时在家中，常常以族人中的英雄豪杰自居，如今看到敌人多就做逃兵，努尔哈赤甚是不解，不免发怒。

努尔哈赤的话音刚落，便亲自挥舞旗帜，带领弟弟穆尔哈齐和近侍颜布禄、兀浚噶，总共只有 4 人，奋勇向前，无所畏惧，凭借精准的箭术，连续击杀 20 余人。敌兵被努尔哈赤的勇猛惊到，霎时间一片混乱，敌方士兵纷纷下河，争相逃跑。

经过一番激烈的厮杀，努尔哈赤汗流浃背，疲惫不堪。他费力地解下铠甲，稍作休息。喘息之后，努尔哈赤又重新戴上头盔，穿上铠甲，跃上马背，急速追击，一连斩杀了 45 个敌人。当努尔哈赤驰骋至界凡的险峻之地吉林崖时，他登上崖顶，眺望远方，只见 15 名敌兵一股脑儿地向崖边奔来。努尔哈赤为了不被敌兵发现，当即取下盔缨，隐藏身形，准备伏击敌人。待敌兵逐渐逼近时，努尔哈赤集中力量，奋力射出一箭，箭矢直直地飞向敌兵首领，准确地穿透了首领的脊背，敌兵首领瞬间倒地身亡。随后，穆尔哈齐也射出一箭，又有一名敌兵应声倒地。其余的敌兵顿时陷入混乱，纷纷逃向山崖，最终坠入崖底而死。

此役被称为浑河之役。努尔哈赤大获全胜，随后率领军队凯旋。

正所谓"两军相遇勇者胜，两军对垒智者赢"。勇敢，是战胜强敌的一个法宝，是努尔哈赤的重要品质，也是他夺取浑河之役胜利的根本原因。智谋，是战胜强敌的关键因素，是努尔哈赤的重要能力，也是他在浑河之役中能够化险为夷的核心原因。

在浑河之役中，努尔哈赤展现出了他的勇敢与机智，巧妙地运用伏击与猎射的战术，创造了女真战争史上以少胜多的奇迹。他在总结浑河之役时曾说道："今日之战，以四人而败八百之众，此天助我以胜之也！"（《清太祖高皇帝实录》）努尔哈赤认为能够仅凭4人就击败了800多人的敌军，是受到了上天的眷顾。

在之后的多个战役里，努尔哈赤用事实证明，他一直具备以少胜多的能力和智慧。

2年之后，努尔哈赤派额亦都率领军队攻打哲陈部巴尔达城。额亦都在夺取巴尔达城之战中表现得异常英勇、顽强，整场战役既激烈又精彩。

《清史列传》中有一段比较生动的记述："督兵取巴尔达城，至浑河，河涨不能涉，以绳联军士，鱼贯而渡。夜薄其城，率骁卒先登，城中兵猝惊起拒，跨堞而战，飞矢贯股着于堞，挥刀断矢，战益力。被五十余创，不退，卒拔其城而还。"

大意是，额亦都率兵攻打巴尔达城，军队抵达浑河时，因为河流涨水，无法涉水而过。于是，额亦都用绳子将士兵们串连起来，像鱼一样，一个接一个地渡过河流。夜晚时分，他们接近城池，额亦都率领精锐的士兵身先士卒，率先登城。城中的敌军被突如其来的情况惊醒，并展开抵抗，在城墙的堞口上与额亦都军队交战。只见一支飞箭射中了额亦都的大腿，并嵌在堞口上，他毫不犹豫地挥刀砍断箭矢。这时，战况更加激烈，额亦都忍着身上多处伤口带来的疼痛，毫不退缩，最终成功攻破这座城池，并返回。

当额亦都率领军队凯旋，努尔哈赤亲自到郊外迎接，行抱见礼。为了犒劳军队，努尔哈赤大摆宴席，将所有的战利品都赏赐给将士们，并赐予额亦都"巴图鲁"的称号，以表彰他的英勇和战功。巴图鲁，满语、蒙古语意为勇士或英雄。

至此，努尔哈赤将哲陈部彻底消灭。

虽然努尔哈赤先后统一了苏克素浒河部、董鄂部和哲陈部，但在起兵后的 3 年时间里，仇人尼堪外兰仍然逍遥自在，未被擒获，努尔哈赤埋藏在内心深处的仇恨无法得到平息，一股复仇的烈火始终在他胸中燃烧着。他下定决心，誓要捉拿并斩杀尼堪外兰，洗雪父祖之仇，这成为努尔哈赤接下来为之奋斗的目标。

万历十四年（1586）七月，努尔哈赤率兵攻打尼堪外兰的驻地鹅尔浑城。

此前，万历十一年（1583）五月，努尔哈赤攻克图伦城时，尼堪外兰出于对努尔哈赤的恐惧，选择逃到甲版城。同年秋天，尼堪外兰又带着他的妻子、亲近的家族成员及部众等从甲版城迁移到鹅尔浑，并在那里建筑了一座城池定居下来。

鹅尔浑城坐落于浑河北岸，隶属于浑河部，与图伦城相比，鹅尔浑距离明朝的边境更近一些，因此更容易得到明军的庇护。鹅尔浑城靠近明朝的边墙，向西可以通往抚顺。

努尔哈赤心急如焚，率领军队连夜疾驰，向鹅尔浑城进发。努尔哈赤军队刚刚抵达鹅尔浑城，就立即展开进攻，以迅雷不及掩耳之势成功攻破鹅尔浑城。因尼堪外兰外出不在城内，所以努尔哈赤未能擒获他。

努尔哈赤心有不甘，便登上城墙，远眺城外，突然发现逃散的 40 余人中，为首那人头戴毡帽，身穿青绵甲，疑似尼堪外兰。努尔哈赤立刻下城，纵马疾驰而去，双眼满是复仇的火焰，斩杀了那人。在余下的敌人四散而逃后，努尔哈赤返回了鹅尔浑城。

努尔哈赤返回鹅尔浑城之后，得知尼堪外兰已被明军保护起来的消息，愤怒的乌云顿时遮住了理智之光。努尔哈赤因仇恨而失去理智，愤怒之下，将城内 19 名汉人斩杀，对捉住的 6 名中箭的汉人，将箭镞重新插入他们的伤口，让他们带着箭去向明朝边官传信，要求明朝边官交出尼堪外兰。如果明朝边官不同意他的要求，他就要亲自率领军队征讨明朝。

明朝见努尔哈赤的势力日渐强大，意识到继续留着尼堪外兰这个傀儡已变得多余，且可能会给明朝带来麻烦，因此决定放弃尼堪外兰。

明朝使者带来明朝边官的回复，说道："既然尼堪外兰已经归顺朝廷，哪有把他绑起来送给你的道理呢？你可自行过来捉拿他，倘若真要杀他，我们也无异议。"

努尔哈赤对明朝边官的话有所怀疑，问道："你们的话不可信，谁知道是不是在诓骗我？"

使者又说："你不必亲身前往，只需派少量的军队，我们便将尼堪外兰交给你们。"

于是，努尔哈赤派斋萨率领40人，前往明军处索要尼堪外兰。尼堪外兰见到建州的军队迎面而来，试图登台躲避。让尼堪外兰没有想到的是，明军撤去了梯子，并桎梏住尼堪外兰，使他无法逃脱。尼堪外兰最后被明军绑缚到斋萨面前，斋萨按照努尔哈赤的命令斩杀了尼堪外兰，并带着他的首级返回了建州。

努尔哈赤自攻打尼堪外兰、攻克图伦城开始，便开启了统一建州女真的战争。尼堪外兰被杀，不仅代表着他个人的无能与失败，更标志着努尔哈赤在统一建州女真的道路上取得了决定性的胜利。

由此可见，斩杀尼堪外兰，已经不仅仅是努尔哈赤的私怨，也是统一建州女真不可缺少的重要一步，对建州女真的历史进程具有重大的意义。

万历十五年（1587）六月，努尔哈赤征讨哲陈部，攻克山寨，擒获寨主阿尔泰，并将其斩杀。翌年九月，努尔哈赤再次出兵攻克完颜城，斩杀了城主戴度墨尔根，从而彻底消灭了完颜部。这些战役的胜利，进一步巩固了努尔哈赤在女真各部的地位，也为他日后的统一大业打下了坚实的基础。

就这样，努尔哈赤用了5年时间，先后吞并了苏克素浒河部、董鄂部、浑河部、哲陈部和完颜部，对建州女真本部进行了重新整合，到万历二十一年（1593），又相继征服了长白山地区的讷殷部、朱舍里部和鸭绿江部。

这一系列胜利，充分展现了努尔哈赤的军事才能和领导能力，也正因为他在艰难中的不断努力，才彰显出这些胜利的不易与难得。

至此，明朝廷建州左卫都督佥事努尔哈赤，经过长达 10 年的征战与整合，将群雄蜂起的"各部环满洲而居者，皆为削平"（《清太祖武皇帝实录》），不仅重新整合了整个建州女真，更使其归为一统。建州女真的统一，也为努尔哈赤日后的统一大业奠定了坚不可摧的基础。

万历十六年（1588），在努尔哈赤统一建州女真的过程中，苏完部长索尔果及子费英东、董鄂部长克辙巴颜之孙何和礼、雅尔古寨扈喇虎及子扈尔汉，各自率领所属的军民族众来到赫图阿拉，向努尔哈赤表达归顺之意。

费英东、何和礼、扈尔汉以及额亦都、安费扬古这 5 位杰出的将领，后来被誉为后金开国五大臣。前文已经记述过额亦都和安费扬古，下面略述一下费英东、何和礼和扈尔汉，他们在后金国的建立和发展中都起到了举足轻重的作用。

费英东，瓜尔佳氏，是苏完部长索尔果的次子。《八旗满洲氏族通谱》中曾载："瓜尔佳为满洲著姓，而居苏完者尤著。"苏完部长索尔果有 18 个儿子，可谓人丁旺盛，他的部族也非常繁荣。费英东作为索尔果的儿子之一，跟随他的父亲带领 500 户部民，选择归顺于努尔哈赤。从之后的发展来看，费英东此举果然英明。

努尔哈赤十分欣赏费英东，并将长子褚英的女儿嫁给费英东为妻。《八旗满洲氏族通谱》中有一段这样的描述："自少从征诸国，三十余年。身先士卒，摧锋陷阵，战必胜，攻必克，屡奏肤功。"描写的是费英东从年轻时就征战各国，历经 30 多年。他身先士卒，冲锋陷阵，每战必胜，每攻必克，立下赫赫战功。

费英东在归附努尔哈赤之后，赤诚忠耿，始终坚守自己的信念，勇于直言不讳。《清史稿》记载："见人不善，必先自斥责而后劾之；见人之善，必先自奖劝而后举之：被劾者无怨言，被举者亦无骄色。"

大意是，费英东看到有人犯错误时，会先责备自己，然后再去批评犯错之人；当看到有人做好事时，会先给予激励和劝勉，然后再去举荐做好事的人。因此，那些被他批评过的人从未产生过怨言；被他举荐的那些人也没有骄傲自满、目中无人。

费英东凭借忠诚正直、坚决进谏、有勇有谋的品质，深得努尔哈赤的信任，因此建立了卓越的功勋。

何和礼，又作何和里，董鄂氏，以所居住的地名为姓氏。他的祖父克辙巴颜、父亲额勒吉、兄长屯珠鲁巴颜，世代担任部长职位。

万历十年（1582），何和礼代替兄长掌管部落事务。何和礼所率的部落兵精马壮，具有较强的战斗力。

何和礼归顺努尔哈赤后，努尔哈赤将长女嫁给他为妻。但是，何和礼原本有一位妻子，并且擅长骑马和射箭。当何和礼的原妻得知他要另娶的时候，率领故地的兵马，希望能与何和礼打上一场。经过努尔哈赤的调停与劝解，何和礼的原妻最终同意停战并主动投降归附。

何和礼跟随努尔哈赤征战 36 年，温和顺从，勇敢勤奋，功绩显赫。

扈尔汉，佟佳氏，世代居住在雅尔古寨。13 岁那年，扈尔汉跟随父亲扈喇虎归顺努尔哈赤。

努尔哈赤非常欣赏扈尔汉的才华和英勇，收他为养子，并赐姓爱新觉罗。对于一个少年来说，这是一份崇高的荣誉。随着年岁的增长，努尔哈赤将扈尔汉收编为贴身侍卫，并给予他特别的恩宠与优待。

《清史列传》中曾记："感上抚育恩，誓以戎行效死，每出战，辄为前锋。"扈尔汉发自内心地感激努尔哈赤的养育之恩，誓要用生命来报答努尔哈赤，每次出战，他总是担任前锋。

扈尔汉忠心耿耿，为努尔哈赤的内外事务竭尽全力，因此被尊称为后金开国五大臣之一。

当时，努尔哈赤才 30 岁，子女尚且年幼，因此他很依赖额亦都、安费扬古、费英东、何和礼、扈尔汉等将领，他们忠诚无私，与努尔哈赤一同经历艰难的岁月，一同面对巨大的困难，毫不畏惧严峻困苦。无论面对什么波澜起伏，他们始终不离不弃，生死与共。

自努尔哈赤起兵伊始，短短五六年时间，社会局势有了巨大的改变。

首先，经过激烈的争斗，努尔哈赤攻克图伦城，斩杀尼堪外兰，终于为父亲和祖父报仇雪恨。

其次，努尔哈赤统一建州各部，并增强了建州女真的军事与政治实力，推进了经济与社会的发展。

再次，努尔哈赤与明朝的关系有了明显的改善，《清太祖高皇帝实录》中记："岁输银八百两、蟒缎十五匹，通和好焉。"从记载中可以得知，明朝每年都会给建州女真送来银两和蟒缎，以此来维持和平友好的关系。

最后，明朝在抚顺、清河、宽甸、叆阳 4 个关口设立了市场，以便建州女真进行商业交易和物品交换，从而促进了建州的经济发展。

《清太祖武皇帝实录》针对努尔哈赤起兵 5 年后的建州女真社会的情况以及努尔哈赤与明朝的关系，作了以下详细的记述："太祖遂招徕各部，环满洲而居者，皆为削平，国势日盛。与大明通好，遣人朝贡，执五百道敕书，领年例赏物。本地所产，有明珠、人参、黑狐、玄狐、红狐、貂鼠、猞狸狲、虎、豹、海獭、水獭、青鼠、黄鼠等皮，以备国用。抚顺、清河、宽奠、叆阳四处关口，互市交易，照例取赏。因此，满洲民殷国富。"努尔哈赤落实招揽各个部落的行动，居住在满洲周围的部落都被他平定，势力日益强大。他与明朝保持着友好的关系，会派人朝贡，并持有 500 道敕书，领取每年的例赏物品。在抚顺、清河、宽甸、叆阳 4 个关口的定期市场交易，并接受朝廷的赏赐。所以，满洲民众富裕。当然，这里所说的满洲，是努尔哈赤后来才建立的。

上述种种，就是努尔哈赤整合建州的过程与结果，而这些都为努尔哈赤称王做了准备。

第三章　霸气外露　疆域扩张

一、努尔哈赤的称王之路

努尔哈赤在统一建州女真过程中，为了奠定基石、稳固权位、暗中发展和扩大势力，同时推进了两项重要举措：一是建造佛阿拉城，二是开始自称王。

万历十五年（1587）正月，努尔哈赤在位于苏克素浒河部呼兰哈达下东南与硕里隘口间的南冈上建筑了一座城池，后来被称为佛阿拉城，也称费阿拉城，就是"旧山城"的意思。

自后金到清朝期间，都城经历了多次迁移，由最初的兴京赫图阿拉，再到东京辽阳，接着是盛京沈阳，最后定都于燕京即京师北京。由于多次迁移，所以习惯性地称赫图阿拉为"老城"，而佛阿拉则被称为"旧老城"。

佛阿拉的地理位置十分优越，位于东邻鸡鸣山、南傍哈尔撒山、西偎烟筒山、北临苏克素浒河支流加哈河与索尔科河，即两河之间的三角形河谷平原南缘的呼兰哈达之上。它的东侧、南侧和西侧三面被崖壁环绕，仅西北方向留有一个开口，呈现出一种独特的地理位置。东面有首里口，即硕里口河（今黄土岗子河），这条河流自东北方向流入索尔科河。在西北方向，有二道河，河流最终汇入加哈河。索尔科河与加哈河交汇后，继续向北流入苏克素浒河。佛阿拉的具体位置，坐落在赫图阿拉西南约 8 里处的呼兰哈达南冈上。

努尔哈赤决定从赫图阿拉迁居至新筑的佛阿拉城，有他的考量。

首先，努尔哈赤统一建州女真以后，建州女真内部政权有所改变，以努尔哈赤及其弟弟舒尔哈齐为首的军事贵族开始崭露头角，随着他们地位、等级、权势、军事力量及利益等方面的提升，原有的设施已无法满足他们的需求，所以需要兴建与之相匹配的城垣、堂子、楼宇、屋舍。因此要选择新的城址，按照新的等级重新规划新的格局，作出新的安排。

其次，在努尔哈赤统一建州女真之前，赫图阿拉已经是他诸多祖辈、伯叔、兄弟及侄辈长期的居住地，若是在此地重新规划房舍，势必会触动众多宗族的利益，进而引发宗族之间的矛盾与冲突。如此一来，对努尔哈赤接下来要发展的大业显然不利。倘若重新选一个地方进行规划，就可以避免触动原有宗族的利益，同时也能满足新军事贵族的实际需求。

再次，努尔哈赤在成功统一建州女真之后，接下来的关键任务就是与明朝廷以及扈伦四部打交道。在敌强我弱的情势下，努尔哈赤需要选择一个既能隐蔽自己，又能迅速发动攻击的新基地。

最后，努尔哈赤基本统一建州女真以后，城墙、汗府、衙门、军队、眷属、部民，都需要重新安置、扩充和规划，鉴于原居住地的局限性，难以进行大规模的调整，所以选择一块新的土地，更有利于进行新的规划、新的布局、新的建筑、新的分配，以满足当前的需求和发展。

由是，从政治、军事、宗族以及社会等各方面因素考虑，努尔哈赤作出了一个重大的决策，便是兴筑佛阿拉城。决策确定后，下一步便是行动，于是努尔哈赤迅速展开了佛阿拉城的兴筑工作。据《清太祖武皇帝实录》中记载："丁亥年，太祖于首里口虎拦哈达下，东南河二道，一名夹哈，一名首里，夹河中一平山，筑城三层，启建楼台。"

丁亥年，是万历十五年（1587）。

《清太祖高皇帝实录》中也有相关记载，与上述文字大致相同。但《满洲实录》中载述的文字与上述所载内容略有不同，即"丁亥年，太祖淑勒贝勒，于虎拦哈达下东南，硕里隘口与加哈河两界中之平冈，筑城三层，兴建衙门和楼台"。这里的记载，同《清太祖武皇帝实录》的记载相比，"首里口"为"硕里隘口"，还增记了"兴建衙门"。除此之外，《清朝开国方略》中将佛阿拉城兴建的时间，细致到"丁亥年，春正月"，较其他历史资料更为具体。

清朝时期，虽然《清太祖高皇帝实录》《清太祖武皇帝实录》和《满洲实录》均对佛阿拉城有所记载，但它们的描述都较为简略。而《满文老档》中则没有相关记载。

在清代的志书中，《盛京通志》是最早且最详细地记载了佛阿拉城垣与城门的书籍："老城城南八里，周围十一里六十步，南、东二门，西南、东北二门。城内西有小城，周围二里一百二十步，东、南二门。城内东有堂子，周围一里零九十八步，西一门。城外有套城，自城北起，至城西南止，计九里九十步，西、西南、北、西北四门。"

借助文献记载，我们能够了解佛阿拉城的大致轮廓、方位。

佛阿拉城，作为努尔哈赤居住了长达 16 年的地方，不能算作后金的第一个都城，却是建州女真的一个重要城堡以及建州左卫的行政治所。

努尔哈赤在佛阿拉城宣布自己为"王"，并建立了王权统治。据《清太祖高皇帝实录》记载，努尔哈赤是在万历十五年（1587）六月，在佛阿拉城"称王"，"上始定国政，禁悖乱，戢盗贼，法制以立"。开始制定国家政令，禁止悖逆作乱，制止盗贼，从此确立了法律制度。同时，努尔哈赤还建立了一支纪律严明的军队。

努尔哈赤称王后，不仅建立法律制度、规范军事事务，还制定了一套初步的礼仪制度。比如，努尔哈赤出入栅城时，在城门处会设置乐队演奏音乐，以彰显庄严与隆重。由是，佛阿拉城成为当时女真族政治决策、经济交流和军事指挥的中心。

努尔哈赤曾在栅城的会客厅中接待了朝鲜使臣申忠一。从申忠一的记录中，我们可以初步了解努尔哈赤称王后日常生活上的一些细节。

《建州纪程图记》中记载，努尔哈赤长得"不肥不瘦，躯干壮健，鼻直而大，面铁而长"。当努尔哈赤会见申忠一时，坐在中厅那张庄重的黑漆椅子上，身旁是身佩宝剑的将领们，时刻保证他的安全。宴会期间，大厅内外乐声悠扬，有人吹奏洞箫，有人弹奏琵琶，还有人演奏柳箕，众人拍手高歌，共同以酒助兴，一片欢乐而热闹的场面。酒过数巡，努尔哈赤高兴地从椅子上站了起来，"自弹琵琶，耸动其身；舞罢，优人八名，各呈其才"。

由此可见，努尔哈赤也是一位多才多艺的性情中人，不会摆出一副领导者的架势。

宴会结束后，努尔哈赤将一封给朝鲜国王的回帖交给了申忠一，这封回帖是由汉人龚正陆所写。

龚正陆，又称龚正六，其女真名为歪乃，浙江绍兴人，曾在辽东地区客居，后来被掳掠至佛阿拉。努尔哈赤见他是个有才能之人，便任命他负责文书事务，还让他参与机密决策，担任努尔哈赤子女的教育工作，被尊称为"师傅"。龚正陆勤勤恳恳，对待事务十分认真，为女真族的统一事业以及满族与汉族之间的文化交流作出了较大的贡献。

《建州纪程图记》中记录了龚正陆代努尔哈赤给朝鲜国王李昖写的回帖称，"我屡次学好，保守天朝九百五十于（余）里边疆"，回帖后署"篆之以建州左卫之印”。

努尔哈赤作为建州左卫指挥使，经过 10 年的征战，兵力从最初的“遗甲十三副”迅速壮大到 1.5 万余人，得以统一建州女真，并在佛阿拉称王。努尔哈赤称王，标志着其权威和统治的确立，他的事业之所以能够扶摇直上，其中离不开两个重要因素，那就是他自身策略的明智与精准，还有对手李成梁策略上的失误。

一点一滴地壮大自己，一寨一部地攻克敌人，这是努尔哈赤在统一建州女真的过程中采取的一种渐进的策略。他擅于凝聚和整合各种可以争取和利用的力量，将它们团结在自己周围，用来实现自己的目标。比如前文所提到的同诺米纳、噶哈善等人的盟誓就是众多例子中的一例。但努尔哈赤不会盲目与他们结盟，而是在自己的考量中，对待他们采取不同的策略，对于背叛盟约、与敌为伍的诺米纳，他会巧妙地利用谋略将其除掉；而对于忠诚且效力的噶哈善，他便会与其建立姻亲关系，以进一步稳固双方的联盟。可谓刚柔并济。

再比如鄂尔果尼和洛科，又是另外一个例子。对待曾经敌对阵营中那些伤害过自己，但已经放下武器投降的人，他会选择不计前嫌，宽恕并厚待他们，还赋予他们官职，给予信任和重用的机会。

作为一个领导者，努尔哈赤是懂得刚柔并济、以德服人的。他可以果断杀伐，也可以柔软慈悲。他的威严，能让敌人闻风丧胆；他的智慧，让部下为之折服。这也是他能够完成大业的关键因素之一。

随着自身实力的不断增强，努尔哈赤开始从近到远、先易后难，一寨一城、一族一部，有条不紊地并取建州女真各部。在这个过程中，努尔哈赤采取了既向明朝廷臣服并缴纳贡品，维持和平互市的友好关系，又在内部暗暗独立发展，不断增强自身实力的外部策略。

如何处理与明朝廷的关系？这是努尔哈赤面临的最严肃的政治挑战，也是关系到他事业成败的关键。

努尔哈赤曾目睹建州女真两位首领失败的过程：一是王杲，枭雄贪婪，多次出兵侵犯明朝边陲，最终被明朝廷斩首于京师；二是尼堪外兰，仰人鼻息，最终被明朝廷鄙视放弃。

这二人覆亡的教训对努尔哈赤产生了深远的影响。因此，他更加谨慎地处理与明朝的关系，并在统一建州女真的过程中以更为稳妥的策略与明朝相处。努尔哈赤采用的是双重策略，表面上担任明朝的官员，实则暗中发展自己的势力。这种策略让努尔哈赤成功避开了明朝边陲官员的注意，最终顺利完成了对建州女真的统一。

可以说，李成梁的骄傲与疏忽，为努尔哈赤统一建州女真提供了一个有利的外部条件。

纵观自隋唐以来的千年历史，中原王朝在东北地区面临的威胁主要来自契丹、女真和蒙古等民族。

契丹建立了辽，女真建立了金，蒙古建立了元，这些都是历史上的例证。元朝灭亡后，北元及其残余势力仍然存在于东北地区，导致东北地区动荡不安。为了安宁，明朝只能出兵镇压。在一系列的军事行动中，明朝的目标直指蒙古势力。

明朝时期，张居正担任宰相，谭纶掌管军队，戚继光负责守卫蓟镇，李成梁则负责镇守辽东。

戚继光在蓟镇期间，主动修建长城，积极建造敌台，并且准备了各种军事器械，以增强防御力量。《明史》中记载："蓟门守甚固，敌无由入，尽转而之辽，故成梁擅战功。"可见当时蓟镇的城门有多坚固，敌人基本不可能攻破。正是因为蓟镇难攻，所以敌人将攻击方向转向辽地。凡事有利有弊，敌人的转向让李成梁有了发挥的空间，立下赫赫战功。

李成梁镇守辽东时，凭借出色的战功独领风骚，一时之间威震四方。他因功受封，受到明朝的嘉奖和臣僚的祝贺，地位扶摇直上，达到顶峰。然而，地位越高，权位越重，人就越容易骄傲自满。随着地位的提升，李成梁"贵极而骄，奢侈无度"（《明史》）。

古人言"贵不与富期，而富至；富不与梁肉期，而梁肉至；梁肉不与骄奢期，而骄奢至；骄奢不与死亡期，而死亡至"。李成梁因多次胜利，变得骄傲自满，奢侈无度，已然忘我。他没有想到的是，过多的胜利也给他带来了失利。而他的失利，为努尔哈赤的崛起提供了一个有利的时机。

李成梁虽然多次建立卓越的战功，但他毕竟是一介武夫，且还是一个年岁已高、因战功变得骄傲和懈怠的武夫，他越来越喜欢迎合他人，缺乏创新精神。在对待女真部落的问题上，他只看到了哈达和叶赫两个部落，却忽略了建州的努尔哈赤。因为他的目光短浅，所以为努尔哈赤的崛起提供了不可多得的机会。

《李朝实录》中曾记，朝鲜兵曹判书李德馨向其国王进启努尔哈赤，说道："其志不在于小，助成声势者李成亮（即李成梁）也。渠多刷还人口于抚顺所，故成亮奏闻奖许，驯致桀骜云耳。"李德馨认为，努尔哈赤的志向远大，并不在于眼前的小打小闹。而在背后推波助澜，助长其声势的其实是李成梁。李成梁多次把从抚顺劫掠的人口送还，还上奏给朝廷自请嘉奖，李成梁变得越发傲慢不驯。

事实证明，当一个人过于自负时，往往会使自己陷入盲目自大的陷阱，最终导致失败和挫折。李成梁就是一个例子。

李成梁被努尔哈赤表现出的"恭顺"态度所蒙蔽，他认为努尔哈赤不仅顺从听话，也难成气候，从而忽视了努尔哈赤的潜在威胁。

万历十九年（1591），李成梁卸任。这时，正值努尔哈赤统一建州女真的关键时期。然而，李成梁却把主要兵力投向北元势力和海西女真，并多次取得胜利。殊不知，李成梁制定的战略决策，为后来的局势埋下了隐患。

李成梁的自满与疏忽、奏捷与失误，给努尔哈赤创造了有利的条件：

其一，努尔哈赤有效地抓住了这个机会，在几乎没有外部干扰的情况下，顺利统一建州女真，还组建了一支精强的万人铁骑部队，并正式建立王权，为之后的崛起奠定了坚实的基础。

其二，李成梁的重兵镇压，给海西女真带来的实质性伤害，使其元气大伤，实力削弱，导致建州女真与海西女真的力量对比发生了根本性变化，而这个变化对努尔哈赤十分有利。同时，李成梁对海西女真的屠戮和焚掠，激起了女真人对明朝统治者的强烈不满。这种不满的情绪在女真族群中蔓延、燃烧，势不可当，将民心和舆论的方向吹向努尔哈赤，从而使努尔哈赤得到了民众的支持。

其三，东北亚地区的局势发生了重大变动。当时，日本的丰臣秀吉发动了侵朝战争，朝鲜进行了坚决的抵抗，并得到了明朝廷的支持与援助。这场战争持续了 8 年之久，其间明朝的主力军队被调往朝鲜进行支援，导致辽东成为"军事空虚地带"。这就给努尔哈赤吞并海西女真创造了不可多得的外部条件。

上述种种，为努尔哈赤统一海西女真提供了难得的有利条件。由是，努尔哈赤在统一建州女真后，以佛阿拉为基地，进而发起了统一海西女真的战争。而这些有利条件，为他实现统一海西女真的目标提供了珍贵的历史机遇和坚实的物质基础。

二、洪流中的黄金时刻

明朝时期的海西女真，因其最初居住在松花江地区，这一地区也被称作是海西，海西女真因地得名。

海西女真部落众多、支派纷繁，且散居各处。后来，海西女真不断地向南迁徙并相互吞并。至嘉靖时期，海西女真经过逐渐整合，形成了四大部落，这些部落统称为扈伦四部，即哈达部、辉发部、乌拉部和叶赫部。

扈伦四部地域辽阔，东部紧邻东海女真和朝鲜，东南与建州女真连接，南部则与明朝的开原、铁岭边墙接壤，西部则是漠南蒙古的科尔沁部和郭尔罗斯部，北部延伸到混同江一带。

在生活方式上，扈伦四部擅于农耕和狩猎，有房屋居住，并建造了山寨。这与乐于定居、善于纺织、擅长骑射、喜欢经营生计的建州女真人的风俗，基本上没什么太大区别。

自成化时期以来，建州女真与海西女真的势力相较发生了多次变化，时而强盛，时而微弱。但是，努尔哈赤在准备发兵海西之前所占据的局势是颇为有利的。

首先，海西女真部落之间因内部纷争发生厮杀，一定程度上消耗了部落的军事实力，导致海西女真的军事力量与建州之间的力量不再平衡。

此前，建州的阿哈出、董山以强大的势力称雄女真。成化三年（1467），明朝派兵征剿建州女真，首领遭杀害，村寨被焚烧，部落被破坏，建州女真受到重创。随后，海西女真崭露头角。

在海西女真的诸多部落中，哈达部和叶赫部最为强大。叶赫部的首领褚孔格曾多次领兵侵犯明朝边境，阻碍进贡的通道。而哈达部的首领速黑忒，则效忠于明朝，忠心耿耿，因奋力保护进贡路线得到明朝的赏识，从而逐渐强大。因消灭了开原城外的山贼猛克，确保了进贡路线的安全，因此被晋升为右都督，并获得了金带大帽的赏赐。

由于哈达部和叶赫部之间的争斗，导致哈达部的首领王忠杀了叶赫部的首领褚孔格。

王忠去世后，他的侄子王台继承了他的职位，继续效忠于明朝，甚至比王忠在世时还要忠诚，一时间哈达部的声望达到了顶峰。但是，王台在努尔哈赤起兵的前一年因病去世，没过多久他的长子扈尔干也离世。

王台死后，他的4个儿子之间又发生了内部纷争，甚至与北方的敌人勾结，以扩充自己的力量。同时，北关叶赫部的褚孔格之孙清佳努和杨佳努兄弟二人崭露头角，势力逐渐壮大。

叶赫部的首领清佳努、杨佳努打算抓住王台死后其部落内讧的时机，报王忠杀害他们祖父的仇，并寻求在海西地区的霸主地位。但他们兄弟二人不能统一权力，自身实力无法与南方的哈达部抗衡，最终导致他们的失败和死亡，部落也被摧毁。他们的继承者布寨和纳林布禄也难逃厄运，最终，布寨被杀，纳林布禄病死。

至于扈伦四部中的另外两个部落，处境也不是很好。辉发部原本就较为弱小，且内部纷争不断；乌拉部距离开原较远，其部长满泰荒淫无度，缺乏谋略。因此，在扈伦四部中，明朝只能借助哈达部或叶赫部的力量来钳制建州女真。

但因为李成梁采取了错误的战略决策，加上哈达部内部纷争不断，叶赫部的内部又分裂成对立的两派，使得海西女真部落中无法形成强大的中心力量。

历史证明，女真力量中心的转移历经了历史的轮回，从建州的董山转向叶赫的褚孔格，再由褚孔格转向哈达的王台，最终又回到了建州的努尔哈赤。

在这样的形势下，努尔哈赤自然而然地成为女真诸部的中心。

其次，明朝对海西女真的酷烈袭杀，着实削弱了叶赫部和哈达部的军事实力，正是因此，进一步突出了建州女真的军事地位。

在扈伦四部中，叶赫部和哈达部势力较强。它们是明朝用来牵制和抗衡建州女真的主要力量。但是，在短短5年时间里，明军对叶赫部和哈达部发动了3次致命性打击。

万历十一年（1583）十二月，明朝实施了一项名为"市圈计"的策略，通过赐赏的方式，引女真部的首领到圈定市场，然后在伏兵四起的情况下诱杀女真首领。明朝诱叶赫贝勒清佳努和杨佳努到开原的中固城，然后伏击并杀害他们。

是计，辽东巡抚李松、总兵李成梁，命令全军士兵脱下盔甲，换上便装，设下埋伏等待叶赫贝勒的到来。清佳努和杨佳努先率领 2000 余骑兵，全身披挂前往镇北关。明朝的辽东官员和翻译官员责备他们，既然是来表示臣服的，为何还要带着数千骑兵。清佳努和杨佳努觉得确实不合适，于是请求只带 300 余人随从前往，获得了明朝的允许。待清佳努和杨佳努进入设伏的圈子后，霎时间信号炮声响起、伏兵四起，清佳努和杨佳努及其部众根本来不及作出抵抗，全部被斩杀。另一边，李成梁听到炮声后，率领精锐部队斩杀了叶赫部落的士兵 1251 人，并夺取了马匹 1073 匹。当时的场面有多惨烈，难以想象。

叶赫部首领清佳努和杨佳努被杀和大量部众的死亡，使整个部落遭受巨大的灾难和创伤。

万历十五年（1587）十月，辽东巡抚顾养谦率领军队攻击哈达部孟格布禄。孟格布禄是王台的妾室温姐所生，王台死后，他的外甥康古鲁娶了温姐为妻。因为温姐是叶赫部的人，所以孟格布禄和康古鲁都与叶赫部有着密切的关系，而与王台的孙子歹商则存有嫌隙矛盾。

明朝担心孟格布禄与叶赫部联合起来，势力过大会难以控制，所以决定派兵攻打他。顾养谦用投降的士兵作为向导，引兵出塞，向哈达部的孟格布禄发动攻势。孟格布禄依仗叶赫部的支持，奋力抵御，坚守阵地。但明军猛力强攻，"拔其二栅，斩首五百余级"（《明史纪事本末·补遗》），最终攻克了孟格布禄的两个营寨，斩首 500 余人。明朝还革除了孟格布禄原先承袭其父亲王台的龙虎将军的崇高功勋，使其势单力孤，独木难支。

万历十六年（1588）三月，李成梁再次领兵发动军事行动，攻打叶赫部的布寨和纳林布禄。自叶赫贝勒清佳努和杨佳努被明军设计杀害后，清佳努的儿子布寨和杨佳努的儿子纳林布禄，分别承袭了叶赫部落的两个贝勒之位，实力日渐强盛。李成梁认为哈达部落势力已经衰弱，对明朝构不成威胁，于是决定攻打叶赫部，以削弱其势力。

确定目标后，李成梁亲自率领军队直捣叶赫山城。由于叶赫山城重重叠叠、地势险峻、防御坚固，明军多次进攻都未能攻下。为了打破僵局，明军只好变换进攻方式，以巨大的炮弹攻向山城，在强烈的轰炸下，山城的外城墙轰然倒塌，明军乘势接连攻下了两座城池，斩首数百人，并获得了大量的马匹和器械。

叶赫部遭受了前所未有的重创，城中的百姓因这场灾难哀号不断，一片凄惨。

然后，明朝为了支援朝鲜抗击日本的侵略，调派辽东的主力军队前往朝鲜，进行援朝抗倭的战争。明朝此举直接导致明朝在辽东地区对建州女真的军事遏制力度减弱。

万历二十年至万历二十六年（1592—1598）期间，朝鲜发生了一场抗击日本侵略的战争。

在此以前，嘉靖时期，日本国地方实力派织田信长的势力逐渐强大，兼并了各个部落，一度占领了京都。在统一日本的过程中，万历十年（1582），织田信长在本能寺被其家臣明智光秀谋杀。随后，大将丰臣秀吉继承了织田信长的统一事业，并以大阪为基地，加强了日本的中央集权，开始四处发动军事行动，狼子野心昭然若揭。同时，在丰臣秀吉的统治下，日本长达百年的分裂局面结束。

在初步完成统一日本后，丰臣秀吉的野心蠢蠢欲动，将侵略的矛头直指朝鲜。

万历二十年（1592），丰臣秀吉发动了侵略朝鲜的战争，其目的显而易见，就是为了奴役朝鲜，并以朝鲜为跳板进一步侵略中国。日本国土面积不大，野心却不小。事实证明，没有匹配的实力，野心再大也无济于事，最后只会成为败将、沦为笑柄。

丰臣秀吉派十五万日军，从釜山登陆，对朝鲜发动了大规模的侵略，《李朝实录》中记载："倭奴猖獗，大肆侵凌，攻陷王城，掠占平壤。"朝鲜的军队无法抵抗日军的进攻，朝鲜生灵涂炭，王城被攻陷，平壤被掠夺，整个朝鲜八道几乎全部沦陷。如此紧急的情势下，朝鲜国王李昖被迫出逃到义州，并派遣使者向明朝请求援助。

朝鲜紧邻明廷边境，可谓是唇齿相依，明朝廷出于这方面的考虑，于是派宋应昌为经略，李如松为征东提督，率领四万余大军入朝援助朝鲜。第二年正月，李如松所率的明朝援军与朝鲜军民配合作战，先后收复了平壤、开城，并逼近了日本人的王京。然而，在碧蹄馆之战中，明军遭遇了挫折。

努尔哈赤在明朝与朝鲜的援朝抗倭战争中，曾向明兵部尚书石星提出领兵前往驰援的请求。但是，努尔哈赤援朝杀倭的请求遭到明朝和朝鲜双方的拒绝。努尔哈赤后来回忆说："壬辰年间，朝鲜被侵于倭奴，吾欲领兵驰救，禀报于石尚书，不见回答，故不得相援。"（《李朝实录》）因此，努尔哈赤没能给朝鲜提供援助。

明朝不允许建州女真参与援朝抗倭的行动，而是派李如松提督蓟、辽、保定、山东等地的军队奔赴援朝前线。长达6年的援朝抗倭战争，对明朝的军事力量造成了严重的损耗。由于大量的明军被调往朝鲜战场，明朝的军队在本土的防御力量就变得空虚，尤其是辽阳的精锐部队，在援朝战争中损失尤为惨重，这就为努尔哈赤出兵海西提供了一个绝佳的机会。

总而言之，在万历时期，辽东明军、扈伦四部和建州女真的军事力量和政治格局都经历了巨大的变革。

明朝不仅因辽东主力部队被调往援朝抗倭战争，导致该地区的精锐力量遭受重大损失，再加上李成梁的卸任，使得明朝的边防备战日渐松弛，《明史》中曾记载："十年之间更易八帅，边备益驰。"由此可见，明朝的辽东边境，10年间更换了8位统帅，边陲防御越来越松懈。于明朝而言，这绝非好现象。

与此同时，扈伦四部之间发生了严重的内讧，正是因为自相消耗，导致扈伦四部多次受到重创，逐渐走向衰落。与这一时期诸部归一、生机勃勃、走向崛起的建州女真相比，扈伦四部分裂割据、黯淡无光、一片沉寂。

努尔哈赤以佛阿拉作为基地，利用建州统一后的强大实力，及时抓住了明朝辽东军力虚弱以及哈达部、叶赫部等部内讧自乱的时机，以古勒山之战为标志，成功地进行了统一海西女真即扈伦四部的战争。

三、古勒山，奠基之战

努尔哈赤成功统一建州女真，对海西女真部落之间的互动及其与建州的军事和政治关系产生了深远的影响。在诸多复杂的矛盾交织下，努尔哈赤曾尝试通过政治手腕、外交交涉、联姻和缔结盟约等方式来化解这些纷争，但并不是所有的策略都能奏效。

当努尔哈赤所采取的保持和平的策略无法奏效时，最后也只能走上兵戎相见之路。在这样的历史背景下，古勒山之战爆发了。

古勒山之战的爆发并不是偶然，它是建州、哈达、叶赫之间长期累积的矛盾的必然结果。

当时，哈达贝勒孟格布禄的兄弟相继去世，仅留下他的长兄扈尔干的儿子歹商与他争夺权力。正是因为他们叔侄二人的不和，致使哈达部的内部势同水火、分崩离析。在这样的情势下，孟格布禄更倾向于与叶赫结盟，而歹商则更倾向于与建州努尔哈赤建立友好往来。

叶赫贝勒布寨和纳林布禄一直对哈达部虎视眈眈，早就有意占据他们的领土，而歹商就是他们拿下哈达领土的障碍，所以他们决定通过支持建州努尔哈赤，以此来削弱哈达部的力量。叶赫部两位贝勒的算计可谓一石二鸟：一方面，他们打算借助努尔哈赤的力量来削弱哈达部的实力，尤其是铲除歹商的影响力；另一方面，他们也试图通过这种方式来削弱建州女真，让建州女真可以臣服于自己，如此一来叶赫部的势力就会变得更加强

大。所以，当叶赫贝勒布寨和纳林布禄向努尔哈赤发起军事行动时，他们
实际上是在利用复杂的部落联盟关系以及个人恩怨来推动自己的政治目
标，完成自己的政治野心。

万历十九年（1591）正月，叶赫贝勒纳林布禄派使者宜尔当阿和摆斯
汉前往佛阿拉，去游说努尔哈赤。

宜尔当阿和摆斯汉对努尔哈赤说道："从目前的形势看，乌拉、哈达、
叶赫、辉发和满洲这五个部落语言相通，地理相近，实际上已经形成了一
个国家。现在你们拥有的国土比我们多，为何不将额尔敏、扎库木这两个
地方划分一块给我们呢？"

努尔哈赤对这两个人的说法嗤之以鼻，回道："我是满洲人，你们是扈
伦人，即便你们国家很大，我也不会贪图你们的土地。反过来说，我的国
家辽阔，你们又凭什么来分割我的领土？再者，土地与牛马不同，怎么能
像分割牛马一样分割土地呢？你们都是国家的执政大臣，如果不能劝说你
们的领导人放弃侵犯我的土地，那么你们又有什么颜面来向我求和呢？"

努尔哈赤一点也没放任叶赫部的厚颜无耻，表达完他的观点和立场
后，随即让叶赫部的使臣返回他们的部落。

叶赫贝勒纳林布禄虽然在努尔哈赤那里碰了钉子，但心里仍有不甘。
他召集了叶赫、哈达、辉发三部贝勒，一起商讨如何对付努尔哈赤。会议
的结果就是，三部同时派遣使者前往建州，企图继续向努尔哈赤索取。

努尔哈赤在佛阿拉的客厅里宴请这三部的使臣。酒席间，叶赫贝勒纳
林布禄的使臣图尔德与努尔哈赤展开了一场激烈的舌战。

图尔德佯装委婉，说道："我家贝勒有话让我传达，但又担心说出来
会冒犯到您，从而招致您的责备。您说，我该怎么做呢？"

努尔哈赤平静地回道："你不过是在传达你家贝勒的话而已。如果你
说的话有道理，我会认真听；但如果你的言辞带有恶意，我也会派人到你
贝勒那里，用同样的话语回应他，并不会因此而责怪你个人。"

图尔德随即说道:"我家贝勒说,'你不愿割舍土地,我能理解;但我希望你能归附于我,若你拒绝归附,那么两国必将兵戎相见。到那时,我轻而易举就能进入你的领土,但你未必有能力进入到我的领土。'"

叶赫贝勒此番操作,简直就是政治讹诈。努尔哈赤听完这番无耻的话后,勃然震怒,举刀断案,喝道:"你们的贝勒和他的兄弟们,难道常常与人刀兵相见吗?并肩作战,历经血战,盔甲破碎,他们经历过这样的战斗吗?孟格布禄和歹商这对叔侄曾经自相残杀,就像两个小孩争夺骨头一样。你们想效仿过去,趁着混乱来偷袭我,难道我会像他们那样容易被击败吗?你们国土四周,难道都是无法逾越的边界吗?即使白天无法攻入,夜晚也能进入你们那里,你们能奈我何?你们只会空口说大话,有意义吗?想当年,我的父亲被大明误杀,大明送给我敕书30道、马30匹,并将我父亲的尸首送还,而且我还获得了左都督的敕书,并续封为龙虎将军,每年还给予我银800两、蟒缎15匹。你们贝勒的父亲同样被大明所杀,他的尸骸你们得以收取了吗?"

努尔哈赤的话让叶赫使者哑口无言。会见结束后,努尔哈赤下令撰写了一封回复的信件,并派官员将其亲自送至叶赫贝勒布寨和纳林布禄的手中。

战争,往往是政治利益冲突的最终体现。在纳林布禄与努尔哈赤的关系中,既无法通过联姻来加强双方的联系,又不能通过政治讹诈让对方屈服,最终只能将诉诸武力作为解决争端的手段。

纳林布禄狡猾如狐,他不敢贸然进攻建州,而是先放一把小火,以小规模的冲突作为试探,以窥探努尔哈赤的实力。

万历二十一年(1593)六月,叶赫部联合哈达、乌拉、辉发,集结四部兵马,对建州的户布察寨发动了奇袭。努尔哈赤得到消息后,迅速率领军队前往支援,直抵哈达部的富尔佳齐寨。建州军与哈达军在富尔佳齐相遇。

为了诱敌深入，努尔哈赤命步兵和骑兵先行，自己负责殿后。这时，有敌军突然来袭，只见一人举刀猛扑，好在努尔哈赤反应灵敏，回身控弦，射中了那人的战马，那人见势不妙，骑马惊慌而逃。《清史稿》中记载："三骑挥刀来犯，安费扬古截击，尽斩之。"当时袭击努尔哈赤的还有另外 3 个人，他们联手冲锋，举刀冲向努尔哈赤，就在努尔哈赤的坐骑因受到惊吓差点将努尔哈赤甩落马下的关键时刻，安费扬古及时出击，将这 3 个敌军全部斩杀。努尔哈赤迅速重新上马，并立即发射一箭，击中了孟格布禄的坐骑，孟格布禄应声倒地。孟格布禄的仆人见状，主动把自己的马匹让给他，二人骑着马逃回营地。化险为夷后，努尔哈赤仅带着 3 名骑兵、20 名步兵迎战敌人，最后杀敌 12 人，缴获 6 副铠甲和 18 匹马匹，胜利而归。

这场发生于富尔佳齐的战斗，提高了努尔哈赤军的士气，为即将到来的古勒山大战奠定了胜利的基础。

万历二十一年（1593）九月，以叶赫贝勒布寨、纳林布禄为首，他们联合哈达贝勒孟格布禄、乌拉贝勒满泰的弟弟布占泰、辉发贝勒拜音达里 4 个部落，还有长白山朱舍里、讷殷 2 个部落，再加上蒙古科尔沁和锡伯、卦尔察 3 个部落，总共 9 个部落，结成了一个庞大的联盟，他们合兵三万，分作三路，浩浩荡荡地向建州佛阿拉进发，整个山脉都因他们的到来而震动。

尽管叶赫贝勒在之前的政治讹诈和军事行动中遭遇了挫折，但他没有从中吸取教训，反而妄想以九部联军的强大兵力攻克建州，制服努尔哈赤，以实现其称雄女真诸部的目的。声势浩大的九部联军在叶赫贝勒的率领下，从青龙山的西麓三道关，也就是扎喀关开始向东推进。夜幕降临时，九部联军抵达浑河北岸，士兵们开始准备晚餐，锅灶遍野，火密如星。建州的探骑武理堪迅速回报："敌军用餐后将启程，夜间将渡过沙济岭，朝着古勒山而来。"古勒山，又称古楼岭，也是这场即将上演的大战的舞台。

黎明的曙光揭去夜幕的轻纱，随着晨光一点一点摊开蓝天，如同敌军一浪一浪逼近，迎面而来的是让人无法逃脱的压迫感。

九部联军压境，让局势变得异常严峻。然而，当前的情势却对努尔哈赤颇为有利。主要是因为明朝忙于朝鲜的和谈与撤军事务，无暇顾及九部联军，更不可能提供足够的支持，而叶赫部和哈达部等部落经过连续的重创，实力损耗较大，尚未恢复元气。

努尔哈赤敏锐地抓住了这一战机，充分利用地理优势，进行了周密的军事部署。

《孙子兵法》中言，"地形者，兵之助也"，就是说，地形是用兵作战的辅助条件，努尔哈赤深知地形对于战争的重要性，于是他根据地形险峻的特点，精心布置了防御和攻击的策略。在敌军必经之路旁埋伏了精锐的士兵，在高耸的崖岭上提前安放了滚木和礌石，在丛林的空隙间砍伐树木设立障碍，在沿河的峡路上设置了横木以阻挡敌军。

一切准备就绪后，努尔哈赤信心满满地等待天明的到来，准备迎战。不难看出，努尔哈赤的冷静和沉着不仅仅体现在对形势的敏锐观察上，更体现在他对敌我双方实力的深入分析和对战争胜负的精准判断上。而其中的冷静自持，是努尔哈赤一种宝贵的修养。他深信，即将到来的古勒山之战，对建州来说将是一场喜剧，而对海西来说注定是一场悲剧。

第二天黎明时分，吃过早饭后，努尔哈赤率领诸王大臣，一同前往堂子进行祭祀。

《清太祖高皇帝实录》中详细记载了努尔哈赤祭堂子的情形。他虔诚地祈求天地诸神庇佑，拜祝曰："皇天后土，上下神祇，努尔哈赤与叶赫，本无衅端，守境安居，彼来构怨，纠合兵众，侵凌无辜，天其鉴之。""愿敌人垂首，我军奋扬，人不遗鞭，马无颠踬，惟祈默佑，助我戎行！"努尔哈赤借助天神的威严，发布了战斗檄文，极大地鼓舞了士气。随后，他统率兵马急速出征，决意与敌人一决胜负。

当时，建州派出的侦察兵武理堪从捕获的敌兵口中得知，来兵数量有三万，这一消息在建州士兵中传开后，引起了他们的震惊和不安。

《孙膑兵法》中言："合军聚众，务在激气。复徙合军，务在治兵利气。临境近敌，务在厉气。战日有期，务在断气。今日将战，务在延气。"就是说，集结民众，组编军队，准备开战之前，一定要先去激发军中将士的士气；再次集合军队，拔营进军之时，一定要先整治军中的制度，激励将士们的锐气；当军队临近敌国边境，面对强敌之时，一定要懂得鼓舞将士们的斗志；战斗日期已定之时，一定要设法使敌国的士气衰弱；倘若今天就要出战了，一定要设法让本国的将士们养精蓄锐，蓄积待发的士气。

显然，努尔哈赤对此有着深刻的理解。他明白在强大的敌人面前，士兵可能会感到害怕。在这种情况下，仅仅依靠祈求神灵的保护是不足以鼓舞士气的。他认为，需要向将士们详细分析军事形势，以此来坚定他们取得胜利的信心。

努尔哈赤说道："尔众无忧，我不使汝等至于苦战。吾立险要之处，诱彼来战，彼若来时，吾迎而敌之，诱而不来，吾等步行，四面分列，徐徐进攻。来兵部长甚多，杂乱不一，谅此乌合之众，退缩不前，领兵前进者，必头目也，吾等即接战之，但伤其一二头目，彼兵自走。我兵虽少，并力一战，可必胜矣。"（《清太祖武皇帝实录》）

努尔哈赤给将士们深入剖析了当前的军事情势，他认为敌军兵力虽多，却恰是他们的弱点。因为他们是临时拼凑在一起的联合军，且头目众多，每个头目都想发号施令，但身先士卒之事他们就都不会抢着做，所以，一旦列开阵势，他们必定杂乱无章。这就给努尔哈赤军创造了机会，可以诱敌深入，群起而围之；可以四面列阵，稳扎稳打地进攻。无论怎么看，建州的胜算都很大。

努尔哈赤能够在处于劣势的情势下，精准地把握己方的优势，占据险要地形，以逸待劳；清晰地识别敌方的弱点，敌方贝勒众多，队伍杂乱。基于这些分析，他制定了明确的战术策略：利用地形优势引诱敌人，集中兵力打击其头目，以达到一击必中的效果。如此一来，既稳定了军心，也提升了士气。

最重要的一点，努尔哈赤作为领导者，他能够设身处地地为将士们着想，不会让他们为了战斗而白白送死，也不会因为将士们的恐惧而责罚他们，这一点是非常难能可贵的。

毫无疑问，努尔哈赤的这番话，极大地提振了将士们的士气，让他们信心倍增，斗志昂扬，纷纷摩拳擦掌，誓要给敌人们迎头一棒。

完成了祝祭和训示后，努尔哈赤亲自统率大军，急速向西推进。当军队行进至扎喀关以东的郊野时，他收到了扎喀关守将萧护和山坦的报告：九部联军已于辰时抵达，并首先围攻了扎喀城，但未能攻克。随后，他们又转而向黑济格城发动攻击，同样未能取得进展。

夜幕降临，九部联军与建州军都在紧张地为即将到来的决战做准备。

第二天清晨，努尔哈赤亲自率领亲军登上古勒山，面对黑济格城，占据有利地形，列开阵势。此时，九部联军再次向黑济格城发动攻击，依旧未能攻下。叶赫贝勒布寨和纳林布禄急于求胜，但两城未能攻克，大军受阻，使他们感到焦躁不安、急烦难耐。反观努尔哈赤，胸有成竹，他派巴图鲁额亦都率领精锐骑兵百人，径直冲向九部联军的军阵。叶赫军见气势汹汹的建州军直奔而来，便放弃了攻城，转而迎战额亦都。额亦都假装打不过九部联军，且战且退。联军见状，认为建州军也不过如此，随即乘胜追击，但追击的道路并不通顺，沿途受到砍倒的树木所阻，不能成列，只能像长蛇一般缓慢前进。

叶赫贝勒布寨和纳林布禄、蒙古科尔沁贝勒明安、乌拉贝勒布占泰等人率领的九部联军，还不知道自己已经落入努尔哈赤的计策中，尽管行进缓慢，他们还是追击额亦都到古勒山下隘口。

　　叶赫贝勒布寨和纳林布禄等率领九部联军将古勒山围住，并全力进攻，势如潮涌，锐不可当。这时，额亦都掉转马头，带领百余骑迎敌，敌军冲上来后，额亦都击斩了9人。面对势如破竹的额亦都，敌军前锋胆战，不敢轻易靠前。叶赫贝勒布寨被额亦都的挑战激怒，策马挥刀，直前冲入。努尔哈赤远远看到布寨凶猛地冲杀，正在危急时刻，布寨因骑马过猛，战马撞到木桩，应声倒地。说时迟那时快，建州兵士武谈抓住时机，迅猛扑去，骑在布寨身上，将他杀死。

　　后来，北关请求归还布寨的尸体，"请卜酉尸，奴酉剖其半归之。于是，北关遂与奴酉为不共戴天之仇"（《明神宗实录》）。努尔哈赤则将尸体剖开一半还给了他们，因此北关与努尔哈赤结下了不共戴天之仇。

　　纳林布禄贝勒目睹了兄长被杀害的惨状，极度受惊，不由得发出一声惊叫，随即倒地不起。叶赫的士兵看到他们的贝勒一个被杀，另一个昏倒，都悲痛万分。情急之下，他们急忙将昏倒在地的纳林布禄救起，携带布寨的遗体，迅速掉转马头，拼命逃离。其他贝勒、台吉也受到惊吓，不敢再战，纷纷弃军而逃。蒙古科尔沁贝勒明安"马被陷，弃鞍，赤身，体无片衣，骑骒马"（《满洲实录》），逃脱的过程十分狼狈，不仅马被陷住，身上连一片衣服都没有，只能骑着骒马奔逃，可见被吓得不轻。

　　两军交锋的关键时刻，击败敌军的首领，摧毁敌军坚固的阵型，是瓦解敌军士气的重要手段之一。

　　努尔哈赤看到叶赫贝勒布寨被杀，九部联军陷入混乱四散奔逃的时候，他迅速指挥古勒山上的精锐部队和埋伏在山谷中的伏兵向敌军攻击，攻势如同山崩地裂、江河决堤一般。只见骑兵如潮水般呼啸而来，箭矢和石块如同暴雨般倾泻而下，战场上尸横遍野，鲜血染红了整个山谷。

　　九部联军的溃败景象惨不忍睹，一时间，兵马堵塞了江河，尸体遍布荒野。努尔哈赤凭借精湛的作战计划和将士们的英勇奋战，取得了这场战斗的绝对胜利。

古勒山之役的辉煌战果，无疑彰显了努尔哈赤卓越的军事才能。

此役中，建州军依靠努尔哈赤绝妙的策略，成功斩杀了叶赫贝勒布寨及其麾下的 4000 名士兵，同时俘虏了乌拉贝勒布占泰，并缴获了 3000 匹战马和 1000 副铠甲。

古勒山之役是努尔哈赤又一次以少胜多的战例。他利用地形之险，诱敌深入，先斩头目，纵向强击，横向卷击，集中兵力，以少敌多，最后成功打败九部联军。这是努尔哈赤战术运用得当的结果，也是他军事才能的充分展现。

古勒山之战，就军事指挥艺术而言，努尔哈赤与布寨形成了鲜明的对比。俗话说，没有对比就没有伤害。布寨的愚蠢、鲁莽和战术意识的缺乏，导致他的失败与死亡。有了布寨的衬托，再看努尔哈赤，不仅展现出其机智、冷静和深思熟虑的特点，还有明智的决策和巧妙的战术，最终赢得这场关键战役的胜利。

纵观古勒山之战的过程不难发现，叶赫贝勒布寨不是建州左卫指挥使努尔哈赤的对手，这也从侧面说明了另一个现象：布寨的死，不仅是他个人的悲剧，也预示着海西女真扈伦四部各部首领的共同命运。

著名的古勒山战役，不仅是一场军事上的交锋、一场简单的胜利，它更是女真统一道路上的分水岭。它粉碎了九部的军事联合，彻底颠覆了建州女真和海西女真力量上的强弱对比，标志着女真的中心由海西转移到了建州。

此役的胜利，为努尔哈赤之后对扈伦四部的攻势奠定了坚实的基础。自此，努尔哈赤"军威大震，远迩慑服"（《清太祖高皇帝实录》）。之后，他精心策划，利用古勒山之战后的有利形势，对扈伦四部——哈达部、辉发部、乌拉部、叶赫部展开攻势，采取远交近攻、先弱后强的战略计划，逐步将这 4 个部落各个击破。

四、建州军勇破哈达

前文提到过，永乐四年（1406），明朝在松花江北岸的呼兰河流域设立了塔山卫，命塔剌赤任指挥同知一职。随着时间的推移，到了正统十一年（1446），为了协调塔山卫内部矛盾，明朝决定增设塔山左卫，并任命弗剌出为都指挥。

塔山左卫的地理位置十分重要，地处冲要，"为迤北江上诸夷入贡必由之路"（《明世宗实录》），它地居形胜，不仅是入贡的必经之路，还是东部蒙古攻略海西女真的战略要地。因此，成化时期，塔山左卫迫于蒙古势力的胁迫，开始向南迁移，寻求明朝廷的保护。

到了弘治初年，该卫迁移到了现今的扶余、农安一带。没过多久，明朝廷任命速黑忒为都指挥，负责掌印管事。直至嘉靖初年，哈达部的首领速黑忒开始崭露头角，逐渐被世人所知。

速黑忒，身为海西女真的一员，因斩猛克有功，得以晋升为右都督。据《东夷考略》中记载："嘉靖初，海西夷酋速黑忒强，以修贡谨及捕叛夷猛克，特进右都督，赐金带、大帽。"就是说，速黑忒因表现突出，才会被明朝廷加封。

嘉靖十二年（1533），塔山左卫内部发生动荡，速黑忒被杀，克什纳承袭其职位。但克什纳也在家族争斗中遭遇不幸，随后其子王忠接任塔山左卫都督一职。

王忠继承了父亲的遗志，始终忠诚于明朝廷。由于受到东海女真的侵扰，王忠率领部众由今扶余、农安一带南下，迁移至小清河上游地域，于开原靖安堡广顺关外定居。后来，王忠的部族驻牧范围也从哈达河中上游扩展到了柴河中游以东地区。

王忠去世后，他的侄子王台继承了贝勒之位。《东夷考略》中曾记：

"王台益强，能得众，居开原东北，贡市在广顺关，地近南，称南关。"也就是说，王台的能力得到了部众的认可，居住在开原的东北方向，其贡市位于广顺关，因靠近南方，所以被称为南关。

随着王台势力的增强，海西女真也迎来了新的发展机遇。

哈达部居住在山城之中，紧邻哈达河，因此得部名。当时，明朝官方将他们称为南关，而女真族则称他们为哈达。哈达部向南迁移，至开原的广顺关外，主要生活在哈达河流域，也有部分族人居住在柴河地区。

哈达部的地理位置十分关键，东边与辉发部接壤，西边延伸至开原，南边与建州相连，北边与叶赫相邻。哈达城作为他们的政治中心，位于哈达河的北岸，俗称古城子。哈达城地势险峻，依山而建，南面紧邻清河。城池的形状呈环形，由土石构筑而成，周长大约 3 里，在广顺关外，距离广顺关 40 里。

哈达部的部民姓那拉氏。哈达部是女真之中农耕较为发达的一部，"颇有室屋、耕田之业，绝不与匈奴逐水草相类"。就是说，部民南迁以后，过着定居、农耕的生活，拥有了房屋和耕地，这与游牧民族逐水草而居的生活方式截然不同。

万历初期，哈达部的贝勒王台，擅长统御部族，势力强大。王台忠诚于明朝，"北收二奴，南制建州"（《明神宗实录》），并且北面能够控制叶赫，南面则能控制建州，因此占据了极为重要的地位。

王台的女儿与努尔哈赤的伯祖索长阿的儿子吴泰结为夫妻，同时，他又娶了叶赫贝勒清佳努的妹妹温姐为侧室，通过联姻的方式，与左右邻部建立了紧密的联系。《东夷考略》中曾记王台鼎盛时期，"东尽灰扒、兀剌等江，南尽清河、建州，北尽二奴，延袤几千余里"，他的领土范围东至灰扒、兀剌，南至汤河、建州，北至仰、逞二奴（即杨佳努、清佳努），绵延数千里。

当时，王杲在建州地区称霸，计划与鞑靼相互呼应，窥视边塞，但碍于王台在中间支持明朝，所以王杲与王台不睦。王台忠诚于明朝的一个显著例子是在万历二年（1574），擒获并献上了王杲。

虽然王台受到明朝的封赏，并渴望借助明朝的力量统一女真各部，但明朝始终坚守分而治之的策略，并未给予王台无条件的支持。王台晚年时期变得骄傲自满，部族内外亦陷入困境。

《清太祖武皇帝实录》记载晚年的王台："贿赂公行，是非颠倒，反曲为直，上既贪婪，下亦效由。凡差遣人役，侵渔诸部，但见鹰犬可意者，莫不索取，得之，即于万汗前誉之，稍不如意，即于万汗前毁之。万汗不察民隐，惟听谮言，民不堪命，往往叛投夜黑，并先附诸部尽叛，国势渐弱。"从记载中能够看出，王台晚年滥用权力，行贿受贿，是非混淆，颠倒黑白，贪婪无度，他的部下亦纷纷效仿他的行径。每当派部下外出时，他们便侵占各部的利益，无不索取。若得到赞赏，便在万历皇帝面前称赞。稍有不如意，就在皇帝面前诋毁。万历皇帝未能深入了解民众的疾苦，听信逸言，导致民众生活困苦，不得不叛逃至叶赫部，之前那些依附的部族也尽数叛离，导致哈达势力逐渐衰弱。

面对部族的叛离和自身疾病的困扰，王台于万历十年（1582），也就是在努尔哈赤发起军事行动的前一年，便已离世。

王台有6个儿子，分别是：大儿子扈尔干，二儿子三马兔，三儿子煖太，四儿子纲实，五儿子孟格布禄以及最小的儿子康古六，康古六是王台的外妇所生。外妇，就是男子于正妻以外在别处另娶的妾室或私通之妇。

王台的次子、三子和四子都先于王台离世，因此，长子扈尔干接替了哈达贝勒之位。扈尔干继任贝勒之位后，出现了"外迫强敌，内虞众叛"的局面，他面对着来自内部和外部的多重挑战和错综复杂的情况，其中也包括遗产之争以及叶赫部的侵袭。

王台去世引发的遗产之争，标志着哈达部开始走向衰败。

王台离世后，康古六与扈尔干为争夺父亲的遗产，发生了激烈的冲突。

《万历武功录》记载扈尔干怒道："若，阿翁奸生儿也，岂以若今欲我颜行而处乎？若不善避我，我杀若。"扈尔干认为康古六是王台以不正当关系生下的儿子，没有资格与他抢夺遗产，倘若康古六再认不清身份，就杀了康古六。

康古六着实被扈尔干的话吓到了，很快逃离了哈达部，寻求叶赫部的庇护，叶赫贝勒清佳努还将自己的女儿嫁给了康古六。

就在这个时候，努尔哈赤发动了军事行动。万历十一年（1583）八月，扈尔干率领的军队在兆佳城长李岱的带领下，对努尔哈赤控制的瑚济寨发起了攻击。面对这种情况，努尔哈赤的部将安费扬古和巴逊仅带领 12 名士兵进行反击，杀哈达军队 40 人，并夺回了被劫走的财物。

不久后，扈尔干去世。

王台的第五子孟格布禄，当时年仅 19 岁，继承了哈达贝勒的位置，并承袭了龙虎将军和左都督的职务。

康古六得知扈尔干去世的消息后，返回哈达部，并与温姐发生了不正当的关系。温姐是叶赫贝勒清佳努的妹妹，也是王台的妻子，孟格布禄的母亲。王台年老力衰时，温姐却正值盛年，聪明貌美。最终，康古六娶了温姐为正妻。

自扈尔干去世，康古六回到哈达，导致哈达内部更加混乱。此时的哈达，可谓内忧外患。

叶赫部的攻略，是哈达部进一步趋向衰败的早期迹象。扈尔干之子歹商，连同孟格布禄和康古六，3 人为了争夺王台留下的遗产，矛盾日益激烈，局面也日渐复杂。

康古六为了报复扈尔干威胁之仇，决定对他的儿子歹商打击报复，孟格布禄因为母亲的缘故，选择支持康古六，一起对付歹商。同时，叶赫贝勒清佳努和杨佳努兄弟也利用这个机会，计划对王台的后代发起攻击，以此来报复两个部落之间长久以来的宿怨。

万历十一年（1583），正值哈达贝勒王台和扈尔干相继去世之际，叶赫贝勒清佳努和杨佳努抓住了这个时机，联合蒙古的恍惚太和翁阿岱，率领大军向哈达部进发，进行了猛烈的攻击。哈达部无法抵御强大的攻势，结果惨败。

自此，叶赫部频繁地出兵侵袭哈达，肆意烧杀抢掠，给哈达部带来了深重的灾难。然而到了次年，明朝辽东巡抚李松和总兵李成梁设下陷阱，诱杀了清佳努和杨佳努兄弟二人，使得哈达部暂时从叶赫部的威胁中解脱出来，得到了喘息的机会。

暂时的缓解不代表天下太平，哈达部的内讧外扰仍然存在，并最终导致哈达部一蹶不振。孟格布禄虽然承袭了父亲的职务，成为龙虎将军、左都督，但由于他年幼势弱，无法得到部众的信任和支持，只能依靠母族的支持，因此他与叶赫部建立了紧密的关系。

与此同时，康古六再次进入哈达内部的纷争之中。康古六娶了后母温姐，还迎娶了清佳努的女儿，与叶赫部成为姻亲关系，从此与歹商结下了仇恨。康古六的行为加剧了哈达部的内部矛盾，使他与孟格布禄之间的关系更加紧张。

此时的哈达，内部矛盾尚未解决，还要面对外敌的侵扰。叶赫部利用哈达部的内乱，加紧对其的侵扰。

万历十五年（1587），纳林布禄率领大军进攻哈达，并与温姐秘密串通，诱使孟格布禄和康古六联手对付歹商。

万历十六年（1588），歹商遭受了多重打击，具体包括：康古六诱使他的部下背叛，夺走了他的牲畜和财产；孟格布禄将他的妻子和家眷转移到叶赫，并加大对歹商追杀的力度；恍惚太率领数千骑兵对歹商发起围攻；纳林布禄则抢走了他的妻子。

一时间，歹商众叛亲离，难以济矣。

113

明朝清楚地知道哈达部的衰败，由于无法直接扭转其颓势，因此采取了较为变通的策略。明朝在歹商、孟格布禄和康古六之间，选择支持歹商，希望他能倚仗明朝的力量，向东与建州建立联盟，向北则与叶赫部抗衡。当然，明朝选择支持歹商有个前提，那就是歹商必须忠诚于朝廷。

明朝辽镇督抚官张国彦分析了哈达与辽东地区的形势，他指出："歹商不立，则无海西；无海西，则二孽南连北结，而开原危；开原危，则全辽之祸不可胜道。"（《明神宗实录》）张国彦认为，如果歹商不能稳固自己的地位，那么会造成海西地区的失衡。一旦海西地区失守，建州和叶赫两个部落很可能会联合起来。如此一来，将会威胁到开原地区。倘若开原失守，那么整个辽东地区的安全将陷入危险当中，后果不堪设想。

明朝鉴于当前局势，制定出相应的策略。

首先，考虑到王台子孙之间的矛盾，很大程度上是由于叶赫部的干涉，所以明朝认为削弱叶赫部的势力，在一定程度上能够帮助歹商稳固地位。为了平衡哈达部与叶赫部之间的紧张关系，让哈达部可以平稳安定，明朝决定出兵打击叶赫部。

万历十六年（1588），辽东巡抚顾养谦下令，准备对叶赫部的布寨和纳林布禄发起军事行动。李成梁亲自带领大军，直逼叶赫城下，发起了一波又一波猛烈的攻城行动。尽管攻势凶猛，却未能将叶赫城攻陷。

虽然叶赫城保住了，但叶赫部因此受到了明军的严重打击，随后，叶赫的两位贝勒表示愿意与哈达部平分明朝颁发的敕书，作为和解的表征。

其次，明朝有意扶植哈达部的歹商。为了使歹商稳固地位，明朝先是派军队突袭康古六的营地，并抓获了康古六和温姐。随后，向孟格布禄传达命令："和岱善，还所掠，否则断若母头矣！"就是要求孟格布禄与歹商友好相处，并归还所掠夺的财物。若是孟格布禄拒绝，明朝就会对其母施加严厉的惩罚。然而，明朝的这一策略未能产生预期的效果。

于是，明朝改变了对孟格布禄和康古六的策略。先是释放了康古六，并传达谕令："中国立歹商，以万故；囚汝，以助北关侵歹商也。汝亦万子，不忍杀。今释汝，和诸酋，修父业。歹商安危，汝则任之。"(《清史稿》)明朝表示，之所以支持歹商，是因为他得到民众的支持。而囚禁康古六，则是因为康古六曾协助北关侵犯歹商。如今，明朝将康古六释放，是希望康古六与各族首领友好相处，并把歹商的安危交给康古六负责。言外之意就是，明朝廷想护着的人，若是出了事，第一个就会找康古六负责。康古六自然不敢违背明朝的意思，只能乖乖听命。

为了巩固这一和解，明朝还命令歹商要以叔父的礼节对待康古六，以祖母的礼节对待温姐，并进行了盟誓仪式。除此之外，明朝又敕孟格布禄，归还被他掠夺的歹商的妻子、部民和牲畜。

最后，明朝的第三项策略，便是实施敕书的均分。叶赫部与哈达部的纷争，歹商、康古六和孟格布禄之间的争夺，主要焦点之一就是敕书，还有部民、牲畜。其中，对敕书的争夺尤为突出。

明朝试图平衡哈达部与叶赫部以及哈达部内部的关系，在这个前提下支持歹商。但是，这只是明朝单方面的愿望，并未得到所有部落的积极配合。

就在同年，康古六带着温姐返回了他们的故地。不久之后，康古六因病去世，接着温姐也因哺乳期的疾病离世。康古六和温姐相继去世，使得哈达部的局势更加动荡，叶赫部贝勒趁此机会攻打哈达，杀害了歹商，并夺走了歹商手里的敕书。

康古六、歹商死后，哈达部只剩下孟格布禄。孟格布禄生存于叶赫和建州两大部落的夹缝中，尽管他努力在两部之间周旋以求生存之道，但也面临着巨大的压力与困境。

由此可见，哈达部的未来并不是很明朗，充满了不确定性，而明朝在其中所扮演的角色也越发微妙和复杂。

正如之前所提及的，在努尔哈赤崛起和哈达王台去世后的 10 年时间里，建州与哈达的历史轨迹呈现出截然不同的方向。建州从分裂走向了统一，从衰弱走向了强盛；而哈达则从统一走向了分裂，从强盛走向了衰败。

在这样的历史背景下，若是实力衰弱的哈达与势头正盛的建州对抗，那么结局可想而知。哈达部注定在一次又一次的失败后慢慢走向覆亡。

努尔哈赤巧妙地分化和削弱哈达部，以此来增强自己的势力。

就像哈达部的索塔兰，带领他的部众归附建州，努尔哈赤不仅慷慨地接纳了他们，还将自己的族女嫁给索塔兰为妻，借联姻关系来巩固这一联盟。同样，当雅虎率领 18 户依附建州时，努尔哈赤不计前嫌，任用雅虎为牛录额真，并赋予他相应的权力和地位。

古勒山之战结束之后，叶赫贝勒欲吞并哈达部，于是出兵攻打。本就势弱的哈达，自然不是叶赫的对手。

万历二十七年（1599），为了得到建州的军事援助，孟格布禄将 3 个儿子送到佛阿拉作为人质，以表诚意。努尔哈赤随即派费英东和噶盖率领 2000 名士兵前往哈达予以支援，并驻扎在哈达领地。叶赫部收到努尔哈赤支援哈达的消息，心里百般不愿，若是建州与哈达结盟，对叶赫来说百害而无利，于是叶赫便想方设法离间两部之间的关系。

叶赫贝勒纳林布禄通过明朝开原通事，致书哈达贝勒孟格布禄，向他提出一个诱人的条件："尔若执满洲来援二将，赎所质三子，尽歼其兵二千人，我妻汝以所求之女，修前好焉！"（《清太祖高皇帝实录》）纳林布禄的意图很明显，只要孟格布禄将前来支援的建州军将领抓获，赎回被扣押在建州的 3 个儿子，并歼灭这 2000 名建州援军，纳林布禄就愿意将女儿嫁给孟格布禄，以修复双方的关系。

孟格布禄竟然同意了纳林布禄的要求，并计划在开原与叶赫会面，详细商讨具体事宜。可惜百密一疏，这个消息意外泄露，恰好被努尔哈赤知道了。

努尔哈赤心中愤怒，决定不再给哈达任何转圜的机会，随即发兵直指哈达部。

万历二十七年（1599）九月，努尔哈赤亲自统领军队向哈达发起攻击。他的弟弟舒尔哈齐主动请缨，带领 1000 名精兵作为先头部队，迅速推进至哈达城前。面对这一形势，哈达部快速组织兵力出城迎战。

舒尔哈齐见哈达城防御坚固、兵力强大，很难在短时间内攻克，于是按兵不战，说道：“他们的军队出动了。”

努尔哈赤对此非常生气，怒道：“我们此次出征，难道是因为哈达没有防备才来的吗？！”说罢，努尔哈赤便亲自率领军队环城攻击。

只见飞石走箭密集地从哈达城上落下，建州军队死伤惨重。面对哈达军的全力抵抗，建州军毫无退缩之意，仍然坚持围城，并持续不断地发起攻势。经过六天六夜的激烈战斗，建州军最终攻克哈达城，并将哈达贝勒孟格布禄活捉。

孟格布禄为了表示臣服，匍匐着去见努尔哈赤。一个部落的贝勒落到如此下场，令人唏嘘。倘若孟格布禄之前没有背弃努尔哈赤的信任，哈达城也不会这么快就被攻陷。

努尔哈赤将自己的貂皮帽子和貂皮大衣赠予孟格布禄，并将他带回佛阿拉看护。与此同时，哈达部所属城寨全部归顺了建州。

建州军取得胜利后，对哈达部的器械、财物以及妇幼秋毫无犯，还将投降的部众编入户籍，并迁移安置。自此，哈达部大势已去，努尔哈赤在统一海西女真的道路上前进了一大步。

努尔哈赤将孟格布禄监禁后，以孟格布禄私通猛奴为由将其射杀。

孟格布禄被杀的消息很快传到了明朝，万历帝闻讯后非常不满，随即向建州发出谕令，严厉质问努尔哈赤为什么要攻打哈达，还有为何要杀害孟格布禄。

努尔哈赤深知，现在还不是与明朝对抗的时机，为了平息明朝的怒气，努尔哈赤承诺，将释放孟格布禄的次子及其 120 户部民，并愿意将女儿莽古济嫁给孟格布禄的儿子吴尔古代为妻。除此之外，努尔哈赤还提出在抚顺关外举办白马盟誓，以此来保护吴尔古代的部落。

万历二十九年（1601），努尔哈赤安排吴尔古代返回哈达，并把女儿嫁给他。然而，就在此时，叶赫贝勒纳林布禄又开始蠢蠢欲动，趁机攻打哈达。

当时，哈达部遭遇了严重的饥荒，为了解决部民温饱问题，不得不向明朝乞求粮食，但是遭到了开原守将的拒绝。无奈之下，哈达不得不"以妻子、奴仆、牲畜易而食之"（《清太祖武皇帝实录》）。可以说，哈达已经到了苟延残喘的情状，部民为了生存，甚至把自己的妻子、奴仆和牲畜用来交换成食物。

努尔哈赤趁这个时机，彻底灭亡了哈达部，吞并了其部众、屯寨和牲畜，一并夺走了明朝颁发的敕书。

哈达部的灭亡，于明朝而言是一个沉重的打击，也是一个巨大的损失。明朝从此失去了对南关的控制，同时扈伦四部也出现了裂痕。

努尔哈赤将哈达部纳入自己的版图，标志着他在统一海西女真的道路上前进了重要的一步。《明神宗实录》中曾言"自此益强，遂不可制"，说的就是努尔哈赤自此以后势力更加强盛，以至于几乎没有其他力量可以制衡。

在灭亡哈达部后，辉发部成为努尔哈赤的下一个目标。

五、一鼓作气，辉发覆灭

辉发部的起源，可以追溯到松花江与黑龙江交汇处的尼马察部。

在此之前，明永乐七年（1409）三月，明朝建立了忽儿海卫，并委任恼纳和塔失担任指挥使职位。然而却发生了两位指挥使争夺卫印的内部纷争。同年五月，明朝为了调和两位指挥使的关系，将忽儿海卫的一部分划分出来，形成了弗提卫。恼纳继续统领忽儿海卫，而塔失则被任命为弗提卫指挥使。

据历史考证，弗提卫的大致位置在现今的黑龙江省富锦市西部的古城地区，紧邻松花江口。随着时间的推移，弗提卫的一部分人向西南方向迁移。到了嘉靖时期，他们的首领星古力带领着族人定居在渣鲁地区。后来，星古力与扈伦人噶扬噶、图墨土一起进行了一场祭祀仪式，以 7 头牛来祭天，并附上他们的姓氏，将原有的益克得里姓氏改为那拉。

星古力有 2 个儿子，长子为留臣，次子为备臣。备臣的后代依次是纳领噶、拉哈都督、噶哈禅都督、齐讷根达尔汉、王机砮。

辉发部从星古力传至王机砮，经历了七代。

在王机砮统治时期，曾收服了邻近的各个部落，使得辉发部的势力不断壮大。至嘉靖年间，王机砮带领他的部民迁移到辉发河畔的扈尔奇山，并在该地筑城定居。辉发部的驻牧范围，由辉发河沿岸开始，南至柳河流域。

辉发，音译名称，原意大概是辉发河水色呈现出青色，好似野茶之汁。该部因靠近辉发河，因此以河流的名字来命名，被称为辉发部。辉发部贝勒居住的山城，其地理条件一般，虽然较好的地理环境十分有利于部落的生息繁衍，但在一定程度上也限制了它的拓展空间。

辉发部临山依水、水草丰美、物产丰富，既适合农业发展，也适宜畜牧业发展，部民既能从事渔业，也能进行狩猎活动。总体说来，自然资源还是很充沛的。而辉发部在山上筑城，地势险峻，城下临水，这就使辉发部变得易守难攻。

然而，辉发部的地理位置也为其带来了一些挑战，限制了其拓展的空间。它的东边和南边是建州，西边与哈达和叶赫接壤，北边则与乌拉为邻，同时，辉发部的两侧被分水岭和长白山所环绕。这样的地理位置，使得辉发部被哈达、叶赫、乌拉和建州 4 个强大的部落包围，在发展空间上受到了很大的限制，难以向外扩张。

王机砮死后，因为他的长子早逝，他的孙子拜音达里为了夺取权力，杀害了自己的 7 个叔父，并自封为辉发贝勒。由是，拜音达里的堂兄弟和一些族人出于对他暴行的恐惧，纷纷逃往叶赫贝勒纳林布禄那里寻求庇护。而拜音达里的部下，因其暴虐的行为产生了叛变的想法。

一时间，拜音达里众叛亲离，孤立无援。迫于无奈，他只好将 7 位重臣的儿子送往建州作为人质，乞求建州的援助。

努尔哈赤派出千名士兵前去援助，很快便平定了叛乱的辉发村庄，并安抚了那些尚未叛逃至叶赫的部民。

正是因为有了努尔哈赤的援助，拜音达里才得以保住性命、保住部落、保住权力。可他不是一个知恩图报的人，在建州军的帮助下平息了内部叛乱之后，拜音达里却没有选择与建州结盟，而是试图在建州与叶赫之间保持中立的立场。

由此可见，身为一个部落的首领，拜音达里不仅没有原则、没有智慧，还没有人品。他对待亲人痛下杀手，对待部下薄情寡义，对待恩人狼心狗肺，在利益面前只会明哲保身，从他的种种特质看，辉发部注定走不长远。

自哈达部被努尔哈赤灭亡后，地处建州与叶赫之间的辉发便惶恐不安，为了不被消灭，在政治上采取了与建州和叶赫之间保持中立的双面政策。殊不知，它的双面政策直接激怒了建州与叶赫。

简而言之，辉发部因内部纷争和外交失策，陷入了深渊。而拜音达里在建州与叶赫之间摇摆不定的态度进一步加速了辉发部的灭亡。

当叶赫贝勒纳林布禄得知辉发部将质子送往建州后，立即便派使者去告诉拜音达里："尔若撤回所质之人，吾即反尔投来族众。"（《满洲实录》）纳林布禄的意思很明确，只要拜音达里撤回送往建州的质子，他就返还辉发部曾来投靠的那些部民。

拜音达里心里盘算，这个交换条件是有利可图的。于是相信了纳林布禄的承诺，随即撤回在建州的七臣之子，并将自己的儿子送与纳林布禄作为人质。让拜音达里没有想到的是，纳林布禄背弃了诺言，没有归还辉发部众。

据《满文老档》记载，拜音达里意识到被骗后，毫无羞耻感地派使者前去建州，向努尔哈赤请求援助："我曾为叶赫纳林布禄所诳骗，今欲永赖聪睿恭敬汗谋生，请将尔许嫁常书之女改适与我为婚。"拜音达里希望能与努尔哈赤再次结盟，并请求努尔哈赤将原本许配给他人的女儿改嫁给他。

出于孤立叶赫等多方面的考虑，努尔哈赤同意了拜音达里的这一请求，解除了原先的婚约，并将女儿嫁给拜音达里。谁能想到，拜音达里再次背弃与努尔哈赤的结盟，因惧怕叶赫，决然背约不娶。

作为一个部落的领导者，拜音达里这种患得患失、犹豫不决、出尔反尔的行事作风，最终导致辉发部的灭亡，也为自己招来了杀身之祸。

可以说，拜音达里的错误决策以及两面三刀的为人，是辉发部走向灭亡的重要原因。

万历三十五年（1607）九月，努尔哈赤以拜音达里两次"兵助叶赫"和"背约不娶"为理由，亲自带领部队向辉发山城发起进攻。

辉发山城，又称扈尔奇山城，因其地势险峻而闻名。《清太祖武皇帝实录》中曾记，蒙古察哈尔部"土门渣沙兔汗自将来围其城，攻不能克，遂回"。早前，蒙古察哈尔部的土门渣沙兔汗曾亲自围攻此城，但未能攻克，最终选择撤退。由此可见，辉发山城易守难攻。

拜音达里为了抵御建州的进攻，也是铆足了劲儿，下令构筑了三重城墙，试图凭借险峻地势固守。

努尔哈赤率军抵达色和里岭时突降大雨，整整下了一夜。在雨夜中，努尔哈赤带着一行人艰难行进。努尔哈赤率军抵达扈尔奇山城下后，采用了内外夹攻的作战计划，建州军的猛烈攻势取得了胜利。开战前，努尔哈赤暗中遣数十名精锐士兵，伪装成商人，携带货物进入辉发山城，与城内的人建立联系并探听情报。随后，努尔哈赤又陆续遣了数十人，按照先前的模式行事，直至进城探听情报的人数增至百人余，能够详尽地探查到敌方的情报，为即将展开的进攻做好内应准备。待万事俱备，努尔哈赤出其不意地发动大军，直逼辉发山城。建州军的突袭，打了辉发军一个措手不及，加上城中的内应借机制造混乱，打开城门，建州军蜂拥而上，长驱直入。顿时，城内守军大乱，无力抵抗，辉发山城最终失守。

虽然拜音达里为防守做足了准备，还是棋差一着，未能抵挡住建州军如秋风扫落叶般的攻势。最后，拜音达里及其部众败亡。

《孙子兵法》中有言："故为兵之事，在于顺详敌之意，并敌一向，千里杀将，此谓巧能成事者也。"就是说，用兵的原则，若要让自己处于有利的位置，就要善于揣摩敌人的意图，然后集中兵力，攻其一点。如此，便可获胜。

努尔哈赤在明知辉发山城不易攻克的情况下，能够冷静思考对策，制订出里应外合的作战计划，掌握辉发部的内部情报，使自己占据有利地位，并一举拿下辉发山城，足以证明他过人的军事才能。

攻破辉发山城后，努尔哈赤俘获了辉发贝勒拜音达里父子，并下令将他们处死，还下令屠杀了辉发的士兵，迁移了辉发的部民。至此，辉发部继哈达部之后正式灭亡。

辉发部的灭亡，标志着努尔哈赤在东北地区的势力进一步扩大，使当地的政治格局产生了巨大的变化。在成功灭亡辉发部后，努尔哈赤将统一海西女真的战略目标转向乌拉部。

六、乌拉并入版图

乌拉部，以那拉氏为姓，居住在乌拉河流域，即现今松花江上游地区。因为紧邻乌拉河，所以得名乌拉部。乌拉部和哈达部有着共同的祖先，名叫纳奇卜禄，原本居住在松花江的海西地区。在成化、弘治、正德年间，乌拉部曾数次向南迁徙。

乌拉部南迁的原因，主要有四：第一，部落人口不断增加，导致首领之间分裂；第二，脱脱骑兵持续性的骚扰和侵袭；第三，新居住地的地理环境更为宜人，适合农耕和牧猎；第四，新居住地距离明朝边境更为接近，便于进行贸易和贡品交换。

乌拉部至纳奇卜禄的孙子嘉玛喀硕珠古时期，嘉玛喀硕珠古的后代有都尔机、扎拉布、速黑忒和绥屯。其中，速黑忒的声名较为显赫，后来逐步成为哈达部的一支；都尔机的后裔逐渐发展成为乌拉部的一支。

都尔机生下古对朱颜，古对朱颜生下太兰，太兰的儿子是布颜（补烟）。乌拉部在布颜时期势力逐渐强盛，布颜开始安抚部民并筑建城池，自封为贝勒。《清太祖武皇帝实录》中记载："补烟尽收兀喇（即乌拉）诸部，率众于兀喇河洪尼处筑城称王。"经过征战，布颜成功地将多个部落收纳到乌拉部，并在乌拉河洪尼地方建立了新的都城，自称为王。布颜去世后，他的儿子布干继承了他的位置。布干去世后，他的儿子满泰承袭贝勒之位。满泰还有一个弟弟，名为布占泰。

乌拉部城坐落在乌拉河东岸，与金州城隔着河流相对，两城之间的距离极近。这个地理位置大致位于现今吉林省吉林市北 70 里处的龙潭区乌拉街镇。

《柳边纪略》中载有乌拉城址："吴喇国旧城（人号大吴喇以今之船厂亦名吴喇故也），周十五里，四门。内有小城，周二里，东西各一门。中有土台。城临江。"

康熙时期的《盛京通志》的《城池志》也有相关记载："乌喇城，城北七十里，混同江之东，旧布占太（即布占泰）贝勒所居。周围十五里，四面有门。内有小城，周围二里，东西各一门。有土台，高八步，周围百步。"由此可见，乌拉旧城周长15里，四面都有城门。城内还有一个小城，周长2里，东西各有一个城门。城中心有一个土台，高度为8步，周围百步。布占泰曾经在那里住过。

乌拉部在鼎盛时期，其疆域辽阔，东边与朝鲜相邻，南边与哈达接壤，西边是叶赫部，北边则延伸至牡丹江口及其以北、以东地区。

扈伦四部中，在努尔哈赤崭露头角时，乌拉部的疆域最为辽阔、兵马最为强盛、部民数量最多，且乌拉城的规模也是最大的。但是，乌拉部是扈伦四部中距离建州最远的一个部落。因此，在古勒山之战发生前，努尔哈赤主要忙于建州的内部统一，没有太多精力去关注乌拉部，他与乌拉部之间的联系和冲突也相对较少。

但是，自从古勒山之战打响后，努尔哈赤的铁骑便开始驰骋于海西地区，建州与乌拉之间的关系也随之发生了变化。

当时，建州的东北方向紧邻辉发，西北方向与叶赫接壤，西方则与哈达相邻。努尔哈赤为了不让建州陷入四面受敌的情势，采取了远交近攻的战略计划，并努力与乌拉建立良好的关系，以争取乌拉部的支持。

就在努尔哈赤努力争取乌拉部的时候，乌拉贝勒满泰的弟弟布占泰在古勒山之战中兵败被擒。

布占泰被绑缚带到努尔哈赤面前，跪着说道："我今日被擒，生死全凭贝勒一句话。"布占泰的臣服之意溢于言表，努尔哈赤要他死，他决不活。

努尔哈赤在怒斥九部联军的侵略行为后，态度转为温和，对布占泰说道："你今天既然来到这里，我又怎会杀你？语云：'生人之名胜于杀，与人之名胜于取！'"随着话音的落下，努尔哈赤命人给布占泰松绑，还赠予他珍贵的猞猁狲裘，并安排他在建州居住。

努尔哈赤不仅对布占泰礼遇有加，为了巩固与乌拉的关系，还将自己的侄女许配给布占泰为妻。

布占泰在佛阿拉度过了 4 年时间，他的家眷有 20 余人。其间，布占泰的兄长乌拉贝勒满泰曾试图用 100 匹马赎回弟弟，但努尔哈赤并没有同意。

然而，鉴于乌拉内部出现纷争，努尔哈赤将布占泰遣返回本部。关于乌拉的内乱以及布占泰返回乌拉部的详细情况，《满洲实录》中作了详细的记载："先阵中所擒布占泰恩养四载，至是七月，太祖欲放归，令图尔坤煌占、博尔坤斐扬古二人护送。未至其国，时布占泰兄满泰父子二人往所属苏翰延锡兰处修边凿壕，父子淫其村内二妇，其夫夜入，将满泰父子杀之。及布占泰至日，满泰叔父兴尼雅贝勒谋杀布占泰，欲夺其位，其护送二大臣，保守门户甚严，不能加害，于是兴尼雅投叶赫而去。布占泰遂继兄位，为乌拉国主，护送二人辞回。十二月，布占泰感太祖二次再生恩犹父子，将妹滹奈送太祖弟舒尔哈齐贝勒为妻，即日设宴成配。"

从记载中能看出，努尔哈赤命图尔坤煌占、博尔坤斐扬古二人护送布占泰回乌拉部。在他们还未抵达乌拉部时，布占泰的兄长满泰和他的儿子二人前往苏翰延锡兰修建边界的地方。在那里，满泰和他的儿子与村里的两名妇人发生了不正当关系。随后，满泰父子二人被这两名妇人的丈夫所杀。当布占泰一行人抵达时，他的叔父兴尼雅企图杀害他以夺取贝勒之位。还好有护送布占泰的两位大臣严密地保护他，兴尼雅没有得逞，于是投奔了叶赫部。布占泰顺理成章地继承了兄长的位置，成为乌拉部的领导者。为了感激努尔哈赤两次救命之恩，布占泰将他的妹妹滹奈嫁给了努尔哈赤的弟弟舒尔哈齐贝勒为妻。

关于满泰贝勒被杀的原因，尚存疑点：

其一，满泰作为乌拉部的贝勒，若是看中了某位部属的女子，应该通过正当的方式与其在一起，如提亲或赐婚，或纳她为福晋。完全没有必要偷偷摸摸，深夜潜入村庄侵犯妇女。而且，父子二人在同一晚侵犯妇女，这种行为与他们的身份极不相符，更于理不通，太过巧合，令人生疑。

其二，满泰贝勒作为部落的贵族，自然有一支忠诚的亲军跟随在身边，时刻保护满泰的安全。然而，令人意外的是，满泰和他的儿子竟然在同一夜晚被普通的村民所杀，这太不符合常理。

其三，兴尼雅在满泰死后，企图杀害布占泰，以夺取其权位，这一举动无疑暴露了兴尼雅对权力的渴望和政治图谋的野心。

其四，布占泰在继承满泰的乌拉贝勒之位后，兴尼雅随即选择逃往叶赫，这一举动进一步显示他与满泰兄弟之间存有乌拉贝勒权位的纷争。兴尼雅的逃亡，表明他在这场政治争夺战中失败。

其五，努尔哈赤恩养布占泰 4 年时间，并以弟弟舒尔哈齐之女许配给布占泰为妻，还协助他登上了乌拉贝勒的宝座。这一系列举措，不仅加强了建州与乌拉之间的结盟关系，也让建州对乌拉产生控制力，而这种控制力显然越来越大。努尔哈赤通过这一策略，巧妙地稳固了他在东北地区的地位。

努尔哈赤为了稳固与布占泰的关系，加紧建州与乌拉的联盟，采取了联姻和盟誓的举措，与布占泰共结 5 次婚姻，并 7 次郑重盟誓。虽然布占泰对努尔哈赤的救命之恩和不遗余力的支持心存感激，但他内心深处对权力亦有渴望，对大业亦有幻想。所以，他并没有完全臣服。布占泰自负于家族世代的威望和影响力，正值壮年，他感觉与建州结盟是一种屈辱，更不甘屈于人下。

布占泰继承兄长之位，成为乌拉贝勒后，积极整顿军队，运筹帷幄，渴望东山再起，再现乌拉、建州和叶赫三部鼎立的局面。为此，布占泰向西与蒙古建立关系，向南与叶赫结为联盟，向东扩张领土，以此来增强本部的势力，欲与努尔哈赤一决高下。

当努尔哈赤在图们江地区全力招抚女真各个部落时，布占泰也在同一地域积极扩张自己的势力。

万历三十一年（1603），布占泰出兵钟城乌碣岭地区，乌拉铁骑来势汹汹，所到之处，烟焰涨天。乌拉军在该地进行了大规模的焚荡行动。

万历三十二年（1604），布占泰的威严与日俱增，影响力也在不断扩大。

万历三十三年（1605），布占泰的军队攻占了距离钟城西18里处的潼关，《李朝实录》中记载："潼关乃六镇咽喉之地，一道成败所系，项日全城陷没，极其惨酷。"潼关一带是六镇的关键咽喉，对于整个地区的战略意义十分重大。但是，潼关全城沦陷，并遭受了残酷的对待。

因此，布占泰与努尔哈赤在六镇地区的争夺变得越发激烈，双方关系势如水火。

布占泰在图们江六镇地域的征战和掠夺，不仅让朝鲜深受其害，也激起了其他部落的强烈不满。同时，建州对布占泰的行径深感忌惮。

努尔哈赤对此表示："布占泰的暴行，使藩胡深受其害，朝鲜受辱，对此，我深感痛心。"

于是，建州与乌拉之间的军事冲突，终于在万历三十四年（1606）到达了爆发的顶点。

当时，乌拉派兵围攻了县城即瓦尔喀族人居住的斐优城一带，乌拉军在此地肆意烧杀抢掠。斐优城的城主策穆特赫因受到乌拉军的侵害，亲自前往建州求见努尔哈赤，希望努尔哈赤能够派兵援助斐优城。努尔哈赤答应了策穆特赫的请求，随即派兵前往斐优城驰援。建州军在乌碣岩遭遇乌拉军，遂爆发了女真历史上著名的战役——乌碣岩大战。

此战标志着建州与乌拉之间原本就紧张微妙的关系从此彻底破裂，也预示着一场大规模的冲突即将到来。

万历三十五年（1607）正月，努尔哈赤派舒尔哈齐、褚英、代善以及费英东、扈尔汉和扬古利等，带领 3000 名士兵，前往东海瓦尔喀部的斐优城，目的是确保新归附的部众安全返回建州。同时，努尔哈赤又派官员前往朝鲜，说明布占泰的军队对藩胡的杀掠行为给朝鲜带来的灾难以及斐优城的城主等人为了避开乌拉的侵扰，已经决定离开。

建州派遣使者与朝鲜通信，其目的是希望朝鲜能够提供通道，协助策穆特赫安全返回，同时希望得到朝鲜的理解。然而，这时布占泰却派他的叔父博克多率领一万大军，浩浩荡荡地向朝鲜图们江地区进发，欲拦截建州的军队。而布占泰在此期间也变了心，在建州军接策穆特赫返回的途中设下了拦截，决意杀害护送的策穆特赫的岳父及两位妻子的兄长。

建州军的 3000 人马与乌拉军的万人部队，于图们江畔钟城附近的乌碣岩相遇，双方展开激烈的战斗，这就是历史上著名的乌碣岩大战。

布占泰与舒尔哈齐之间，"既为妇翁，又为两女之婿"。舒尔哈齐念及翁婿之情，率领军队抵达山脚下时显得犹豫不决、止步不前。

不过，扈尔汉和扬古利在山上设置了围栏营地，在安排士兵守护随行的 500 户部民的同时，仅以 200 人的兵力与乌拉军的先锋展开激战。随后，褚英和代善各率 500 士兵，分别从两翼攻击乌拉军。只见褚英身先士卒，一马当先冲入敌阵，尽管当时天寒地冻，风雪交加，但都无法阻碍他勇猛的冲杀。代善也是冲锋陷阵、神勇无比，擒获并斩杀了乌拉的主将博克多。

激战中，建州军勇猛无畏，从中午战至傍晚，战况越发激烈。在建州军迅猛的攻势下，乌拉军溃不成军，最终大败，乌拉的士兵纷纷丢弃马匹和武器，四处逃散，战场上一片混乱，尸体枕藉。

在乌碣岩之战中，建州军在几位大将的指挥下，斩杀了乌拉军的将领博克多，消灭了 3000 多名乌拉士兵，并缴获了很多战略物资，赢得了重大的军事胜利。

乌碣岩之战，可以说是努尔哈赤与布占泰之间首次直接较量。战果证明，尽管布占泰以悍勇无双著称，但他着实不是老谋深算的努尔哈赤的对手。

此役不单单增强了建州的实力，同时也极大地削弱了乌拉的势力，更为重要的是，乌碣岩大战为建州打通了通往乌苏里江流域和黑龙江中下游流域的通道，为建州日后的大扩张奠定了坚实的基础。

乌碣岩大战之后，建州军队的威名更加显赫，实力远远超过了其他女真部落，使得其他部落的军队对建州军产生了畏惧之感。

努尔哈赤深知，为了与叶赫部对抗并统一乌苏里江以东地区以及黑龙江中下游地区，首先必须清除阻碍其扩张的乌拉部。只有消除了这个障碍，他的征服之路才能畅通无阻。所以，他必须果断行动。

《满洲实录》中记载了努尔哈赤说的这样一段话："欲伐大木岂能骤折？必以斧斤伐之，渐至微细，然后能折。相等之国欲一举取之，岂能尽灭乎？且将所属城郭尽削平之，独存其都城，如此则无仆何以为主？无民何以为君？"努尔哈赤把征服乌拉部比作砍伐树木，他认为此事不能急于求成，对于势均力敌的国家，不要妄想一举消灭，应该像用斧头一斧一斧削伐树木那样，逐步削平其所属城邑，只保留其都城。如此一来，乌拉就会失去支持和民心。而这时，就是它力量最薄弱的时候，将会不堪一击。

努尔哈赤的这个比喻，既形象又富含深意。为了砍倒乌拉这个强大的对手，从万历二十一年（1593）布占泰被捉住，至万历四十一年（1613）乌拉灭亡，努尔哈赤经过长达20年的布局和策略运用，通过联姻、结盟、宣誓以及武力征伐等手段，分三个阶段才逐步实现目标。

第一个阶段，努尔哈赤采取了温和的手段。自古勒山之战起，到舒尔哈齐第二次将女儿嫁给布占泰，他以恩养、宴赏、联姻和盟誓等策略，对乌拉实施了"远交"策略，其目的就是为了将主要精力集中在"近攻"哈达和辉发两部上。

通过远交近攻的策略，努尔哈赤不仅保持着与乌拉的良好关系，还得以逐步削弱和征服其他敌人，为统一女真各部落奠定了基础。

第二个阶段，努尔哈赤实施了政治手段与军事行动相结合的策略。从舒尔哈齐第二次将女儿嫁给布占泰，到努尔哈赤将自己的女儿穆库什嫁给布占泰，这段时间内，他们经历了乌碣岩之战和宜罕阿麟城之战。

在宜罕阿麟城之战中，努尔哈赤派褚英和阿敏带领 5000 名精兵，于宜罕阿麟城大败乌拉军，并斩杀了上千名敌军，缴获了 300 副铠甲。

这两场战役极大地削弱了乌拉部的实力。同时，哈达和辉发两部也相继被吞并，为建州带来了极为有利的局面。这一系列的胜利，使得建州在军事上占据了压倒性优势，为努尔哈赤以军事行动为主导，全面进攻乌拉部铺平了道路。

第三个阶段，努尔哈赤亲自率领军队攻打乌拉部。万历四十年（1612）九月，努尔哈赤以布占泰多次违背盟约并向其侄女娥恩哲射箭为借口，亲自披挂上阵，带领莽古尔泰和皇太极，率领大军向乌拉进发，意图征服乌拉。

建州军队装备精良、士气高昂、战马雄壮，他们沿着乌拉河向下游进军，接连攻克了河西六城，并在距离乌拉城西门 2 里处的金州城扎营。随即，建州军寻得机会放火烧毁了乌拉的庄稼和粮食储备。布占泰得到消息后，内心惶恐，于是乘坐小船来到乌拉河的中心地带，跪地请求建州军停止焚烧粮食，并撤回围攻城池的部队。努尔哈赤骑着马，踏入河水，直至马胸深的地方，愤怒地斥责了布占泰。

努尔哈赤训斥完布占泰后，命令布占泰将人质送至建州，随后返回营地。之后，努尔哈赤留下了 1000 名士兵驻守在此，而大军则撤回建州。

事实上，努尔哈赤对乌拉发起军事行动，并不仅仅是因为他的侄女遭到了羞辱，就像他过去多次遭受叶赫的侮辱，也未曾因此对叶赫进行军事报复。探究他出兵乌拉的真正原因，实际上是因为乌拉在建州接下来的战略布局中是必须掌控的关键一步。

万历四十一年（1613）正月，建州利用乌拉贵族内部离心离德、纷争不断，乌拉城孤立无援以及部民都愿意归附努尔哈赤的有利形势，再次出兵对乌拉发起了征讨。这次，建州以四个理由出兵：其一，布占泰多次违背与努尔哈赤的盟约；其二，布占泰将努尔哈赤与舒尔哈齐的女儿囚禁起来；其三，强行娶走努尔哈赤原本已经聘定的叶赫贝勒布寨的女儿；其四，往叶赫部送去人质，以稳固与叶赫部的关系。

于是，努尔哈赤率领三万大军，张挂黄色战旗，吹奏喇叭和唢呐，敲打锣鼓，声势浩大地向乌拉进发。

只见建州军势如破竹，以秋风扫落叶之势，接连攻克了位于乌拉河附近的孙扎泰、郭多、俄谟三座城池。布占泰一改磕头求情的软弱之态，亲自率领三万兵马，越过伏尔哈城，列开阵势，准备正面迎战。

在这关键时刻，建州军统领士兵的将领们都想奋勇一战，但努尔哈赤却认为，"岂有伐大国能遽使之无孑遗乎？"（《清太祖武皇帝实录》）努尔哈赤以为，攻打势力较强的部落，不可能使其无人存活，并再次强调了"砍伐大树"之前谕。出乎意料的是，努尔哈赤也有判断失误的时候，他高估了敌方的战斗力，低估了自己军队的能力。

两军对峙，一时难分胜负，处于一种攻不下也退不得的状态。正在建州军犹豫不决之际，代善冒着违抗父亲努尔哈赤命令的风险，挺身而出，率领众将领谏言："今其兵已至郊野，反不出击斩杀。若知如此，何必喂饱马匹，整备盔甲、鞍辔、弓箭、刀枪，即自家中前来。今日不战，俟布占泰得娶叶赫之女再征讨之，将何为耶？其辱孰能忍之！"（《满文老档》）代善认为，当初担忧的是如何引诱布占泰的军队出城。眼下，他们的军队已经来到郊外，可建州军却停滞不前。倘若不主动出击，那又何必来战呢？若是等到布占泰娶了叶赫的女子后再来征讨，那建州将颜面尽失。

努尔哈赤听了代善的话，觉得很有道理，于是采纳了代善等人的建议，当即下令出击，与乌拉军在河岸的郊原进行野战，以雷霆之势迅速取得胜利。

乌拉城，其城墙巍峨且牢不可破，布占泰依靠这座坚固的城池布置军队，严阵以待，准备迎战建州军的攻势。当建州军与乌拉军的距离缩短至百步左右时，两军士兵纷纷下马，展开激烈的步战。电光石火间，厮杀一片，异常激烈，箭矢如同风雨般纷飞，战鼓声、呐喊声如同雷鸣一般震耳欲聋。只见，努尔哈赤身骑战马，冲锋在前，他的将领和士兵们身着坚固的铠甲，手持锋利的武器，铁骑奔腾，冲锋陷阵。建州军鼓足士气，勇猛攻击，而乌拉军则拼死抵抗。

尽管布占泰带领了三万大军抵敌，但在建州军的勇猛攻势下，乌拉军节节败退，作鸟兽散。溃败的乌拉军伤亡惨重，他们抛器弃甲，横尸遍野，一片惨象。

建州军趁势追击，突破伏尔哈城的防线，夺取了乌拉城的城门。布占泰的次子达穆拉率领部队负责守城，顽强抵抗。建州军在安费扬古的率领下，利用云梯攀爬城墙，同时他们还巧妙地将装满土的袋子抛到城下，将城墙与地面的高度填平。这样一来，攻城军能够轻松地登上城墙，多路先锋部队蜂拥而上，涌入城内。随后，努尔哈赤登上城楼，坐在西门上，在两旁竖起旗帜。

此时，布占泰率领的残兵败将已不足百人，他们向城池狂奔而来，却见城池已经失守，布占泰大惊失色，下令士兵迅速回撤，却遭到代善所率部队的阻截。

《清太祖武皇帝实录》中记载，布占泰"见势不能敌，遂冲突而走，折兵大半，余皆溃散，布占太仅以身免，投夜黑国去"。布占泰眼见无法抵挡建州军，只好突围而逃，跟随他的大部分士兵都在突围中丧命，剩余的士兵也四散溃逃。无奈之下，布占泰只得投奔他处。

乌拉城之役，努尔哈赤率领的建州军取得压倒性的胜利，击败敌军三万，斩杀万余人，缴获铠甲七千，攻占了乌拉城。至此，乌拉部彻底覆灭。

乌拉部始建于永乐五年（1407），历经206年，传承了九代，10位贝勒，最终走向终结。

有关乌拉之役胜负的原因很多，其中一个关键因素是战略选择的不同。乌拉贝勒布占泰没有采取正确的策略，避免与骁勇的建州军正面交锋，而是选择坚守城池，等待时机，妄想克敌制胜。相比之下，努尔哈赤则采取了先攻击敌军外围，引诱敌军出城，然后抓住战机，一鼓作气，速战速决的策略。

《孙子兵法》中曾言："昔之善战者，先为不可胜，以待敌之可胜。"精通战争艺术的人，总是首先确保自己处于有利地位，随后耐心地等待可以战胜敌人的机会。

纵观整场战役，不难发现战机的重要性。《嘉靖通州志略》中记载："作天下之事本乎机，而成天下之事存乎会；机以动之，会以合之，古今之所有事，率由是也。"大意是，成就天下之事，关键在于捕捉时机。若要完成天下之事，则需要善于把握机会。时机用于行动，机会用于配合。古往今来，皆是如此。

先是，建州军诱乌拉军出城，为自己创造了有利条件。而后，努尔哈赤采纳了代善等人的建议，抓住时机，决策迅速，果断行动，最终得以攻克乌拉城，灭亡乌拉部。

乌拉部灭亡之后，努尔哈赤在乌拉城逗留了10天，参与征战的将士们均得到了赏赐，努尔哈赤还将俘虏重新安排给他们，按照万户的单位进行划分，随后将他们一同带回建州。

在成功攻克乌拉部后，努尔哈赤没有停下征伐的脚步，立即将矛头指向了扈伦四部中仅剩的叶赫部。

第四章　实力彰显　荣耀再续

一、未完结的吞并，叶赫

永乐四年（1406），明朝在松花江北岸建立了塔鲁木卫，并委任打叶为该卫的指挥使。

大约在成化十九年（1483）之前，打叶的后人不再承袭这一职位，而是由奇尔噶尼接任塔鲁木卫指挥一职。可惜，没过多久，奇尔噶尼因入侵明朝的领土而被杀，随后他的儿子褚孔格选择归顺明朝，并按时进贡。

然而，褚孔格对明朝的态度时好时坏，摇摆不定。以正德八年（1513）为例，正月的时候，海西女真褚孔格等人多次侵犯明朝边境，并且阻碍了其他部落对明朝的朝贡。

六月时，明朝兵部侍郎石玠抵达开原，他派大通事马俊前往边境，以安抚和训诫各个部落。在安抚政策的感召下，褚孔格等人选择归顺明朝廷，并带领部民2000人进入关内，各自重新履行对明朝的朝贡职责。

八月时，褚孔格前往北京朝贡。《明武宗实录》中作了详细记载："兵部奏。海西卫夷人竹孔革（即褚孔格）等四人，听抚入贡，辄求升袭，并给印与敕，从之则示弱，不从则兴怨，臣等会廷臣议，以为竹孔革之父的儿哈你，本塔鲁木卫指挥佥事，以入寇被杀，今竹孔革既悔罪归顺，宜免勘，暂准袭其父职，以敕付辽东镇巡官收贮，俟一年以上不扰边境方许给之。"

也就是说，褚孔格等人已经归顺明朝并前来朝贡。他们在进贡的同时，又请求升袭职位，并要求朝廷赐予印信和敕令。面对褚孔格等人的要求，明朝陷入两难。若是满足，会显得明朝很软弱；若是拒绝，又会引起他们的怨恨。在大臣们商议过后，朝廷作出决定，允许褚孔格暂时继承他父亲的职位。但是敕令由辽东镇巡官收藏保存，如果褚孔格能够做到一年以上不再侵扰边境，再正式颁发给他。

明朝要对褚孔格进行 1 年的考察，意图很明显，就是在告诉褚孔格，如果再肆意妄为，那么就会失去朝廷的信任和重用。

随后，明朝经历了皇位更替，正德帝去世，嘉靖帝继位。在嘉靖时期的历史记录里，塔鲁木卫都督褚孔格的名字才被正式记录。

嘉靖三年（1524），褚孔格前往京城献上贡品，对此，明朝很是满意，褚孔格被晋升为都督佥事。《明世宗实录》记载："以塔鲁木卫都督佥事竹孔革升职久，给金带、大帽各一，从其请也。"明朝廷考虑到塔鲁木卫都督佥事褚孔格在职已久，特赐予他金带和大帽各一件，以满足他的请求。

随后，海西女真各部落开始频繁地向明朝进贡，这一情景在《明世宗实录》中有着详细的记载，以下列举 3 个例子，来略述一下这个情况。

其一，据《明世宗实录》载："海西塔鲁木卫女直都督竹孔革等三百七十八人来朝，贡马，赐宴，及彩币、袭衣、绢、钞有差。"褚孔格等人前来朝贡，并献上贡品马匹。作为回应，明朝举行了宴会款待他们，并赐予他们彩币、袭衣、绢和钞等赏赐。

其二，亦是《明世宗实录》记载："海西塔鲁木卫女直都督佥事竹孔革等，法因河卫女直都指挥佥事土剌等，建州卫女直都指挥佥事广武等凡二百五十人，各来贡马，赐宴赉如例。"褚孔格等人，还有法因河卫的女真都指挥佥事土剌等人以及建州卫的女真都指挥佥事广武等人，共计250人，纷纷前来朝贡，并献上马匹。明朝同样设宴款待他们，并赐予他们相应的赏赐。

其三，仍是《明世宗实录》记载："海西塔鲁木、建州等卫女直都督方巾撒哈、竹孔革等七百五十二人入贡，诏晏赉入例。"海西塔鲁木卫和建州卫的女真都督方巾、撒哈、褚孔格等752人入京进贡。明朝颁布诏书，热情款待了他们，并赐予相应的赏赐。

以上3个例子，能够体现出当时女真各部对明朝的臣服，并积极参与朝贡。

不久之后，褚孔格率领其部众从松花江流域向南迁移，最终在开原以北的叶赫河区域安家落户。这个部落的放牧区域主要分布在叶赫河地区以及东北方向的伊通河上游和东辽河上游地区。

在褚孔格崭露头角之际，哈达部的速黑忒离世，他的儿子王忠继任了哈达贝勒的职位。王忠与褚孔格因敕书发生了争执并产生杀意。没过多久，褚孔格被王忠所杀。褚孔格的儿子太杵继承了他的位置，继续经营叶赫部。直至太杵的儿子清佳努和杨佳努时期，叶赫部才再次强盛起来。

叶赫，其部名的来源，很可能是因为它所居住的山城高大如同盔顶而得名。同样，叶赫河也可能是因为叶赫部落的居民居住在其河畔而得名。

叶赫部的地理位置较北，向明朝廷进贡时，往往通过镇北关，因此明朝廷习惯上称其为北关。叶赫部东边与辉发相邻，南边与哈达相连，西南方向靠近开原，西部与蒙古相接，而北部则与乌拉接壤。

叶赫部的部民生活方式与内地相似，他们也是居住房屋、烹饪食物，同时擅于农耕、狩猎、放牧、捕鱼和采集。

然而，叶赫部分为东西两城，与南关在争夺进贡和敕书的利益方面存在激烈的竞争。

关于叶赫部的始祖祖属，历史上存在三种不同的说法。

第一种说法，他们的始祖是蒙古人后裔。《清太祖武皇帝实录》记载："夜黑国始祖蒙古人，姓土黑忒，所居地名曰张，灭胡笼国内纳喇姓部，遂居其地，因姓纳喇。后移居夜黑河，故名夜黑。"从记载内容看，叶赫部的始祖来自蒙古，姓土黑忒，原本居住在灭胡笼国内纳喇姓部。后来移居到夜黑河，因此得名夜黑。

第二种说法，他们的始祖是女真人后裔。曹廷杰在《东北边防辑要》中记载："扈伦之部四曰叶赫、曰哈达、曰辉发、曰乌拉，皆金代部落之遗，城郭土著射猎之国，非蒙古行国比也。"文献中提到，扈伦国包括叶赫、哈达、辉发、乌拉四部，都是源自金朝时期，是那些居住在城郭、以射猎为主的原住民国家的延续，与蒙古的行国不同。这一说法与《清太祖武皇帝实录》的记载似乎存在矛盾。

第三种说法，他们的始祖是蒙古人入赘女真。据《叶赫纳兰氏八旗族谱》记载："叶赫地方贝勒始祖，原系蒙古人，姓土默特氏。初自明永乐年间，带兵入扈伦国招赘，遂有其地，因取姓曰纳兰氏。明宣德二年，迁于叶赫利河涯建城，故号曰叶赫国。"大意是，叶赫地区的贝勒始祖最初是蒙古人，属于土默特氏族。在永乐年间，这位祖先率领军队进入扈伦国招赘，从而获得了该地的控制权，因此取姓纳兰氏。宣德二年（1427）时，他们迁移到叶赫利河涯建城，由此被称为叶赫国。

这三种说法各有其历史文献依据和合理性，其中《叶赫纳兰氏八旗族谱》作为本族谱系，其史料价值更为重要。

综合多种史料考虑，可以认为叶赫部与蒙古地区接壤，两者之间存在着互动和联系。蒙古人通过婚姻关系加入女真族，获得了土地，并改姓纳兰氏，这在历史上是确实存在的。

这并非民族征服，而是一种通过婚姻建立的民族融合。叶赫部有 15 个分支，总体上属于女真族，但其中一支拥有蒙古血统。这个具有蒙古血统的分支随着时间的推移而发展壮大，其后代成为叶赫的贝勒。到了清佳努和杨佳努贝勒时期，叶赫部再次兴盛起来，成为一个强大的势力。

叶赫贝勒清佳努和杨佳努有较强的领导能力，能够很好地安抚并领导他们的部落，并利用地理优势建筑了两座城池，清佳努居住在西城，杨佳努则居住在东城。

《盛京通志》中记载，叶赫城"旧叶赫贝勒所居，周围四里，东西各一门。叶赫山城，叶赫城西北三里，周围四里，南北各一门；内有一小城，周围二里，南北各一门"。从记载的内容看，叶赫城是旧时叶赫贝勒的居所，周长为 4 里，设有东西两个城门。叶赫山城则坐落在叶赫城西北方向 3 里远的地方，其周长同样为 4 里，南北各有一个城门。在这座城内还有一个小城，周长 2 里，同样南北各有一个城门。

叶赫西城，地理位置优越，依山傍水，尽显自然之利。它坐落在叶赫河北岸大约 300 米高的山坡上，城池是依据山势而造的，因此被命名为叶赫山城。叶赫山城的城墙是用土和石头混合所建，拥有内外两层结构。外城的周长超过 5 里，是根据自然地形来构建的。内城则是建在外城东南方向的一块平坦的高地上，同样顺应着地形建造，形状不规则，其周长大约为 3 里。

叶赫东城位于叶赫西城以东大约 4 里远的地方。它北部紧靠叶赫河，南部依偎山岭。城池依山而建，城墙也是由土石混合而建，还加入了木栅栏，形成了四重城防。外城临山傍水，地理位置优越，周长大约为 7 里。内城位于外城的中南部，建在一个隆起的高地上，其高度比周围地面高出约 10 米。再加筑高耸的城墙，使得整个城池显得更加陡峭和宏伟。内城的周长接近 2 里，城墙随着地势而建，形状有些不规整。为了提升防御力，不仅在内城内部，还在外城的外围，都额外建造了木制的城墙。

清佳努和杨佳努分别统领西、东二城，并且实力日渐壮大。隆庆末年（1572），清佳努和杨佳努曾率领两万多骑兵，随着水草的生长和分布，向上游行至辽河地区，并与土蛮部落结盟，声势浩大。

万历十年（1582），王台去世后，清佳努和杨佳努企图洗雪王忠杀害褚孔格的仇恨，并夺回被哈达部掠夺的700道敕书。于是，他们计划攻打王台的儿子扈尔干，扈尔干率兵严防死守。

清佳努和杨佳努还与阿台联合，向明朝边境发动武装威胁。二人此举，惹怒了明朝。明朝随即以停止贸易威胁清佳努和杨佳努，但兄弟二人没有理会明朝的威胁，这无疑是对明朝的挑衅，明朝断然不会容忍。

于是，辽东巡抚李松、总兵李成梁、备御霍九皋合谋，诱使清佳努和杨佳努前往镇北关。霍九皋故意嘲讽清佳努和杨佳努带了2000多名骑兵。于是，清佳努和杨佳努请求仅带300余人进入市圈，李松自认应允。殊不知，清佳努和杨佳努二人落入了早已埋好的圈套中，城内埋伏早就约定好，以信炮为号发起攻击。

当清佳努和杨佳努进入埋伏圈后，霍九皋故意激怒他们，促使他们先动手。此时，信号炮轰鸣，埋伏的部队突然冲出，将清佳努及其子兀孙孛罗、杨佳努及其子哈儿哈麻以及300多名随从一并斩杀。与此同时，李成梁听闻信炮声后，率领精锐部队迅速抵达叶赫城，与叶赫军展开激战，斩杀千余级。最后，叶赫部的残余势力表示愿意臣服于猛骨孛罗的约束，并盟誓，承诺不再侵犯明朝边境。

后来，清佳努的儿子布寨和杨佳努的儿子纳林布禄分别继为贝勒，他们便开始图谋攻打哈达部，以报世仇。

万历十六年（1588），李成梁领兵攻打威远堡，疾行60里后抵达叶赫城下。布寨没有进行抵抗，直接放弃了西城，与纳林布禄于东城会合，并紧闭城门，坚守不出。

据《万历武功录》记载："我军如墙而进，直捣其城下。虏退入壁，坚闭拒守。矢石如雨，我军多死伤。其外大城以石，石城外为木栅，而内又为木城，城内外大壕凡三道。其中坚则一山特起，凿山坂，周回，使峻绝，而垒石城其上。……我军复以车，载云梯如楼橹直立之，与其中城。齐欲置大炮其上，击中城。虏皆丧胆，二酋始出城下马，匍匐悲号告大将军。幸哀怜我，赦除前过，即欲与南关分敕入贡。大将军于是许诺。已，二酋复疑贰乃言将军果不欲即杀我，愿将军烧云梯，勿复击大炮，毋尽发我窖粮。大将军度云梯重，挽车者疲，不能还，乃烧之，止大炮不复击，而令军中毋复发其窖粮。遂罢兵而还。"

史料中详细记载了李成梁率兵攻打叶赫城的过程，以叶赫军被吓得丧胆，两位首领出城下马，匍匐悲号，向李成梁请求饶恕他们的过错，并愿意与南关分敕入贡为结束。

在这场战役中，明朝、叶赫、建州三方所得到的结果和失去的东西各不相同，分析如下。

首先，李成梁浮冒战功。李成梁在此战中的功绩被过分夸大，《万历武功录》中对他的描述充满了溢美之词，而战争的实际情况可能并非如此。《满洲实录》记载，李成梁"率兵攻纳林布禄东城，失利而回"。就是说，李成梁在攻打纳林布禄的东城时遭遇失利，没有达到预期的胜利。《开原图说》记载："李宁远奉旨讨北关不克。"同样，记载中说李成梁奉命征讨北关，但未能攻克。明朝御史胡克俭曾弹劾李成梁虚报战功，以战死的士兵冒领战功。李成梁撤军后，让哈达部孟格布禄从其父王台遗留的敕书中，拿出 199 道给叶赫部。由是，南、北二关的敕书数量相等，这也从侧面证明了李成梁在讨伐叶赫的战争中并未取得胜利。

其次，在这场战役中，叶赫部遭受了重大损失。尽管叶赫从哈达那里获得了 199 道敕书，但较哈达少了一道，即南关 500 道，而北关则有 499 道。虽然叶赫部从哈达部那里得到了 199 道敕书，但相较于哈达部所拥有的 500 道敕书，叶赫部仍然少了 1 道。别看只是 1 道敕书，却使得叶赫部在南、北两关的敕书分配上处于不利地位。更为严重的是，叶赫东城的城墙和建筑在激战中遭到严重破坏，并且士兵伤亡数量较多。这次冲突，给叶赫部带来了继清佳努和杨佳努被杀之后又一次沉重打击。

然后，建州部在此次冲突中巧妙地利用了明朝、哈达和叶赫之间的矛盾与纷争，坐收其利。明朝、哈达和叶赫之间的矛盾较为复杂，却为建州部提供了可乘之机，特别是李成梁发动的军事行动，使努尔哈赤可以从中受益。据明朝兵部记载，李成梁在多次战役中屡获胜利，连续击败并消灭了王杲、王兀堂、阿台、阿海、清佳努和杨佳努等人。从另一个角度看，李成梁除掉这些人，为努尔哈赤的崛起清除了障碍。

布寨和纳林布禄因李成梁的军事行动受到重创，实力大减。恰巧在这个时间点，努尔哈赤已实现了对建州女真的统一。再看叶赫的两位贝勒，对建州的实力却有所误解，认为建州很弱，所以在突袭营寨与和平谈判均告失败之后，他们集结了9个部落的联军，发动了古勒山之战，前文已经述及，过程不再详细记述。这场战役的结果是布寨不幸丧生，他的尸体被努尔哈赤剖分，归还给北关一半，导致北关与建州结下了血海深仇。布寨死后，纳林布禄悻悻然地撤回了叶赫城，"因念兄仇，昼夜哭泣，不进饮食，郁郁成疾"（《叶赫国贝勒家乘》）。由于失去兄长而悲痛欲绝，最后郁郁而终。随后，布寨的儿子布扬古、纳林布禄的弟弟金台石分别继任了叶赫贝勒的位置。

布扬古和金台石的继位，导致海西、建州和明朝之间的关系变得更加错综复杂。

叶赫的外交策略，一方面，与明朝建立南面的联盟，与蒙古形成西部的联结，与乌拉部建立北面的合作关系，以此来与建州抗衡；另一方面，又与建州结下了姻亲关系，还进行了歃盟和通使活动。

如古勒山之败后，万历二十五年（1597），叶赫部派遣使者前往建州，表达了他们愿意恢复之前友好关系的愿望，并提出通过联姻来巩固这种关系。布扬古愿意将他的妹妹嫁给努尔哈赤，而金台石则有意将他的女儿嫁给努尔哈赤的次子代善。努尔哈赤接受了这一提议，并准备了鞍马和甲胄作为聘礼。为了巩固他们之间的联盟，双方进行了歃盟仪式。他们杀牛宰马来祭天，还设酒器、土器以及装有肉、血、骨的器皿，并盟誓道："既盟以后，若弃婚姻，背盟好，其如此土，如此骨，如此血，永坠厥命；若始终不渝，饮此酒，食此肉，福禄永昌！"（《清太祖高皇帝实录》）坚守不渝，是双方的承诺。然而，并不是许诺过的人都会遵守诺言。事实证明，他们这种婚盟关系并非坚不可摧。

叶赫的两位贝勒与建州的这种政治联姻，更多的是一种权术，如果哪一方实力不再强劲，可能会被随意毁约和背弃。

而明朝对待各部落的态度也很微妙。起初，明朝是支持哈达部的，试图通过哈达部达到制衡叶赫和建州的目的。但是，在建州消灭了哈达之后，明朝失去对南关的控制，于是调整了策略，转而支持北关。明朝礼部左侍郎何宗彦阐述了支持北关的理由："有北关在，可牵奴酋之后，辽沈或可恃以无恙。"（《明神宗实录》）强调北关的存在，可以牵制建州，进而确保辽沈地区的安全。

明朝作出策略上的调整，旨在通过扶持北关，进而联合叶赫、乌拉和朝鲜，便可以形成一个对建州的包围圈，从而遏制其势力继续扩张。

建州的外交策略，主要采取双面政策。努尔哈赤一方面巧妙地臣属于明朝，与朝鲜保持良好的关系，并与叶赫部结成了姻盟。另一方面，努尔哈赤已消灭哈达、辉发和乌拉三部，逐渐增强了军事实力，消除了后顾之忧。在哈达、辉发、乌拉相继灭亡之后，叶赫部自然而然陷于孤立。随后，努尔哈赤对叶赫的外交策略发生变化，由守转攻，继而发动军事进攻，最终吞并了叶赫，实现了统一扈伦四部的目标。

万历四十一年（1613），布占泰在乌拉部灭亡后，逃往叶赫部，以寻求庇护。建州曾3次派遣使者前往叶赫，要求叶赫交出布占泰，都遭到了叶赫部的拒绝。

同年九月，努尔哈赤率领四万大军，再次出征讨伐叶赫。建州军从北边穿越苏完境，采取迂回战术向叶赫发起攻势，掳掠了张、吉当阿两路的居民，并将兀苏城包围。城中的守将山谈和扈石木见建州军来势汹汹，如同森林般密集，盔甲熠熠生辉，宛如三冬的冰雪一般，他们自知无力抵抗，遂大开城门投降。努尔哈赤对主动投降的将领表示满意，并赏赐他们珍贵的物品，还以金杯敬酒以示尊荣。接着，建州军势不可当，连续攻陷了呀哈城、黑儿苏城等19个大小不一的城寨。叶赫部因为收到消息，提前得知建州的军事行动，随即作出相应的准备，他们焚毁了庐舍，携带投降的民众安全撤离。此战，建州军未能完全占领叶赫，只好先撤军返回。

由于建州对叶赫发动了军事行动，所以叶赫贝勒金台石和布扬古向明朝廷请求援助，并向明朝劝说："哈达、辉发、兀喇已被尽取矣，今复侵吾地，欲削平诸部，然后侵汝大明，取辽阳为都城，开原铁岭为牧地。"（《清太祖武皇帝实录》）

他们认为，眼下哈达、辉发和乌拉已经被建州完全征服，如果建州再攻占叶赫，那么建州就会消灭所有的部落。如此一来，努尔哈赤的下一个目标将会是明朝，并先夺取辽阳作为都城，再夺开原和铁岭作为牧地。

明朝认为叶赫贝勒的话不无道理，于是作出相应对策，派游击马时楠和周大岐率领大军，配备火器，以协助叶赫防守东、西两城。与此同时，明朝也派出使者向努尔哈赤发出警告："自今以后，勿侵叶赫。若从吾言，是推吾之爱而罢兵也；若不从吾言而侵之，势将及我矣！"（《清太祖高皇帝实录》）

明朝严厉警告努尔哈赤，若是他不停止对叶赫的战火，那么明朝不会坐视不理。努尔哈赤迫于明朝强硬的态度与公开的干预，暂时搁置了对叶赫的夺取计划。

不久之后，努尔哈赤亲自前往抚顺，向李永芳投递书信。在书信中详细阐述了他对叶赫发起征伐的合理性："侵叶赫，以叶赫背盟，女已字，悔不遣，又匿布占泰；故与明无怨，何遽欲相侵？"（《清史稿》）努尔哈赤声明，是因为叶赫背弃了盟约，并藏匿布占泰。因此，努尔哈赤才会发动军事攻击，其中与明朝绝无恩怨。

建州试图切断明朝与叶赫的联系，以此来防止攻打叶赫时明朝会出兵驰援，到那时，建州将会面临腹背受敌的情况，但这只是努尔哈赤的一厢情愿，他们在各自的利益面前，这一目标很难实现。

尽管努尔哈赤向明朝解释了出兵的原因，并派他的儿子阿巴泰去明朝作人质，以此来缓和关系，但努尔哈赤的这一请求被明朝拒绝。

在得到明朝的支持后，叶赫变得有恃无恐，甚至违背了原本对努尔哈赤的承诺，把答应嫁给他的女儿，许配给了蒙古巴哈达尔汉贝勒的长子莽古尔岱台吉。叶赫贝勒妄图通过与明朝和蒙古的联盟来对抗建州。而这位被许配来许配去的叶赫女子，已经33岁了还未出嫁。在当时，这种情况实属少见。后来，这名女子成为连接哈达、辉发、乌拉、叶赫、建州和蒙古之间错综复杂关系的纽带。

早在万历二十五年（1597），叶赫与建州之间的关系十分和谐。当时，布扬古决定把他的妹妹许配给努尔哈赤为妻，可他又反悔了，没有按照约定将妹妹嫁给努尔哈赤。这名女子便只能留在叶赫，随着年龄的增长，她的婚姻问题越发严峻，这不只涉及哈达、辉发、乌拉等部落，还与蒙古有些许联系。

哈达与此女的关系。前文曾提到过，叶赫贝勒曾经欺骗哈达贝勒孟格布禄说："尔若执满洲来援二将，赎所质三子，尽歼其兵二千人，我妻汝以所求之女。"（《清太祖高皇帝实录》）此女就是原先许配给努尔哈赤但尚未娶进门的女子。孟格布禄被叶赫贝勒的提议所迷惑，而努尔哈赤一听说这个消息，就决定发兵攻打哈达，并成功攻克了哈达的南关。

辉发与此女的关系。辉发贝勒拜音达里曾向努尔哈赤请求赐婚，希望迎娶努尔哈赤的女儿。努尔哈赤答应了他的请求，可拜音达里却背信弃义，拒绝迎娶努尔哈赤的女儿，反而想另娶叶赫的那名女子。努尔哈赤以此为由，亲自率领军队攻打辉发。

乌拉与此女的关系。据《清太祖高皇帝实录》记载："布占泰以其女萨哈廉、子绰尔启鼐及十七臣之子，送叶赫为质，娶上所聘女，又幽上二女。上遂亲率大兵往征之。"布占泰将其女儿萨哈廉、儿子绰尔启鼐以及17名臣子的儿子送到叶赫作为人质，并娶了努尔哈赤原本要娶的女人，更甚的是囚禁了努尔哈赤的2个女儿。努尔哈赤得知这一情况后，怒不可遏，随即亲率大军征讨乌拉。

蒙古与此女的关系。据《东夷考略》记载："四十三年五月，白羊骨竟以老女许婚煖兔子蟒谷儿大（即莽古尔贷），且执建州夷六人。开原谕止，不听。七月，遂成婚。奴儿哈赤发兵三千屯南关，氛甚恶。御史王雅量疏称：'向敕北关，恐藩篱一撤，奴酋与煖兔合，而辽不支。今奴、煖争婚，势不骤合。而北关依强援于煖兔，适为中国利。请设防辽阳以东，按甲不动，以观奴酋进止。奴或不听宣谕我，督北关，阴约煖兔，从南关入，大兵从清河、抚顺分道而东，兼以东山之民张牙露爪，思甘心奴，利其貂、参，顺呼响应。金白角之，朝鲜我兵犄之，奴亡可翘足待。'已而奴儿哈赤罢搆，北关获全。"

大意是，万历时期，蒙古的白羊骨决定将叶赫这名女子许配给煖兔首领之子莽古尔贷，并将建州的6名使者扣留了。明朝开原出面调解，但未果，这场婚姻最终完成。努尔哈赤对此感到愤怒，派兵驻扎在南关，一时间，局势十分紧张。明朝御史王雅量提出战略建议，认为可以利用煖兔的势力来对抗努尔哈赤，并联合其他势力一起行动。在多方面的联合下，努尔哈赤只能选择暂时放弃进攻，北关得以保全。

尽管叶赫这名女子的婚姻原本应该是叶赫与建州之间的联姻，但实际上她最终嫁给了蒙古喀尔喀部的巴哈达尔汉（明作煖兔）之子莽古尔岱。

从努尔哈赤处理多方错综复杂的关系事件中，能够看出他的理智和克制。他审时度势，理性从容，没有因为这名女子而挑起与蒙古的战争，也没有因此而对明朝采取军事行动。究其根本，这场纷争的始作俑者是叶赫部。

努尔哈赤暂时搁置征讨叶赫期间，办了两件震惊世人、极具意义的大事，那就是创建八旗制度，建立后金政权。

二、梦想启航，创建八旗

努尔哈赤创立的八旗制度，在满族发展史上具有里程碑意义，同时也是中国帝制史上的重要事件。

八旗制度的演变历程源远流长，其根源可追溯到女真族在打猎和出征时的生产劳动及军事组织结构。

据《满洲实录》记载其起源："前此凡遇行师出猎，不论人之多寡，照依族寨而行。满洲人出猎开围之际，各出箭一枝，十人中立一总领，属九人而行，各照方向，不许错乱，总领呼为牛录额真，于是以牛录额真为官名。"可见，早期的女真人在行猎或出征时，无论人数多少，都是按照族寨的组织方式进行。当满洲人开始狩猎围捕时，每个人都会贡献一支箭，然后在每 10 人中设立一个总领，负责统领其余 9 人，并确保他们各自按指定方向行动，维持秩序。这个总领被称为"牛录额真"，后来这一称呼逐渐演变成为官职名称。而这种组织形式，为之后建立八旗制度奠定了基础。

牛录，是"大箭"的意思；额真，是"主"的意思。牛录额真即大箭主，最初指的是狩猎活动中统领 10 人的负责人。这一职位的起源比较早远，后来随着女真社会的发展和军事活动的增多，牛录组织逐渐扩大并日趋完善。

当女真社会面临财富与权力分配不均，导致阶级矛盾时，牛录不再仅仅是一个狩猎生产单位，而是逐渐演变成贵族首领发起掠夺性战争或进行军事防御的关键工具之一。

建州女真的军事组织起源可以追溯到努尔哈赤的先祖猛哥帖木儿时期。到了万历十一年（1583），努尔哈赤发起军事行动并成功拿下了图伦城，"当是时，兵百人，甲三十副"（《清太祖高皇帝实录》），他当时拥有约百人的军队，但只有 30 副盔甲。

牛录额真作为官职名称，最早出现在万历十二年（1584）的史料记载中。那时，努尔哈赤已经起兵一年，他的军队人数至少达到了 500 人。随着军队规模的扩大，形成了每 300 人设一牛录的军事编制。

《清太祖高皇帝实录》中记载："擢鄂尔果尼、罗科为牛录额真，统辖三百人。"鄂尔果尼和罗科被提拔为牛录额真的职位，负责统领 300 人的部队。

自此，牛录额真不再仅仅是狩猎时的临时性 10 人之长，而是成为女真族的一种正式官名。

万历十七年（1589），努尔哈赤经过 6 年的不懈征战，成功统一了建州女真。随着统治区域的不断扩张、管理民众的数量不断增加以及王权的建立，他组建了一支实力雄厚的军队。这支军队由四种不同的兵种组成——环刀军、铁锤军、串赤军和能射军。

当时，努尔哈赤同他的弟弟舒尔哈齐一起归降了建州卫的酋长李以难等人，并加入其麾下。他擅长制造弓箭，并创建了四军，着重训练骑射技能，同时严格制定军纪。这四军的编制，实际上为后来形成的四旗、八旗制度奠定了基础。

万历二十四年（1596），明朝官员余希元抵达佛阿拉城，他进城前观察到建州女真的军队规模相当可观。据史料记载，建州骑兵四五千人整齐列队随行，而步兵则数以万计，分别列队于道路两旁，直至建州城。根据上述分析，当时建州的步兵和骑兵总人数大约在2万~3万之间。

《满洲实录》在记述古勒山之役时，曾作如下记载："太祖兵到，立阵于古埒山险要之处，与赫济格城相对，令诸王大臣等各率固山兵，分头预备。"

《清太祖高皇帝实录》也作了同样记载："上至古勒山，对黑济格城，据险结阵。令各旗贝勒大臣，整兵以待。"

史载均提到努尔哈赤命令各旗的贝勒和大臣率领各自的固山兵分头准备战斗。这就说明，努尔哈赤早已将建州的士兵编入各个军旗，并建立了军旗体系。

万历二十四年（1596），当朝鲜使臣申忠一抵达佛阿拉时，目睹了建州的军旗："旗用青、黄、赤、白、黑，各付二幅，长可二尺许。"（《李朝实录》）由此可见，当时努尔哈赤已经设置了军旗。

努尔哈赤设立四旗的时间，据史籍记载，是在万历二十九年（1601）。

《清太祖高皇帝实录》中曾记载："上以诸国徕服人众，复编三百人为一牛录，每牛录设额真一。先是，我国凡出兵校猎，不计人之多寡，各随族党屯寨而行。猎时，每人各取一矢，凡十人，设长一，领之，各分队伍，毋敢紊乱者。其长称为牛录额真。至是，遂以名官。"当时努尔哈赤因征服了多个部落，人口急剧增加。因此，他决定每300人编为一个牛录，每个牛录设一名额真来管理。也就是说，到万历二十九年（1601），努尔哈赤正式将牛录额真定为官名，用来管理这些牛录。

关于此事，《满洲实录》中也有记载："是年，太祖将所聚之众每三百人内立一牛录额真管属。前此凡遇行师出猎，不论人之多寡，照依族寨而行。满洲人出猎开围之际，各出箭一枝，十人中立一总领，属九人而行，各照方向，不许错乱，总领呼为牛录额真。于是，以牛录额真为官名。"史载中的"是年"，就是万历二十九年（1601）。

实际上，努尔哈赤在这一年对建州军队进行了一次重组。他将原有的军队按照 300 人一组的规模重新编排，形成了牛录制度，并为每个牛录设立了一名额真作为领导者。此外，他还为军队引入了四种不同颜色的旗帜作为标志，分别是黄、白、红、蓝。

随着努尔哈赤的征服范围不断扩大，到万历四十三年（1615），他已经成功统一了哈达、辉发和乌拉等地，并降俘了数万乌拉士兵。同时，他还积极招抚大量的东海女真部民，使得建州的疆域日益扩张，军队规模也随之扩大。

为了满足更大规模的军事需求，努尔哈赤决定对军队进行进一步的改革。在原有的四旗基础上，再增设了四旗，形成了八旗制度。据《清太祖高皇帝实录》记载："上既削平诸国，每三百人设一牛录额真，五牛录设一甲喇额真，五甲喇设一固山额真，每固山额真左右设两梅勒额真。初设有四旗，旗以纯色为别，曰黄、曰红、曰蓝、曰白。至是添设四旗，参用其色镶之，共为八旗。"这一制度不仅提高了军队的组织效率，也为后来清朝的军事发展奠定了不可估量的基础。

《满文老档》中对牛录额真以下的各级官员的描述更为详细："牛录额真以下设代子二人、章京四人和村拨什库四人。将三百男丁以四章京之份编为塔坦。"牛录额真后来改称为牛录章京，在进入关内后则被称作佐领；代子，是副职的意思；章京，指的是执行事务的人员；村拨什库，即村中的负责人，后来称为领催；塔坦，指的是一种类似于连队规模的军事单位；甲喇额真，原本的含义是草节或竹节，它是连接固山额真与牛录额真之间的官职，负责管辖 5 个牛录，因此也有"牛录之主"的意思，后来更名为甲喇章京，入关后则称为参领；固山额真，即是旗之主，后来称为固山章京，入关后则称为都统；梅勒额真，意为副旗主，后称为梅勒章京，进入关内之后被称为副都统。

固山，在满语中指的是最高级别的户籍和军事组织单位。每个固山都拥有其标志性的旗帜颜色，因此在汉语中，固山通常被翻译为"旗"。最初，固山被划分为四旗，各自以黄、白、红、蓝这四种颜色的旗帜作为标志。之后，努尔哈赤决定对这四旗进行扩展，在原有旗帜的基础上添加了一条边缘。对于黄、白、蓝三色的旗帜，以红色作为镶边，而对于红色的旗帜，则以白色作为镶边。这样，原本的四种颜色扩展为八种不同的颜色，即八旗制度。

在八旗制度中，不带红边的黄色旗帜被称为整黄旗，习称正黄旗。而带红边的黄色旗帜则被称为镶边黄旗，习称镶黄旗。至于其他三种颜色的旗帜，命名方式以此类推。如此一来，满洲的军队就被分为八个部分，每个部分都有自己独特的旗帜，这就是八旗制度的基本构成。

三、八旗制度的确立

八旗制度是后金—清朝独具特色且至关重要的社会制度，它不仅是军事制度的基石，更深刻影响了清朝的兴衰历程。可以说，八旗制度的存在与否，直接关系到后来清朝的兴亡。究其原因有以下几点。

第一，八旗制度的精髓在于其构成的军事组织结构。

八旗军在初创阶段，展现出了卓越的战斗力和坚韧的军事素质。他们英勇无畏，善于骑射，且能在恶劣环境中保持战斗力。

《清太祖高皇帝实录》中对八旗军的军事制度进行了详细记载："行军时，地广，则八旗并列，分八路；地狭，则八旗合一路而行。队伍整肃，节制严明，军士禁喧嚣，行伍禁搀越。当兵刃相接时，被坚甲、执长矛大刀者，为前锋；被轻甲、善射者，从后冲击；俾精兵立他处，勿下马，相机接应。每预筹方略，了如指掌，战则必胜。"史籍中详细记载了八旗军的作战方式以及八旗军在努尔哈赤制订的作战计划下，如何取得胜利。

这里除了详细记载八旗军队严整的军容和严明的军纪，以及他们如何以强大的战斗力战胜敌人之外，还记录了八旗军的兵种分为三个等级，即长甲军、短甲军和巴牙喇。随着时间的推移，这些兵种逐步发展成前锋、骁骑和护军。

护军，就是精英部队，也被称为巴牙喇；巴牙喇的首领被称为巴牙喇甲喇章京，后来这个职位被更名为护军参领。巴牙喇是从各个牛录中选拔出来的精兵，可谓兵强将勇、坚甲利刃，在努尔哈赤攻占抚顺、沈阳、辽阳等战役中，巴牙喇士兵扮演了极为关键的角色。

作为八旗军的最高统帅，努尔哈赤亲自统领两黄旗，他的次子代善和代善的儿子统领两红旗，第五子莽古尔泰统领正蓝旗，第八子皇太极统领镶白旗，长孙杜度统领正白旗，侄子阿敏统领镶蓝旗。每个旗下所辖的牛录、每个牛录下所辖的士兵数量，没有统一的标准和规定。

值得注意的是，八旗军的主力军是骑兵，这就促使他们在战场上拥有高度的机动性和战斗力。尽管最初的八旗军没有火器，依赖皮弦木箭、短剑钩枪等近战武器，但他们通过精湛的马术和骑射技巧，在战争中能够迅速应对各种情况，速战速决。

此外，八旗军的战马是在恶劣的自然环境下进行饲养的，这种独特的饲养方式，使得战马能够在极端天气下正常奔跑，从而确保了八旗军在长途行军和战斗中保持战斗力。出征时，兵士们骑着战马，携带自备的军器和干粮，无须后勤支援，这种自给自足的作战方式进一步增强了八旗军的独立作战能力。

后金骑兵以其强大的战斗力和精良的装备而闻名，每名士兵都身披铁甲，战马也披着铠甲。

据《咸宾录》记载："其军法，五十人为一队；前二十人披重甲，持戈矛；后三十人轻甲，操弓矢。每遇敌，则两人跃马而出，观阵虚实，然后四面结阵驰击，百步之外，弓矢齐发。"也就是说，八旗军有着严整的列阵队形，当遭遇敌人时，他们会先派出两名骑兵观察敌阵，然后四面结阵，以迅猛的攻势发起冲锋，在百步之遥，弓箭同时射出，展现出了让人震惊的战斗力。

在骑兵作战中，还分作"死兵"和"锐兵"两种战术策略。死兵身披重甲，骑着双马，负责在前冲锋陷阵，即使前方有死伤，他们也毫不退缩。若是胆敢退缩，后方的锐兵就会从后方击杀他们。当死兵成功冲破敌阵后，锐兵便紧随其后，利用敌人的破绽发起致命一击。

当努尔哈赤下令吹响号角、发射信号炮，发动攻击时，八旗军的骑兵如同猛虎下山，英勇冲锋，所向披靡。他们铁骑奔驰，势不可当，无论是冲锋还是厮杀，都展现出了惊人的勇气和顽强。

正是这种无畏的斗志和强大的战斗力，使八旗军成为后金—清朝最强大的军事力量之一。

相反，明朝军队更擅长于平原作战，并善于使用火器。在战场上，他们通常会布置方阵，利用弓箭和刀剑进行战斗。然而，明军的士气不是很高，行动相对迟缓。相比之下，后金军则以其惊人的速度和强大的力量占有优势。

从另一个角度看，战争实际上是双方在速度和力量方面的比拼。因此，当明朝步兵还在缓慢动作和固定方阵时，后金骑兵已经迅猛而来，明军往往来不及重新装填弹药，就被后金军所突破，更不用说发动有效的进攻了。

明朝将领袁崇焕曾指出，明朝军队在野战中并不占优势，更好的策略是依靠坚固的城池和强大的大炮进行防御。

然而，后金八旗军在攻城方面同样展现出精彩的战术。他们利用楯车将登城的士兵运送到城墙下，竖起装有牛皮的简梯，让士兵们冒着箭矢和石块沿梯而上，攻入城内。有时，他们还会从城墙下挖掘地道，通过挖洞进入城内。有时也会让士兵骑着马，每人手持一袋土，同时前进，将土堆积在城墙下，不久就能使土堆与城墙高度相等，然后士兵骑马踩踏土堆，翻越城墙，从而赢得攻城的胜利。

八旗军是一支经过严格训练的军队，这得益于努尔哈赤对军事训练的重视。他深知军队素质对于战争胜负的重要性，因此致力于增强军队的整体素养，培育士兵的英勇精神，提高射箭和马术水平。

在佛阿拉设有大型训练场，供士兵进行日常的军事训练，努尔哈赤时常亲自监督训练情况。努尔哈赤之所以严格军训，是深知武艺对于士兵的重要性，因此以身作则，通过自己的实际行动来激励士兵努力训练。

《清太祖高皇帝实录》中记载了一个努尔哈赤"百步穿柳"的故事："出迎时，至洞城之野。有乘马佩刀弓矢过者。上问左右曰：'谁也？'左右曰：'此董鄂部人，善射，部中无出其右，所称善射钮翁金是也。'上召钮翁金至，指百步外柳，命之射。钮翁金发五矢中其三，上下相错。上发五矢，皆中。众视之，五矢所集，仅五寸许。众共叹为神技云。"努尔哈赤的箭术令人折服。

除了拥有高超的武艺，八旗军还以严格的军纪和明确的赏罚制度而著称。从建立军队之初，努尔哈赤就确立了严格的军纪和明确的赏罚机制，规定服从命令者将得到奖赏，违抗命令者将受到斩首的惩罚。

到万历四十三年（1615），努尔哈赤更加明确军纪和赏罚制度。《满洲实录》中对此作了详细的记载："克城破敌之后，功罪皆当其实，有罪者即至亲不贷，必以法治；有功者即仇怨不遗，必加升赏。用兵如神，将士各欲建功，一闻攻战，无不忻然，攻则争先，战则奋勇，威如雷霆，势如风发，凡遇战阵，一鼓而胜。"

努尔哈赤强调，对于功勋和罪责都要进行公正的评价。有罪者，即使是至亲也不会宽恕，必将依法惩处；有功者，即使是仇敌也不会遗漏，必将给予应有的奖赏。而这些特点，致使八旗军成为一支纪律严明、战斗力强大的军队。

努尔哈赤坚持"赏不逾日，罚不还面"的原则，说明他会在战斗结束后不久就进行奖赏，而对于犯错或失职的士兵，他也会立即进行惩罚。这种赏罚分明的做法，促使士兵能够一心一意、团结一致地投入战斗，毫无退缩之意。

有人认为，努尔哈赤的八旗军之所以在作战时表现出有进无退的坚定决心，部分原因是他采用了以掠夺战利品来赏赐功臣的手段，同时对于违纪违法行为施以严厉的刑罚。这种奖惩制度有效地维持了八旗铁骑的强大战斗力。

八旗军不仅在战场上勇敢善战、骑射娴熟，而且他们平日里勤于训练、军纪严明，军队组织井然有序。还有比较重要的一点，是他们擅长间谍活动，这也是他们取得胜利的重要因素之一。

努尔哈赤为了深入了解明军的战略部署、兵力分布、武器装备、士气状态以及粮草储备等关键情报，精心运用间谍，还成功地利用投降的明朝将领李永芳，贿赂与明朝辽东官员关系密切的刘保，从而能够定期获得准确的情报。

努尔哈赤对间谍活动的熟练运用，使他对辽东明军的动态了如指掌，从而在战略上占据了极大的优势。《三朝辽事实录》中，明朝的兵部尚书兼辽东经略王在晋多次提及努尔哈赤善于利用间谍进行情报收集和军事行动的情况，摘录如下。

其一，"奴遣奸细探三岔，破联舡，阴图金酋寨"。就是说，努尔哈赤派间谍去探测三岔地区，破坏了明朝的联合船只，并暗中图谋攻击明朝的重要据点金酋寨。

其二，"开原未破，而奸细先潜伏于城中，无亡矢遗镞之费，而成摧城陷阵之功"。描述了开原城未被攻击之前，努尔哈赤的间谍已经潜入城中，不费吹灰之力就完成了攻城任务。

其三，"奴酋多遣奸细，潜伺内境"。就是说，努尔哈赤经常派遣间谍潜入明朝境内，进行侦察和间谍活动。

其四，"奴中间谍，无地不有"。当时，努尔哈赤的间谍无处不在。

其五，"奴自清、抚、开、铁以及河东、西之陷，何者不由奸细之潜伏？其用计最诡，用财最广，用人最密，故破奴之法，莫要于查奸细"。是说，努尔哈赤通过间谍的潜伏，致使文中所记地点陷落。因此，王在晋认为要打败努尔哈赤，最重要的是查明并清除这些间谍。

努尔哈赤运用一步一计的谋略、慷慨的财物诱惑、绝密的情报收集和巧妙的计策，刺探敌情，获得情报，使他在战争中始终掌握主动权。

第二，八旗制度也是社会行政制度。

八旗制度不仅是一个纯粹的军事体系，还是一个深入社会各个层面的行政制度。努尔哈赤通过这个制度既统率军队还治理人民。

在后金政权中，大汗之下首先是五大议政大臣，即费英东、额亦都、何和礼、安费扬古、扈尔汉；其次是八贝勒共议国政。再往下，按照八旗分为三级：固山、甲喇和牛录。这些不同层级的领导者，不仅负责军事指挥，还兼任行政长官。他们出征时领导军队，回归时管理民众。

八旗各有旗主，设置各自的官署，统领各自的部民，辖治各自的领域。牛录作为基层单位，其领导者牛录额真在战时是指挥官，平时则充当民众的"父母官"。努尔哈赤通过这种制度，能够实现对官兵和民众的全面统治。

而在后金政权中，努尔哈赤与各级额真之间维持着明确的君臣隶属关系。

天命六年、天启元年（1621）二月，萨尔浒城的建设完成后，努尔哈赤召集各位王公和大臣，在殿堂上发表演讲，他强调："君明乃成国，国治乃成君，至于君之下有王，王安即民安，民安即王安，故天作之君，君恩臣，臣敬君，礼也。"（《满洲实录》）由此可见，努尔哈赤非常重视君臣之礼，且不能有人僭越。这段话清楚地说明了八旗制度中，君臣等级制度的严格性。

努尔哈赤借助八旗体系中的各级官员，建立了一套高效的行政机构来管理后金的百姓。通过这个由各级官员组成的行政架构,努尔哈赤能够有效地治理和控制后金的人民。

第三,八旗体系同样承担着民间行政的职能。

固山、甲喇和牛录这些单位,除了作为军事编制外,还承担着户口管理的职责。这包括记录户籍、调查土地、分配资源、管理房产、征收赋税、安排劳役、处理犯罪、安排葬礼、协理婚礼、调解纠纷、维护卫生以及接待宾客等多样化的任务。

那些被编入八旗的人户,被称为旗人。

第四,八旗组织又是宗族组织。

女真族在后金时期,仍然保留着一些氏族制度的遗迹。尽管牛录已经演变成军事和行政职能的组织,但每个牛录往往代表了一个大的宗族,而牛录额真则是该宗族的领袖,是族长或多个氏族的宗长。以康果礼为例,他原本是一个氏族的族长,后来率领部众归附努尔哈赤。努尔哈赤命令他分管其部众,并成为满洲正白旗的永久性佐领。如此,康果礼不仅管理他的部下,还继续担任家族的族长。

特别是东海女真部民归顺之后,努尔哈赤也会任命他们的首领担任官职,继续领导他们的族人。这些牛录额真既是军事指挥官,也是行政长官,同时还是他们族群的领袖。

后来,随着八旗的逐渐壮大,一个牛录内聚集了满洲人、蒙古人和汉人等不同民族的成员。尽管组织发生了变化,牛录额真依然负责管理本牛录内的宗族事务,维护族群的团结和利益。

第五,八旗体系同样具有司法机构的功能。

在八旗体系中,牛录被设定为司法的基础单位,其司法功能是从前族长所拥有的审判权逐步发展而来的。由于牛录额真通常也是本牛录的族长,他们具有处理、裁决和审结本牛录内部事务的权力。随着国家权力的增强和司法体系的逐步完善,牛录额真的司法职能逐渐受到限制。他们主要处理一些民事纠纷，而那些重大的案件则交由理事官来审理。

牛录额真最开始是享有审判权的，但在天聪五年、崇祯四年（1631），牛录额真失去了对民事纠纷以外的审判权，这部分权力被转移到刑部。

第六，八旗制度也是经济制度。

八旗制度在后金社会中不仅仅是一个军事和行政体系，它还深深地渗透到经济层面。这主要表现在努尔哈赤和固山额真除了负责军事指挥和行政管理外，还直接参与经济活动。他们占有大量的土地、奴隶和牲畜，经营农场，监管生产活动，并负责分配财物和战利品。在清朝入关后，旗人的钱粮管理和分配也是按照八旗制度进行的。

牛录额真在后金社会中还负责组织生产活动。据《清太宗文皇帝实录》记载，八旗制下的部众，"出则为兵，入则为民；耕战二事，未尝偏废"。就是说，他们战时充当士兵，平时则转为农民，耕种土地，牧养牲畜，修整农具，管理家务。这时，牛录额真作为生产的管理者，负责组织和协调生产活动。

除以上几点外，八旗还是分配战争掳掠财富的基本单位。如天命三年、万历四十六年（1618），当努尔哈赤攻克明朝抚顺诸城后，立即在甲版野地设营，将俘获的大量人口、牲畜按照八旗进行分配。

每次战争胜利后，投降者会被编入户籍，而所俘获的人口、牲畜、金银和布帛等财物也都会根据八旗制度进行分配。在萨尔浒之战结束后，所获得的战利品被分成 8 份，然后按照八旗的序列依次进行分配，这体现了八旗制度在财富分配中的重要地位。

女真社会历史的发展与生产关系的演变共同塑造了独特的八旗制度，这一制度不仅推动了社会生产力的进步，也促进了满族共同体的形成。

努尔哈赤运用八旗制度将原本分散的女真部落民众进行有效的整合，实现了对农业、牧业、采集、渔猎和手工业等生产活动的统一管理，从而提高了女真社会的生产能力。同时，在夺取瓦尔喀、虎尔哈、赫哲、卦勒察、萨哈连、达斡尔、鄂温克、鄂伦春、蒙古和汉人诸部的过程中，每征服一部族，就将其编入一牛录。

牛录额真这一职位在清军入关后更名为佐领，其类别因情况不同而有所区分，这些区别虽然复杂但极为关键。后来，吴振棫将其概括为五类：勋旧佐领、优异世管佐领、世管佐领、互管佐领和公中佐领。

努尔哈赤通过旗制将各个女真部落以及其他民族整合在一起，促进了满族共同体的形成。

天命元年、万历四十四年（1616），八旗已经发展到了大约200个牛录。天命六年、天启元年（1621），除了原始的八旗满洲之外，开始设立蒙古牛录。翌年，设立了蒙古旗。

到了天聪三年、崇祯二年（1629），已经形成了"蒙古二旗"。天聪九年、崇祯八年（1635），设立了八旗蒙古，这些旗的颜色与八旗满洲相同。

努尔哈赤去世后，他的继承人皇太极在天聪五年、崇祯四年（1631），决定将八旗满洲中的汉人分离出来，单独编成一旗。这支军队最初被称为乌真超哈，意为"重兵"，因为他们主要使用大炮等重型武器。后来，这支军队被称为汉军，并以黑色作为旗帜的颜色。随着汉军力量的增强，到了崇德二年、崇祯十年（1637），汉军被分为两旗。两年后，汉军再次扩充，增设了两旗，旗色包括纯黑色以及镶黄、镶白、镶红的黑色。最后，在崇德七年、崇祯十五年（1642），汉军被纳入八旗，其旗帜颜色与八旗满洲和八旗蒙古保持一致，但不再使用黑色。

至此，形成了八旗满洲、八旗蒙古、八旗汉军，共计二十四旗的体系，但人们通常还是习惯性地统称为八旗。

四、荣光与阴影

清朝的八旗制度由清太祖努尔哈赤创立，后由太宗皇太极进一步完善。与历朝历代的重要社会制度一样，它既有积极的一面，也有消极的一面。八旗制度对清朝的兴起和衰落都起到了关键作用。

可以说，清朝的兴盛得益于八旗，而其衰落也与八旗密切相关。

这一制度是在特定的历史背景下诞生的，其中最为关键的历史条件主要包括三个方面：持续的战争环境、相对落后的经济状态以及敌众我寡的军事形势。这些条件共同促使八旗制度形成和发展。

其一，战争环境。

自万历十一年（1583）努尔哈赤起兵，直至天命十一年、天启六年（1626）努尔哈赤逝世，长达44年的时间里，他一直在战争中度过。战争需要军队，而军队则依赖于组织，没有组织的军队就是乌合之众，难以对抗有组织的敌军。努尔哈赤明白这一点，因此他将分散的部民集合起来，形成了军队。

在这样的历史背景下，努尔哈赤创建了八旗制度。

其二，经济落后。

努尔哈赤初创八旗军队，他没有采用职业兵制，即没有专业的军人，也没有雇佣军人。与此相反，他们的军队是由普通的民众组成，他们在需要的时候可以转为军人，不需要的时候可以转为平民，同时兼顾耕种和战斗。所以，八旗军队不需要复杂的后勤支援，只需一声集结令，官兵就能自备马匹、弓箭、干粮等，而战胜后则可以获得战利品和抢掠的财物。

其三，敌众我寡。

努尔哈赤和他的儿子皇太极两代，在面对明朝时，始终处于敌众我寡的劣势。战争的胜败直接关系到他们的生死存亡，因此他们不敢轻敌，也不敢懈怠。这种情势下，他们更加注重军队的组织和训练，努力提高战斗力。因此，努尔哈赤在特定的战争时期创建了八旗制度，以它为核心，将女真社会的军事、行政、生产、分配、法制等各个领域统一起来，实现了军事、政治、经济、文化、司法和宗族等社会职能的一元化管理。

然而，八旗制度不仅巩固了努尔哈赤对女真奴隶、农奴和部民的军事控制和专制统治，还对他们施加了沉重的压迫。当八旗军进入中原地区后，他们对当地人民实施残暴的掠夺、军事控制和严苛的政策，推行文化专制，这在一定程度上阻碍了社会的进步。

因此，清朝因八旗制度而兴盛，却也因这一制度而走向衰落。这也是八旗制度于后金—清朝的得与失。

古往今来，凡事有利必有弊。在这里，我们且看八旗制度带给后金—清朝的优势即可，其余不作深究。

五、腐朽与崛起的交锋

努尔哈赤建立后金，并自封为汗，这是他政治生涯的重要转折点。同时，也是建州与明朝廷关系史上的一个关键性转变。

事物的矛盾法则规定了所有的事物都会在一定条件下，向其相反的方向发展，明朝与建州、汉族与满族、中央与地方、统治民族与被统治民族之间的关系也不例外。这种转化的总体条件是女真的统一和明朝的衰落，而努尔哈赤的智慧才能和万历皇帝的怠惰骄奢则是其中的个体因素。

中国的帝制社会，当各种矛盾激化且皇权衰微的时候，地方割据现象就会频繁出现，无论是农民武装割据、封建军阀割据，还是民族政权割据。

万历皇帝的腐败和万历朝廷的衰落，为努尔哈赤摆脱臣属关系，建立后金民族割据政权提供了有利的外部条件，而努尔哈赤建立后金也正遵循了这种历史规律。

也就是说，努尔哈赤建立后金是多种因素共同作用的结果，其中包括女真的统一、明朝的衰落、努尔哈赤的精明以及万历皇帝的怠惰。

在努尔哈赤创建后金政权时期，正值明朝万历年间。当时，社会矛盾已经达到了前所未有的激烈程度，土地兼并的现象也愈演愈烈。以皇帝、贵族、皇室成员和权臣们组成的大地主集团，疯狂地掠夺土地，以此来扩张自己的地盘。

据史料记载，万历帝朱翊钧占地高达210万亩，他的弟弟朱翊镠更甚，4岁被封为贵族时，就占据了4万顷的土地。他的儿子福王，封地更是囊括了河南、山东、湖广的大片土地，初时竟达4万顷，后虽经群臣力争，仍占地极广。而那些缙绅和豪富也不甘落后，他们占有的土地从数百亩到数千亩，甚至数万亩不等。

这些皇室贵族、权臣富豪通过侵占民田，使得大量自耕农破产，导致社会贫富分化越来越严重。有田的百姓仅占十分之一，而无田的百姓却占十分之九，富人拥有连绵不断的田地，而穷人却连立足之地都没有，进而导致贫富差距极大。

在辽东地区，这种土地集中的现象尤为明显，军屯制被严重破坏。明朝初期，辽东地区实行军屯制。军屯制是一种兵农合一、寓兵于农的国有土地制，就是各卫、所的士兵就地屯田，不管是驻防内地还是边疆，每个兵士都由国家配给一定数量的土地自耕自种，各卫的屯军由卫所管理。

后来，边外多次遭受兵灾，屯军大量逃亡或死亡，屯田多被军官侵占，屯法实际上已经名存实亡。据史书记载，一些军官甚至隐瞒实际人口数量，占有大量土地，"一户之丁，以百口计矣；一官之地，以千亩计矣"。这些军官的做法，导致兵源大量流失，屯田也失去税收来源，致使国家财政陷入困境。同时，地方政府对百姓的残酷剥削也加剧了社会的动荡。

辽东地区的军屯制度已然崩溃，士兵们连每个月最基本的月粮都无法正常得到，还要承受繁重的差役，他们的境遇十分悲惨。朝鲜的领议政李元翼曾目睹辽东地区的凋敝景象，可谓财政枯竭、民不聊生。

万历时期，辽东巡按御史何尔健给万历帝的上疏中，所描述的实际情况更为惨烈。士兵们的困苦和无助、朝廷的不作为以及辽东地区的破败和混乱，都反映了当时明朝的统治出现了严重的问题。

辽东地区的军屯制度遭受严重破坏，士兵逃离，剩余的军人无法维持生计，军械也因长期未用而腐朽不堪，致使整个军备体系处于瘫痪状态。与此同时，明廷内部也陷入了混乱的党争，"三案"事件接连不断，政治环境极为恶劣。

万历时期，土地高度集中和军屯制度败坏是一个亟待解决的问题，而另一个更为严峻的问题是政治腐败。由皇帝、宦官、王公和奸臣构成的贵族官僚集团，成为统治阶层中最落后、最寄生、最保守、最腐败的力量。其中，宗藩问题尤为严重。

以禄饷为例，《明史》记载，御史林润曾指出："天下之事，极弊而大可虑者，莫甚于宗藩禄廪。天下岁供京师粮四百万石，而诸府禄米凡八百五十三万石。以山西言，存留百五十二万石，而宗禄三百二十万；以河南言，存留八十四万三千石，而宗禄百九十二万。是二省之粮，借令全输，不足供禄米之半，况吏禄、军饷皆出其中乎？故自郡王以上，犹得厚享，将军以下，多不能自存，饥寒困辱，势所必至，常号呼道路，聚诉有司。守土之臣，每惧生变。"林润认为，随着宗室人口的膨胀，俸禄支出与日俱增，导致国家财政负担沉重。除了郡王和将军以上级别的贵族外，大多数宗藩成员都难以维持生计，饥寒交迫，生活困顿，经常在道路上呼号，辱骂地方官员。而宗室内部贫富差距不断扩大，生活困苦的宗室成员自然成为威胁社会安定的不稳定因素。

这也是明朝末年社会动荡、民变频发的重要原因之一。

由此可见，万历时期的政治、经济和军事状况都陷入了严重的危机之中。

万历后期，明朝陷入前所未有的混乱与腐败。皇帝昏庸无为，臣子平庸无奇，宦官当权，纲纪败坏，大臣之间互相倾轧，党争日趋白热化，整个朝廷已经腐败到极点，明朝的国运也接近尾声了。

万历帝作为一国之君，已经 20 多年没有亲自处理朝政，简直令人惊叹，他以身体衰弱为由，长期深居宫中，与宫女和太监为伍。朝廷的奏章常常被搁置不发，阁部的大臣们对待事务也只是敷衍了事，甚至朝廷的会议也大多流于形式，缺乏实质性的讨论和决策。

万历帝长时间深居宫中，既不处理国事，又极尽奢华之能事，挥金如土。如：郑贵妃生子时，他赏赐宫中 15 万两银子；自己生日时，又大方地赏赐 20 万两银子；潞王前往封地时，他更是豪掷 30 万两的珠宝和银子；而在营建定陵时，花费更是高达 800 余万两；皇子诸王的册封、冠婚以及袍服等耗费了超过 1200 万两的银子；采办珠宝所用的银两，高达 2400 万两。

而这些天文数字的花费，都是搜刮百姓脂膏而来。如：辽东的税监高淮就是其中一例。《明实录》中记载，辅臣朱赓等人曾上疏请求撤除辽东的税使："高淮在辽东克剥，敲骨吸髓。辽人率合营男妇数千人，北走投虏。"他们在奏疏中指出高淮在辽东的种种恶行，剥削百姓，敲骨吸髓，百姓实在无法承受这样的困苦，导致大规模的反抗爆发。

然而，这份奏疏提交上去后却石沉大海，没有得到任何回应。辽东地区的军民对此怨声载道，愤怒之情如火山喷发，一度聚集了数千人围攻高淮。

高淮残酷虐待的行为，已经多次引发百姓的反抗，如《明神宗实录》中所记："夫激变之事，不数月间，一见于前屯，再见于松山，三见于广宁，四见于山海关，愈猖愈近。又各镇额饷屡请不发。以此饥军，合于乱众，臣等更不知其祸之所终极也。"反抗事件在短短几个月内频发，多地未能幸免，且规模越来越大，距离京城也越来越近。更为严重的是，各镇的军饷多次申请却迟迟不发，致使饥饿的士兵与愤怒的百姓联合起来，形成了更为强大的力量。这种混乱和腐败的局面，无疑加速了明朝灭亡的进程。

在万历帝晚年及其去世后，明朝宫廷接连发生了著名的"三案"，即"梃击案""红丸案""移宫案"，将明朝内部的腐败暴露无遗。

"梃击案"源于万历帝对郑贵妃的宠爱，从而引发储位之争。万历四十三年（1615），一个名叫张差的男子，携带一根木棍，强行闯入太子朱常洛的居所，打伤守门的太监。张差被捕后，供出是郑贵妃手下的太监庞保、刘成将他引进。这使人开始怀疑是郑贵妃欲谋杀太子。

这一事件，牵涉四方关系，包括郑贵妃及其宦官、万历帝及其太子，处理起来自然棘手。

大学士吴道南向翰林院编修孙承宗咨询，孙承宗回应道："事关东宫，不可不问；事连贵妃，不可深问。庞保、刘成而下，不可不问也；庞保、刘成而上，不可深问也。"（《明史》）孙承宗以为，如果事情与东宫有关，就不得不追究；若事情牵涉贵妃，那便不宜深究；至于贵妃的宦官，则必须追查；但对于他们之上的高层，便不宜深入追查。

吴道南随后将此事上奏给万历帝，然而万历帝与太子并不愿深入追究此事，仅以涉及疯癫奸徒为罪名，处决了张差，庞保、刘成也被秘密处决，这件事也就此平息。

万历帝去世后，朱常洛继位，改年号为泰昌。泰昌元年（1620），朱常洛即位后不久便生病。崔文升作为御药房太监，为泰昌帝治疗，然而却没有任何效果，泰昌帝的病情反而加剧。

这时，鸿胪寺丞李可灼进献了一枚自称是仙药的红丸，泰昌帝服用后却不幸去世。当时，人们怀疑是明神宗的郑贵妃所指使，但最后仅以崔文升被发遣、李可灼被遣戍而结案，这就是所谓的"红丸案"。

泰昌帝去世后，朱由校继位，改年号为天启。天启帝是明光宗的长子，其生母已死，养母为李选侍。

天启帝即位时年仅16岁。当时，李选侍居住在乾清宫，与她的心腹太监李进忠（即魏忠贤）暗中策划，企图掌控朝政。还有传言指出郑贵妃计划"与李选侍同居乾清宫，谋垂帘听政者"（《明史》）。为了阻止李选侍垂帘听政，朝臣杨涟、左光斗等人上疏请求李选侍移居他处。而后，李选侍被移至仁寿殿，这就是所谓的"移宫案"。

尽管这所谓的"三案"本质上属于宫廷内部事务，但在朝堂上引发了激烈的讨论，热度持续不断，甚至演变成党争的重要议题，进一步加剧了朝廷的腐败。

万历后期，朝廷所面临的难题不仅仅是政治上的腐败，还有边防的严重废弛。辽东巡按御史胡克俭在奏疏中曾直言不讳地指出："国之大事在边，边之大弊在欺。"（《万历邸钞》）就是说，边疆乃国家的大事，而这件大事，最怕的就是欺骗。

在辽东地区，军官普遍存在着欺上瞒下、结党营私、骄奢淫逸等问题，他们克扣士兵军饷，甚至杀害无辜百姓，以此来冒领军功，致使军纪十分败坏。

据《万历邸钞》记载："若投诚之住牧者，与虏之所使住边，及摆拨哨探者，投虏潜归，跋涉千里，饥饿数十日，历万死一生而来者，皆我黎民也，一切杀之。然此犹曰在外也，若往来怀挟之弊。民谣曰：'带着人头去杀贼。'盖新葬者不能保其坟，独行者不能留其首，惨酷尤甚。又并其阵亡之军，一概割首以报数。"

从记载的内容看，明朝边防存在士兵滥杀无辜以冒领战功的情况。一些已经投降并定居的百姓以及被敌人派遣驻守边境或进行侦察的人员，他们都遭到了无情的杀戮。民谣中甚至有"带着人头去杀贼"的说法，暗指新葬者无法保护自己的坟墓，独行者无法保全自己的头颅，这种情状极为残酷。更甚的是，一些阵亡士兵的首级也被拿来以虚报战功、请功领赏。

明朝辽东军备废弛，还有一个关键原因，那就是总兵李成梁的骄横与贪婪。前文曾提及李成梁骄纵贪黩、骄奢淫逸，对百姓十分苛刻，导致百姓怨声载道。

朝廷内外弹劾李成梁的奏疏一直没停过，《万历邸钞》中记载了万历二十年（1592），辽左给事中侯先春弹劾李成梁的奏疏，其内容揭示了李成梁的种种罪行："李成梁负国厚恩，敛民深怨。齿衰力惫，久惭专阃之司；发短心长，日事营家之计。在市场则岁选良马千匹，扣索官价四五万两，大司马输马价以入边，只填溪壑之欲；在盐课则岁占盐目万引，又受献纳三四万，大司农开盐引以充饷，徒供垄断之私……两年间，凡虏入矣，而任其杀掠数日，掳去人民十余万，端坐海州城郭，何异门庭之寇？三年内凡三出塞矣，而坑我劲卒千人，甲马奚止五六千；积尸遍野荒丘，谁招口外之魂？怯战殃民，全镇恨深入骨；剥军耗国，两河地已无皮。惟是财足弥缝，智工结纳。是以杀擒日亟，生聚日疏，而报捷之封章，日肩摩于阙下；功名寖盛，爵禄寖崇，而生民之命脉，寖告蹙于边疆。"

侯先春指出，李成梁深受国家厚恩，却没有体恤百姓之心。他年老体衰，却仍贪图权势，沉溺于谋取私利，在市场上强行选购良马，勒索官价；在盐务上则垄断私盐，中饱私囊。他对边防事务漠不关心，导致敌人入侵时，境内百姓只能任人宰割，他甚至纵容士兵抢掠杀害百姓。李成梁的怯战和贪婪给辽东地区带来了深重的灾难，百姓们对他恨之入骨。

虽然李成梁早先也曾立下赫赫战功，但他的骄横和贪婪最终导致辽东军备的废弛，致使百姓生活在水深火热之中，实难得到原谅。

侯先春的这份奏疏提交后，李成梁被解除了职务，对辽东地区而言，这是件可喜可贺的事。然而好景不长，李成梁又被重新任命为辽东总兵官。

更糟糕的是，李成梁及其子相继担任辽东的军事要职，而他的儿子同他一样，他们父子二人骄横奢侈，利用职权，或笼络，或严苛。李化龙认为，辽东地区在李成梁父子长达30多年的统治下，局势日渐恶化。而他们的所作所为，不仅助长了敌人的嚣张气焰，还让他们得以侦知明朝廷实力的虚实，从而加剧了辽东的危机。

在这样的历史背景下，建州女真从中得利。

努尔哈赤与李成梁之间的关系，早先已经在明朝的边境官员中，引发了广泛的讨论。《明经世文编》中的《答友人》一篇中曾记："昔建州诸夷，若王兀堂、王杲、阿台辈尝分矣。而合之则自奴酋始，使之合之，则自李宁远始……宁远顾思各家敕书无所属，悉以与奴酋，且请为龙虎将军以宠之。于是，奴酋得以号召东方，尽收各家故地遗民，归于一统，而建州之势合矣。"

文中提到，原本各个部落是处于分裂状态的，但后来它们被统一起来，这一变化便是始于努尔哈赤，而其中各部合并的关键人物是李成梁。由于李成梁将这些部落的敕书全部交给了努尔哈赤，并请求明朝廷册封努尔哈赤为龙虎将军，因此努尔哈赤的地位才得以巩固，进而发展统一女真的大业。

可以说，没有李成梁当初的盲目自大，努尔哈赤的统一之路不会那么顺利。

然而，李成梁所犯的错误还不止这些，其中，迁徙宽甸等六堡的决策，亦是错中之错。关于此事件的来龙去脉，《明史》有载："当万历初元时，兵部侍郎汪道昆阅边，成梁献议移建孤山堡于张其哈剌佃，险山堡于宽甸，沿江新安四堡于长佃、长岭诸处，仍以孤山、险山二参将戍之，可拓地七八百里，益收耕牧之利。道昆上于朝，报可。自是生聚日繁，至六万四千余户。及三十四年，成梁以地孤悬难守，与督、抚蹇达、赵楫建议弃之，尽徙居民于内地。居民恋家室，则以大军驱迫之，死者狼藉。成梁等反以招复逃人功，增秩受赏。兵科给事中宋一韩力言弃地非策。巡按御史熊廷弼堪奏如一韩言，一韩复连章极论。帝素眷成梁，悉留中不下。"

史载，在万历初年，当兵部侍郎汪道昆巡查边境时，李成梁建议将孤山堡迁移到张其哈剌佃，险山堡移至宽甸以及沿江新安四堡移至长佃、长岭等地的建议。李成梁以为，这样做土地可以得到拓展，从而增加耕牧利益。然而，到了万历三十四年（1606），李成梁认为这些孤悬的地方难以防守，于是与督抚蹇达、赵楫商议放弃这些地方，并将民众全部迁往内地。由于民众不愿迁移，李成梁等人便动用武力，强迫他们迁移，导致大量民众死亡。尽管如此，李成梁等人反而以招复逃人的功绩受到了朝廷的嘉奖和赏赐。兵科给事中宋一韩强烈反对李成梁迁移的策略，巡按御史熊廷弼也附议，然而都没有得到朝廷的正面回应。

而李成梁放弃宽甸等六堡的决策，终究带来了严重的后果。

首先，明朝因此失去了大片辽土，而建州女真则获得了丰富的土地资源。

其次，明朝损失了大量汉族民众，而建州女真则增加了大量阿哈（奴隶）。

最后，明朝辽东军队的战斗力开始下滑，而建州女真的军事实力逐渐增强。

可以说，此次事件是明朝日后失去辽东的一个关键历史信号。然而，李成梁并未认识到这一错误决策带来的严重后果，反而继续虚荣、冒功、奢侈和欺上。

《明史》中记载："成梁镇辽二十二年，先后奏大捷者十，帝辄祭告郊庙，受廷臣贺，蟒衣金缯岁赐稠叠。边帅武功之盛，二百年来未有也。其始锐意封拜，师出必捷，威振绝域。已而位望益隆，子弟尽列崇阶，仆隶无不荣显。贵极而骄，奢侈无度。军赀、马价、盐课、市赏，岁干没不赀，全辽商民之利尽笼入己。以是灌输权门，结纳朝士，中外要人，无不饱其重赇，为之左右。每一奏捷，内自阁部，外自督抚而下，大者进官荫子，小亦增俸赉金。恩施优渥，震耀当世。而其战功率在塞外，易为缘饰。若敌入内地，则以坚壁清野为词，拥兵观望；甚或掩败为功，杀良民冒级。阁部共为蒙蔽，督抚、监司稍忤意，辄排去之，不得举其法。先后巡按陈登云、许守恩廉得其杀降冒功状，拟论奏之，为巡抚李松、顾养谦所沮止。既而物议沸腾，御史朱应毂、给事中任应徵、金事李琯交章抨击。事颇有迹，卒赖奥援，反诘责言者。"

在李成梁镇守辽东长达 22 年的时间里，他曾多次上报大捷，因此获得了丰厚的赏赐。李成梁早期确实战功显赫、威震边疆。但是，随着地位和声望的提升，欲望的膨胀也到达了巅峰。他日益骄横，奢侈无度，假公济私，中饱私囊，铲除异己，冒领战功，可谓胡作非为，无法无天。从李成梁的权力腐败可以影射出整个明朝的黑暗政治，整个明朝宛如一幅沉闷、黑暗的政治画卷。

朝廷与辽官的黑暗统治让辽民与辽兵生活在水深火热之中，苦不堪言，为了生存，他们不得不逃离辽东。而建州则成为他们的希望之地，仿佛是一个崭新的世界，吸引着他们前去定居。

于汉民而言，辽东已经变成一片苦海，而建州则成为一片乐土。辽民好比游鱼与飞雀，而建州就是水渊与丛林，为他们提供了生存空间。相比之下，明朝的统治者却像以捕鱼为食的水獭、以逐雀为食的鹰鹯，残酷地剥削着辽民的生存资源。这样的政治现实，致使辽民对明朝的统治感到绝望，更加向往建州的新生活。

失去辽民，辽事败坏，其责任在明朝廷，在万历帝。后来，清朝的嘉庆帝在《谒明陵纪事》中总结明朝灭亡的历史教训时，认为关键在于皇帝的懈怠，特别是万历皇帝的懒惰。嘉庆帝的分析虽然并未完全击中要害，但他指出万历帝的怠惰是明朝灭亡的关键因素。后来的史学家赵翼也持相同观点："论者谓明之亡，不亡于崇祯而亡于万历云。"（《廿二史札记》）他认为明朝的灭亡不是由于崇祯帝，而是由于万历帝。

因此，万历帝的懈怠和努尔哈赤的奋发，实际上是明朝灭亡和清朝兴起的历史转折点。

再看李成梁，他作为辽东总兵，其存在本身便是万历帝怠政的产物，也是明朝政治腐败的集中体现。李成梁直到 83 岁高龄时才卸任辽东总兵官一职，其间曾多次集结兵力，主要打击蒙古骑兵。与此同时，努尔哈赤通过采取"退地、镌盟、减夷、修贡"的策略，赢得了明朝廷的信任，从而稳步发展自身实力。

早在万历三十九年（1611），即努尔哈赤建立自己的年号并自称为汗的 5 年前，明朝廷中一位有远见的兵部尚书李化龙，便已经注意到了建州的军事形势。

《明神宗实录》中记载，李化龙在分析建州"列帐如云，积兵如雨，日习征战，高城固垒"的军事形势后，曾断言："中国无事必不轻动，一旦有事为祸首者，必此人也！"李化龙口中的"此人"，指的便是努尔哈赤。当时，努尔哈赤采取的两面政策使得明朝廷在不知不觉中陷入了危险的境地。

六、努尔哈赤的智慧

努尔哈赤从含恨起兵到最终建立后金政权，历经长达 33 年的曲折历程。在这个漫长的过程中，他不仅需要妥善处理女真族内部的复杂关系，还要审时度势，谨慎地应对建州与明朝廷之间的地方与中央关系。

这种关系的构建，基于两个重要的前提：一是统治阶级的共同利益；二是双方力量的显著差异。建州与明朝廷之间，这种既统一又矛盾的关系，直接影响了努尔哈赤对明朝的政治立场。

可以说，努尔哈赤与明朝的关系呈现出一种复杂的多面性。虽然明朝对建州始终采取一面政策，即要求建州奉表称臣、按时进贡、保持和平，并通过安抚手段对建州加以管理。努尔哈赤却恰恰相反，他采取了双面策略。努尔哈赤一方面向明朝表示忠诚和臣服，通过朝贡和称臣来维持表面的和平；另一方面，他在暗中积极储备力量，悄然扩张势力。

在此，我们简要回顾一下，努尔哈赤与明朝之间复杂多变的关系。

万历十一年（1583），努尔哈赤的父亲和祖父不幸被明军误杀，表面上他将愤怒发泄在尼堪外兰身上，并接受了明朝的封职，担任指挥使，表现出对明朝的忠诚，但他在心中早已埋下了对明朝的深深仇恨。

万历十七年（1589），努尔哈赤已经统一了建州女真本部，但他仍然选择向明朝表示忠诚，为此，他甚至斩杀了木札河部的首领克五十，并将其献给明朝。据《东夷考略》记载："有住牧木札河部夷克五十等，掠柴河堡，射追骑，杀指挥刘斧，走建州。宣谕奴酋。即斩克五十以献，乞升赏。"克五十等人曾掠夺柴河堡，射杀追击的明军，并杀害了指挥刘斧，随后逃往建州，努尔哈赤将其斩杀，以示对明朝的忠诚。

作为回应，明朝认可了努尔哈赤送回被掳汉人、斩献叛逆以及他父祖在征战中的殉职行为，于是任命他为都督佥事。

《明神宗实录》有如下记载："惟建州奴酋者势最强，能制东夷。其在建州，则今日之王台也。既屡送回被掳汉人，且及牛畜，又斩犯顺夷酋克五十献其级，而慕都督之号益切，则内向诚矣！及查其祖、父，又以征逆酋阿台为我兵向导，并死于兵火。是奴儿哈赤者，盖世有其劳，又非小夷特起而名不正者也。……若录奴酋父、祖死之功，即当与之都督亦不为过，而献斩逆酋之级，则又与明例合矣。奏入，上从其请，准与都督佥事。此奴贼受我殊恩之始也。"

从记载的内容可以看出两个方面的含义。其一，努尔哈赤在建州地区具有强大的影响力和实际的控制权，但他能够通过斩献叛逆来表示自己的实力和忠诚。其二，明朝对建州地区的重视以及对努尔哈赤的认可，且愿意通过任命和恩宠的方式来加强与建州的联系和稳定。明朝与建州之间复杂而微妙的关系，对当时的辽东局势产生了深远的影响。

明朝的蓟辽督抚张国彦和顾养谦曾提出，对待努尔哈赤要"因其势，用其强，加以赏赉，假以名号，以夷制夷，则我不劳而封疆可无虞也"

（《明神宗实录》）。二人以为，朝廷应该采取因势利导的策略，来利用努尔哈赤的强大势力，并给予赏赐和名号，通过他来控制其他夷族。如此一来，朝廷不费吹灰之力便能稳定边疆安全。

反观努尔哈赤，以表面的恭顺态度迷惑了明朝官员，后来的历史发展证明明朝的这种策略过于乐观。

努尔哈赤对待明朝的态度，是吸取了王台、尼堪外兰与王杲、王兀堂的教训的结果。他深知，依赖明朝来统一女真是不切实际的，而正面与明朝对抗也是不明智的，以他当前的实力必会导致失败。因此，努尔哈赤选择了一条折中的道路，既借助明朝的封赏来提高自己在女真诸部中的威望，又利用明朝的信任，在几乎没有受到明军干扰的情况下，悄然完成女真各部的统一。

可以说，努尔哈赤被封为都督佥事，标志着他对明朝采取的双面政策初步取得了成效。为了表达对明朝封赐的感激之情，努尔哈赤亲自扬鞭策马巡视地形，并第一次亲自进京朝贡，以示感恩。

万历十八年（1590）四月，努尔哈赤以都督佥事的身份，带领由108人组成的使团，携带人参、貂皮、东珠、蜂蜜等贡品，途经抚顺关进入山海关，最终抵达北京进行朝贡。《明神宗实录》记载："建州等女直夷人奴儿哈赤等一百八员名，进贡到京，宴赏如例。"

明朝按照惯例举行了宴赏活动。作为回应，按照常规赏赐制度，努尔哈赤以指挥使一职，得到了彩缎1表里、绢4匹、折纱绢1匹、素丝衣1袭、靴袜各1双等物品的赏赐。

宴会结束后，市场开放了3天进行贸易活动。努尔哈赤借此机会进行贸易，并获得了财物和货物。这次朝贡，不仅开阔了他的眼界，也增长了他的见识，还让他有机会探视朝廷的情状以及了解明朝的虚实，同时也使他学习到中原的文化。

可以说，此次朝贡之行是努尔哈赤臣属明朝的标志。

万历二十年（1592）八月，努尔哈赤上奏明朝，表达了他希望被封为龙虎将军的愿望。

在女真族中，龙虎将军被视为极高的荣誉，此前这一封号仅授予过哈达部长王台。据《明神宗实录》记载："建州卫都督奴儿哈赤等奏文四道，乞升赏职衔、冠服、敕书，及奏高丽杀死所管部落五十余名。命所司知之，并赐宴如例。"记载中提到，努尔哈赤等建州卫都督向明朝递交了4道奏文，请求提升赏赐，赐予职衔、冠服和敕书。之后，明朝按照惯例赐予宴赏。

《明神宗实录》还记载："建州等卫都督等官奴儿哈赤等，进上番文，乞讨金顶大帽、服色及龙虎将军职衔，下所司议行。"尽管文献中没有明确记载努尔哈赤是否亲自入京求封，但确实进献了番文，乞讨金顶大帽、服色及龙虎将军职衔，而明朝也下令相关部门商议执行。但由于当时李成梁刚遭到弹劾而辞职，所以努尔哈赤求封的事宜被搁置，迟迟没有得到实际授予。

直到万历二十三年（1595），努尔哈赤才得偿所愿。

据《明神宗实录》记载，蓟辽督臣蹇达上疏认为努尔哈赤忠顺好学，为边境安全竭尽全力，理应加封他为龙虎将军。孟森在《清太祖由明封龙虎将军考》一文中也称努尔哈赤是在万历二十三年被封为龙虎将军的。此外，诸如《山中闻见录》和《建州私志》等历史书籍也明确记载，努尔哈赤在万历二十三年被明朝廷晋升为龙虎将军。

自努尔哈赤表达对明朝的臣服和忠诚之后，曾多次亲自进京朝贡。据《明神宗实录》记载，万历二十一年（1593）闰十一月，"建州卫女直夷人奴儿哈赤等赴京朝贡，上命赏宴如例"。这是努尔哈赤第三次亲自进京朝贡，通过朝贡，努尔哈赤再次展示了他的忠诚和实力，同时也获得了明朝的支持和赏赐。

万历二十五年（1597）五月，"建州等卫都督、指挥奴儿哈赤等一百员名，进贡方物，赐宴赏如例"（《明神宗实录》）。努尔哈赤以建州等卫都督的身份，率领 100 名使团成员，向明朝进献了各种贡品，明朝按照惯例举行了宴赏活动，并赐予他们相应的赏赐。

万历二十六年（1598）十月，"宴建州等卫进贡夷人奴儿哈赤等，遣侯陈良弼待"（《明神宗实录》）。明朝廷为建州等卫进贡的夷人，包括努尔哈赤在内，举行了宴会，并派侯陈良弼负责接待。

万历二十九年（1601）十二月，"宴建州等卫贡夷奴儿哈赤等一百九十九名，侯陈良弼待"（《明神宗实录》）。努尔哈赤再次率领 199 名使团成员进贡，明朝为他们举行了宴会，并由侯陈良弼负责接待。这也是努尔哈赤的第六次朝贡。

值得注意的是，据《明神宗实录》记载，万历三十年（1602）六月的朝贡中，努尔哈赤因贡事与明朝廷产生了争执，导致此后的 6 年时间里，努尔哈赤都没有亲自进京朝贡。

直到万历三十六年（1608）十二月，"颁给建州等卫女直夷人奴儿哈赤、兀勒等三百五十七名，贡赏如例"（《明神宗实录》）。努尔哈赤才再次率领 357 名使团成员进贡，明朝按照惯例举行了宴赏活动。

这是努尔哈赤的第七次到京朝贡，虽然在此期间因各种原因有所间隔和争议，但可以看出，努尔哈赤始终保持着与明朝的紧密联系和进贡关系。

在这次努尔哈赤的入贡中，《建州私志》中记载了一个事件："海西、建州二酋入贡，奴酋混入猛酋部领赏，礼部验得实，时奴酋二年失贡矣。主事叶世英言：'奴强日炽，镇江、宽甸之间逼近房巢，必先壮其声势，乃能伐其狡谋。'戎政尚书李化龙亦言：'辽尤危在旦夕，皆因高淮扰民激乱，以为奴酋之资。'四月，前屯军变，欲杀淮不果。"此次事件，即海西和建州两位首领一同入贡，努尔哈赤混入另一位首领的部属中领取赏赐。后经过礼部核实，发现努尔哈赤已经有两年没有亲自到京城朝贡了。叶世英认为努尔哈赤的势力日渐壮大，所以必须增强明朝的声势来遏制他的野心。同时，李化龙也认为，辽东的局势仍岌岌可危，很大程度上是因为税监高淮的扰民行为激起的叛乱，这为努尔哈赤提供了可乘之机。明朝认为，两位大臣说得在理。随后，明朝决定将高淮撤回北京。

值得注意的是，努尔哈赤在此期间已经消灭了哈达部并吞并了他们的敕书，因此得以冒用哈达部的名义进行朝贡。

万历三十九年（1611）十月，"颁给建州等卫补贡夷人奴儿哈赤等二百五十名，各双赏、绢匹、银钞"（《明神宗实录》）。明朝颁发给建州等卫补贡的夷人，包括努尔哈赤在内的 250 名使者各双赏、绢匹、银钞。

万历四十三年（1615）三月，"蓟辽督抚奏称，迩日奴酋自退地镌碑之后，益务为恭顺。此番进贡，止大针等一十五名，夫以千五百之贡夷，而减至于十有五名，岂不惟命是从哉"（《明神宗实录》）。自从努尔哈赤退地并镌刻碑文以示臣服后，他更加恭顺。此次朝贡，他只派 10 余名使者，相较于以往的规模大幅减少。值得注意的是，这次朝贡，努尔哈赤本人并未亲自前往。

以上种种，说明了努尔哈赤在向明朝表示臣服后，曾亲自进京朝贡了 8 次，在建立后金之前的 20 多年里，他差不多平均每 3 年就到北京朝贡一次。

也就是说，他一方面向明朝表示归顺和臣服，以获其支持和赏赐；另一方面则积极兴兵，统一女真各部，最终称王称汗。而且，努尔哈赤懂得利用多次朝贡的机会，借机查探明朝的虚实，了解明朝的政治局势，深入熟悉明代的典章制度，深刻理解中原的经济文化，他还详细察访了辽东明军的戍守情况。

这一切都是他对明朝采取双面政策的成果，也显示出他的智谋和远见。

努尔哈赤从明朝时期女真各部首领的历史教训中汲取了经验：哈达王

台只称臣不称雄，最后因病老去，未能实现女真的统一；建州王杲，只称雄不称臣，最后身首异处，也未能实现女真的统一。

努尔哈赤则巧妙地制定自己的谋略，他根据力量的变化，动态地调整自己的策略，称臣还是称雄要根据时势来定。起初，他选择称臣而不称雄，以保护自己；然后，他在暗地里积累力量，明面上称臣，实则已经暗藏雄心；进而，随着力量的增强，他既称臣又展现雄心；最后，他不再称臣，只想展现自己的雄心壮志。

总之，努尔哈赤以既称臣又称雄的双面策略，暗中积蓄力量，得以实现女真的统一，并建立自己的汗国。

努尔哈赤对明朝的双面政策，成功地蒙蔽了明朝的昏庸君主和无知官员，使得明军在长达30余年的时间里都没有对建州军进行过一次围剿，而且蓟辽督抚还上奏称努尔哈赤"惟命是从"，无不显示出努尔哈赤双面政策的成功，也为他在赫图阿拉建立自己的汗国做了重要准备。

再看明朝对建州采取的政策，与建州对明朝的双面政策恰恰相反，是只采取抚而不剿的政策。

当时，明朝对边陲之地的策略，基本按照顺从则安抚、叛逆则剿灭的原则，但在实际行动中却常常颠倒，对顺从者进行剿灭，对叛逆者却给予安抚。对于明朝对努尔哈赤所采取的策略，明朝一些有远见和明智的大臣曾多次上疏，表示他们的担忧和建议。

例如，早在万历十五年（1587）十一月，辽东巡抚顾养谦上书开原道参政王缄："抚剿无定策，反复其词，贻祸边疆，宜重加议处。至猛骨孛罗已叛而从逆，奴儿哈赤益骄而为患。乞行巡按查勘，相机处分。"（《明神宗实录》）顾养谦指出明廷在抚剿政策上的犹豫不决和反复无常，认为这种态度给边疆带来了祸害。且努尔哈赤日益骄横，成为边患，并请求巡按进行查勘，作出相应处理。

之后，顾养谦又奏："奴儿哈赤者，建州黠酋也，骁骑已盈数千，乃曰'奄奄垂毙'，倘闻者不察，谓开原之情形果尔，则辽事去矣！"（《明神宗实录》）顾养谦形容努尔哈赤为建州的狡猾首领，其骁勇的骑兵已达数千之众。然而由于处理含糊，建州的势力得以继续扩张。

又如，万历二十九年（1601）十二月，努尔哈赤已经吞并了哈达部，势力逐渐强大。《明神宗实录》记载："南关燔，乃蚕食北关，尽并海西诸夷，奴酋自此益强，遂不可制矣！"当时的辽东形势是，南关衰落，北关被蚕食，海西诸夷尽被吞并，进而努尔哈赤更加强大，明朝难以控制。

再如，万历三十年（1602）六月，兵部部署萧大亨上疏陈述边事："去岁建州奴儿哈赤补进二贡，咬思阿等夷于三河各驿，索要布匹、鞋袜，倍于正额，锁拿马头、车户，擅行拷打；海西洋字罗看只木等，于今年进贡在通州，各夷打伤把总李国忠等，索要牛羊、酒食，驿递不堪赔累。且往来窥探，夷险熟知。及今不禁，一有他虞，谁执其咎？"（《明神宗实录》）萧大亨提到，努尔哈赤补交了两次贡品，但在三河各驿站，其部属索要布匹、鞋袜的数量超过了规定的数额，并擅自拷打车户和马头。萧大亨还指出，努尔哈赤频繁往来，对朝廷的虚实了如指掌。倘若还不加以限制，一旦出现问题，后果将不堪设想。

还如，万历三十六年（1608）三月，礼部上奏称："夫国家本藉女直制北虏，而今已与北虏交通，本设海西抗建州，而今已被建州吞并。……更闻奴儿哈赤与弟速儿哈赤，皆多智习兵，信赏必罚，妄自尊大，其志不小。臣阅金、辽二史，辽人尝言：'女直兵若满万，则不可敌。'今奴酋精兵业已三万有奇。按隆庆间辽镇图籍马步官军实在八万，粒米豆草而外，主客岁饷二十万金。今称堪战亲兵不满八千，思之可为寒心！"（《明神宗实录》）礼部指出，朝廷之前欲依靠女真族来制衡北方的敌人，但现在女真族却与北方的敌人建立了联系。原本设立海西，以此来对抗建州，但现在海西却被建州吞并。此外，努尔哈赤和他的弟弟舒尔哈齐都智慧过人，且擅长军事，他们信赏必罚，野心勃勃。如今，努尔哈赤的精锐兵力已超过三万，这实在令人担忧。

以上数例，充分说明皇朝、政权、民族和军队的基本治理策略的重要性。尽管明廷中不断有明智杰出的大臣和先知先觉的官员提出宝贵建议，但这些建议并未得到万历帝及其内阁大臣的采纳，究其原因主要有四个方面。

其一，明朝在对待建州的问题上显得犹豫不决，缺乏明确果断的决策。从努尔哈赤起兵到他自立为帝，长达33年的时间里，明朝对努尔哈赤的态度始终在安抚和剿灭间徘徊，一直未能作出明确决定。上无定策，下无所从，导致诸臣的谏言和建议被束之高阁，没有得到应有的重视和回应。

如大学士、首辅方从哲曾上疏："伏望皇上出御文华殿，召九卿科道等官会议，共图保辽、保京师之策。不报。"（《明神宗实录》）方从哲请求万历帝召集九卿科道等官员共同商讨保辽和保京师的策略，但这一建议并未得到回应。

又如，一日之间，"辅臣七疏，吁请发帑。留中"（《明神宗实录》）。辅臣多次上疏请求发放国库资金，也都被搁置不理。

再如，浙江道御史杨鹤甚至直言不讳地指出："若诸臣误国，罪在诸臣；若我皇上优游不断，是自误矣！"（《明神宗实录》）大意是：倘若诸臣误国，罪责在诸臣；但如果皇帝自己犹豫不决，那就是自误了。杨鹤的话，可以说已经很犀利了，但仍没有得到皇帝的回应。

万历帝这种油盐不进的态度、犹豫不决的性格、毫无作为的举动，将明朝的政治混乱和腐败体现得淋漓尽致。这也暗示了明朝注定会走向灭亡的结局。

其二，万历时期，朝臣之间的党争非常激烈。这些党派往往以同门、同年、同乡、同亲、同气等关系为纽带形成，致使臣僚之间出现严重的派系林立现象。

在这种历史背景之下，许多本应基于是非对错进行决策的事务，却被党派之争所左右，导致许多正确且有益的建议无法得到相应的支持。

正是因为党派的存在，同样的罪行可能会因为犯罪者的党派背景不同而受到不同的处罚，而功绩和过错的评判也因此失衡。这种现象导致满朝大臣在决策和议事时更倾向于说一些冠冕堂皇的话，而不愿意或不敢针对实际问题说出真言。这种空洞的言论，无疑对明朝的治理和发展产生了负面影响。

其三，明朝边官的贪腐问题达到了令人发指的程度。在明朝的政治体制中，阁僚和言官往往结党营私，以党派利益为重。《明神宗实录》中记载："边臣闻之，皆避怨畏祸，不敢主张一事，不敢参论一人，而边事益坏矣。"这种党同伐异的风气，致使边地官员们普遍缺乏责任感和担当精神。他们害怕得罪人招致祸端，所以不敢主张事务，更不敢参论同僚。他们之间更多的是互相攻讦、推卸责任，导致许多边陲问题得不到及时解决，边境事务日益恶化。

其四，万历中后期，朝廷的财政和军事问题日益严重。庞大的宫殿、陵寝、宗室和庙堂建设开支巨大，加上矿监、税监、贪官污吏的横征暴敛，致使农民、工商、军兵和普通百姓怨声载道。此时的明朝，财政空虚，太仓枯竭，官吏治理以及军事管理错误百出。

当时的情况是，九边地区军队缺粮，国库如洗。兵部尚书王象乾曾表示："今仓廪空虚，四海困穷极矣。向者忧在财乏，今则忧在军乱。噪呼之变，一见于遵化，再见于蓟门，三见于永平。窃恐九边军士，效而尤之。脱巾之呼，甚于失伍；萧墙之祸，惨于敌人。"（《明神宗实录》）明朝国库空虚，全国极度贫困，这种情况下很容易引起内部的祸乱。

其五，辽东地区的百姓对明朝廷的统治怨恨极深。明山西道御史毕佐周指出，辽民有四大怨恨："军兴以来，援卒之欺凌诟谇，残辽无宁宇，辽人为一恨；军夫之破产卖儿，贻累车牛，辽人为再恨；至逐娼妓而并及张、刘、田三大族，拔二百年难动之室家，辽人为益恨；至收降夷而杂处民庐，令其淫污妻女，侵夺饮食，辽人为愈恨。有此四恨，而冀其为我守乎！"（《明熹宗实录》）

毕佐周明确指出了辽东地区百姓的四大怨恨，希望朝廷能够意识到一个最为现实的问题，就是在这样的情势下，不能指望辽民为朝廷效忠守边。

辽东的军屯制度在明朝时期已经遭受了严重破坏。明朝曾尝试通过雇佣兵丁来增强军事力量，但这一举动未能取得预期的效果。历史资料记载，明朝在一次招募的兵丁中，有超过一半的人选择了逃亡。而那些未逃亡的兵丁，要么手中没有武器，要么身体羸弱，根本没有能力应对实战。倘若得知要出战迎敌，他们便四散而逃。

这样的军队和民众，在面对后金政权和强大的八旗军时，显然无法冲锋陷阵保卫大明朝的江山社稷。

综上所述，明朝在军事策略上的失误以及上下级之间的欺瞒和敷衍态度，导致在实际执行中出现了种种问题。这些问题致使努尔哈赤在 33 年的积累过程中，没有受到明军的有效打击，进而壮大起来。最终，他在赫图阿拉称帝，建立了后金政权，定国号为天命。

七、雄狮般的勇士

努尔哈赤在赫图阿拉自封为汗，创立后金政权，过程中有两个不可或缺的条件：一是明朝的腐朽衰败，二是女真的统一强大。明朝的破败不堪为努尔哈赤建立政权称汗提供了有利的外部条件，而女真的统一和强大则构成了努尔哈赤建立政权的内部基石。然而，这两个条件的结合，不仅需要历史的机遇，更需要领导者具有过人的智慧与才能。

努尔哈赤便是这样一位卓越的领袖，他具有敏锐的洞察力，能够捕捉到明朝衰败的历史动向，并及时作出一系列有效的对应策略，如以双面策略促使满族崛起。

努尔哈赤建立后金政权，呈现出由低向高而渐进的历史发展轨迹。他如同一位稳健的登山者，逐步攀登至汗位宝座的高台，坚定地一步步向上攀登。他的每一步都经过深思熟虑，每一个决策都具有战略眼光。

第一步，是确立国家制度。

万历十五年（1587），在努尔哈赤起兵4年之后，基本上完成了对建州本部的统一。随后，在佛阿拉地区筑城设栅，设立了官署和楼台。同年六月二十四日"定国政，凡作乱窃盗欺诈悉行严禁"（《满洲实录》）。努尔哈赤确立国家制度，严厉禁止一切叛乱、盗窃和欺诈行为。

自此，努尔哈赤在苏克素浒河地区初步确立了政治权力，这象征着后金政权的初步建立。

第二步，自立为王。

万历十七年（1589），努尔哈赤一方面接受明朝的封赏，担任都督佥事的职位；另一方面在佛阿拉自立为王，开始在建州本部女真人中建立自己的王权。

第三步，成为女真国家的领袖。

万历二十四年（1596），努尔哈赤大败叶赫等九部联军后，受到明朝的册封，成为龙虎将军，并彻底统一建州女真各部。

同年，在给申忠一的回信中，努尔哈赤自称为"女直国建州卫管束夷人之主"（《建州纪程图记》），表明他已经成为女真国家的领袖。

在努尔哈赤统治时期，他的王权已经覆盖了整个建州女真地区。然而，他既自称"女直国"的君主，又使用"建州左卫之印"作为官方印章，这在一定程度上造成了身份和权力上的矛盾。为了解决这一矛盾，他开始加强中央集权，推行一系列的政治改革，并且通过外交手段与周边地区建立紧密的关系。通过这些举措，努尔哈赤成功地解决了身份和权力上的矛盾，进一步巩固了他在建州女真的统治地位。

第四步，自称为建州及其周边地区的君主。

努尔哈赤统一建州女真后，为了加强治理，他创制了满族文字，吞并了哈达部，并设立了四旗制度，并于万历三十一年（1603）迁至赫图阿拉。赫图阿拉，意为"横冈"，明称"蛮子城"，清朝时则称为"兴京"。

赫图阿拉位于今辽宁省抚顺市新宾满族自治县永陵镇赫图阿拉村，在永陵镇东南方向约8里的地方，坐落在苏克素浒河南岸。其西南方向隔着鸡鸣山与佛阿拉城遥遥相望，正南方是羊鼻子山，正北方跨过河流则面对着头道堡山，东北方向与皇寺相接。这座城建在羊鼻子山向北延伸的台地上，形状近似正方形，全城东西长约1320米，周长约5000米。内城城墙高约4米，底厚约10米，东、南、北三面设有城门。

赫图阿拉位于苏克素浒河与加哈河之间，《清太祖高皇帝实录》中记载："上自虎拦哈达南冈，移于祖居苏克苏浒河、加哈河之间，赫图阿喇地，筑城居之。"就是说，努尔哈赤从虎拦哈达南冈迁移到这片祖居之地并选择在这里筑城居住。

2年后，努尔哈赤下令在赫图阿拉城外再建一座更大的城池，试图将赫图阿拉打造成为他崛起的基地。也是在这一年，努尔哈赤在写给朝鲜边将的书信中自称"建州等处地方国王佟"，这表明了他的王权得到进一步提升，既称为"建州国"，也自称为"国王"。

第五步，被尊称为"昆都仑汗"。

万历三十四年（1606），蒙古的恩格德尔带领喀尔喀五部贝勒的使臣，前往赫图阿拉觐见努尔哈赤，尊称他为"昆都仑汗"，意为"恭敬的汗"。努尔哈赤被尊为恭敬汗，不仅为他自封为后金汗作了舆论铺垫，也预示着他即将登上汗位的宝座，创立天命年号。

第六步，努尔哈赤建立年号，称汗。

努尔哈赤建元称汗，是建州女真从弱小走向强大、从地区性政权迈向全国性政权的重要政治标志。努尔哈赤这一行动，表明他有着远大的志向，意图夺得明朝的江山。

据史料记载，有一份记录女真贵族讨论王朝兴衰的文书，他们得出的结论是：鉴于万历皇帝的暴政和不义，努尔哈赤有充分的理由自立年号并称汗。

万历四十四年（1616），努尔哈赤在赫图阿拉正式称汗，同时宣告成立后金的军事与农奴制政权。《清太祖高皇帝实录》对这一重要历史事件作了详细记载："天命元年，丙辰，春正月，壬申朔。四大贝勒代善、阿敏、莽古尔泰、皇太极及八旗贝勒大臣，率群臣集殿前，分八旗序立。上升殿，登御座。众贝勒大臣率群臣跪，八大臣出班，跪进表章，近侍侍卫阿敦、巴克什额尔德尼接表。额尔德尼跪上前，宣读表文，尊上为覆育列国英明皇帝。于是，上乃降御座，焚香告天，率贝勒诸臣，行三跪九叩首礼。上复升御座，众贝勒大臣各率本旗，行庆贺礼。建元天命，以是年为天命元年。"

书中记载，天命元年正月，努尔哈赤在赫图阿拉举行了盛大的登基典礼。四大贝勒代善、阿敏、莽古尔泰、皇太极以及八旗贝勒和大臣们带领众多官员齐聚大殿前，按八旗的顺序站立。努尔哈赤随后登上大殿，坐在御座上，群臣行跪拜礼。额尔德尼跪拜在努尔哈赤跟前，高声宣读了一份表文，称颂努尔哈赤为"覆育列国英明皇帝"。接着，努尔哈赤从宝座上步下，焚香告天，与贝勒及各位大臣一同完成了三跪九叩首的大礼。

这一年，努尔哈赤58岁，他宣布建立新的年号天命，并将该年定为天命元年，他身着黄衣，自称为"朕"。而这场典礼，标志着努尔哈赤从此正式确立了自己的统治地位，并开启了后金政权的新篇章。

《满文老档》亦有记载："丙辰年，聪睿恭敬汗五十八岁，正月初一日，申日，国中诸贝勒、大臣及众人会议曰：'我国从无立汗，其苦殊深，天乃生汗以安国人也！汗既天生，以易抚贫困之国人，豢养贤达者，即应称上尊号。'议定后，八旗诸贝勒、大臣率从成四面四角，立于八处，有八大臣持书自八旗出跪于前，八旗诸贝勒、大臣率众跪于后。立于汗右侧之阿额侍卫及立于汗左侧之巴克什额尔德尼，各自出迎，接八大臣跪呈之书，放置于汗前御案。立于汗左前方，宣书咏诵'天任抚育列国英明汗'宣罢后诸贝勒、大臣起，继之，各处之刃皆起。于是，汗离座出衙门，叩天三次。叩毕回位后，八旗诸贝勒、大臣依次庆贺元旦，各向汗行三叩首。"

从历史记载的内容看，虽然不同史料对努尔哈赤称汗的经过和细节描述上略有出入，但总体上都反映了努尔哈赤在后金政权建立过程中至高无上的核心地位。

有关努尔哈赤建立后金、建元天命的历史记载，直到天命四年、万历四十七年（1619），在努尔哈赤夺得萨尔浒大捷之后，才被朝鲜和明朝的史册所记录。也就是说，从努尔哈赤于赫图阿拉登基称汗开始至天命四年，这个时间里，后金的存在并未被外界广泛认知或记载。而《满文老档》中出现"后金国汗"的记载是在天命六年、天启元年（1621）。

因此，一些历史文献称万历四十四年（1616）努尔哈赤建立的政权是"大金"，也就是后金，这种说法没有直接的史实依据。

关于"大金"这一称号，在历史记载和文物中的出现时间更为靠后。换句话说，对于努尔哈赤建立后金的历史事件，不同地区史书的记载存在一定的时间差异和认知差异。

努尔哈赤建立的政权被称为"大金"，这一称呼的出处源于天命六年、天启元年（1621）五月，李永芳写给朝鲜边将的 3 封书信中有所提及，摘抄如下：

其一，"大金国驸马王李永芳谕朝鲜守边官知道：我大金皇帝收取辽东……"信件中，李永芳多次使用了"大金"的称呼，充分证明了"大金"作为努尔哈赤所建政权的称呼，在当时已经被使用。

其二，"大金驸马王李，为招抚军民事，票仰义州节度使……"在此书信中，仍称作"大金"。

其三，"大金国驸马王李，谕义州节度使知道……"同上，仍称努尔哈赤所建政权为"大金"。

上述是李永芳写给朝鲜边官的书信，其中多次出现"大金"的字样。由于书信内容较为烦琐，这里不全部摘录。

除了文献记载之外，文物亦可印证。沈阳故宫博物院藏有一块天命八年、天启三年（1623）所铸的云版铭文，上面镌刻"大金天命癸亥年铸"。此文物也为这一称呼提供了有力证据。

由是，无论是史籍记载还是文物证明，都表明努尔哈赤所建的政权也被称为"大金"，并且这一称呼在当时得到了广泛的使用和认可。

以上种种，都说明努尔哈赤建立后金的历程是历史发展的结果。

从万历十五年（1587）的"定国政"开始，到天命十一年、天启六年（1626）努尔哈赤去世，其间经历了6次重要的变化，这需要我们以历史的角度客观审视。

根据历史资料显示，万历四十四年（1616），努尔哈赤登基称汗时，并没有立即自称后金或宣布建立后金政权。而是在天命三年、万历四十六年（1618）闰四月，他通过汉人张儒绅等人转达的求和信件中，自称"建州国汗"，并详细列举了七宗恼恨之事。万历四十七年（1619）才开始在历史记载中看到他使用"天命"作为年号，并将国号定为后金。而关于"大金"的称呼，根据现有史料，那是在天命六年、天启元年（1621）之后的事情。

因此可以说，努尔哈赤建立后金的过程是历经演变的。

在建立后金政权后，努尔哈赤在外部不仅要继续与明朝周旋，在内部还致力于制度的建设以及稳定内部社会结构。

八、后金王朝

努尔哈赤建立的后金政权在其统治时期展现出几个显著的特点。

其一，后金社会旗、军、政的高度统一。八旗制度不仅是后金社会的基本组织框架，还具有军事、行政和民事管理的多重功能。

后金社会的各级额真，在战时以旗为单位统率军队，没有战事时则负责管理和服务旗下民众。也就是说，在努尔哈赤时期的后金社会，旗制、兵制、民制是一元化的。这种军事与民事的无缝衔接更是后金强大的基石。

其二，后金政权的立法、行政和司法职能也呈现出一元化的特点。

在后金汗之下，有开国五大臣、八大贝勒。而开国五大臣和八大贝勒不仅是决策层，同时也是军事统帅和司法官员。这种三合一的体制促使后金政权在决策、执行和裁决方面能够更加迅速且有效。

其三，后金政权注重集体决策和分工合作。《清史稿》曾载济尔哈朗的回忆："太祖创业之初，日与四大贝勒、五大臣讨论政事得失，咨访士民疾苦，上下交孚，鲜有壅蔽，故能扫清群雄，肇兴大业。"据济尔哈朗回忆，努尔哈赤在创立政权初期，经常与四大贝勒和五大臣一同商讨国事，倾听各方意见，从而作出合理、通达的决策。这种开放与包容一体的决策方式，促使后金政权能够迅速应对各种挑战。

上述三个特点，正是后金政权与明朝之间的明显区别，也是努尔哈赤相较于李满住、董山、王台等人能够荡平群雄、开创大业的根本原因。这些特点构成了后金政权的独特性以及努尔哈赤的领袖魅力。

不过，在后金的社会体系中，统治者集团内部因社会地位和财富的不同，被划分为不同的等级。努尔哈赤统治下的后金社会之所以稳固，主要依靠的是统治阶层中的新兴军事和政治贵族。这些贵族主要由以下几类人组成。

第一类是后金的皇族成员，主要是由爱新觉罗宗室的成员构成，尤其是努尔哈赤的直系子侄。在后金政权中，努尔哈赤的子侄通常掌握着大量的牛录。牛录，是八旗制度的基层组织。据《满文老档》记载，仅济尔哈朗阿哥旗、汤古岱旗和阿巴泰阿哥旗三旗就辖有 101 个牛录，此外还有 375 个甲喇的兵力。

这些子侄在努尔哈赤的领导下逐渐崭露头角，形成了四大贝勒的体系，又称和硕贝勒，分别是大贝勒代善，二贝勒阿敏，三贝勒莽古尔泰和四贝勒皇太极。随着历史的推移，逐渐发展出了 8 位和硕贝勒，也被称为八固山贝勒、八执政贝勒或八大贝勒。在这 8 位贝勒中，四大贝勒的权力和影响力尤为突出。

这些出身皇族的贵族，不仅牢牢控制着兵权和政权，还拥有大量的土地、奴仆、牲畜、金银财宝等资源。据《满文老档》记载，努尔哈赤对与元妃佟佳氏所生的长子褚英和次子代善，分别赐予"国人五千户、牧群八百、银一万两、敕书八十道"。

随着后金在战事上接连取得胜利，这些宗室贵族的财富和地位也随之提升，成为后金汗之下最大的政治和军事贵族。这个以皇权为首的宗室贵族集团，在清朝的历史中始终占据着重要的地位，一直到宣统三年（1911），虽然一些家族的地位有所变化，但整体上他们仍然是清朝的政治和军事贵族。这些人包括亲王、郡王、贝勒、贝子以及他们在八旗中的各级指挥官，包括固山额真、梅勒额真、甲喇额真、牛录额真等。

总而言之，努尔哈赤的子侄们通过掌握大量的牛录和财富，在后金政权中形成了强大的宗室贵族集团，对清朝的历史产生了深远的影响。

第二类是后金政权中的异姓军功贵族。这些贵族主要是早年归顺努尔哈赤的非爱新觉罗姓氏的将领，他们在多次征战中展现出骁勇顽强的精神并屡立战功。例如：

其一，额亦都，钮祜禄氏，生于嘉靖四十一年（1562），比努尔哈赤小3岁。前文已经提到额亦都具备极高的军事才能，还表现出非凡的勇武和战斗力，以少击众，所向披靡，曾在多次战斗中得到了充分体现。

在努尔哈赤的征战中，额亦都始终在行列之中，从未遭遇挫败。《清史稿》记载："每克敌受赐，辄散给将士之有功者，不以自私。"每当额亦都获得战利品和赏赐后，总是慷慨地分发给有功将士，从不贪图私利。

因此，努尔哈赤对他总是给予厚待，甚至将自己的族妹和女儿嫁给他。在后金八旗制度创立后，额亦都被编入满洲镶黄旗。后金政权建立后，他成为开国五大臣之一，并兼任总兵官。

天命六年，天启元年（1621）六月，额亦都因病去世，享年60岁，配享太庙，成为后金历史上一位重要人物。额亦都留下了16个儿子，他们在后金和清朝的历史中也都有着重要的地位和影响。

其二，费英东，瓜尔佳氏，是苏完部首领索尔果的次子。万历十六年（1588），随同父亲率领500户部族投靠努尔哈赤，因此受到努尔哈赤的高度赞赏，并被赐予努尔哈赤长子褚英的女儿作为配偶。

费英东在多次战役中都表现出色，曾参与征讨瓦尔喀部、葛嘉路和安褚拉库路的战斗，成功收降当地民众并攻克多个屯寨。在与乌拉部和叶赫部的战斗中，他骁勇无畏，多次破敌并夺取城门，为后金政权的扩张作出了重要贡献。

据《八旗满洲氏族通谱》记载："自少从征诸国，三十余年，身先士卒，摧锋陷阵，战必胜，攻必克，屡奏肤功。"费英东自幼年起便跟随努尔哈赤征战四方，长达30余年。他身先士卒，勇猛无比，逢战必胜，每攻必克，屡建奇功，为后金的建立与扩张立下赫赫战功。《清史稿》记载了努尔哈赤对他的称赞："此真万人敌也！"

《清史稿》记载："国事有阙失，辄强谏，毅然不稍挠；佐太祖成帝业，功最高。"费英东不仅作战勇猛，而且为人忠直，当发现政事中存在不足

时，总是毫不犹豫地直言进谏，竭尽所能辅佐努尔哈赤成就帝业。皇太极
对费英东的评价亦是极高，他认为费英东在处理人际关系时，既公正又富
有智慧，能够妥善平衡各方情感，是一位值得尊敬的人物。

在天命建元时期，费英东被封为开国五大臣之一，并兼任总兵官，成
为后金政权的重要支柱。

天命五年、泰昌元年（1620）三月，费英东病逝，享年57岁，配享
太庙，后被追封为一等公，彰显了他在后金历史上的重要地位。费英东去
世后，留下了10个儿子，他们在后金和清朝的历史中也都有着杰出的表
现。

其三，何和礼，又被称为何和里、何和理，属于栋鄂氏或董鄂氏。他
的祖先是克彻巴彦，父亲是额勒吉，哥哥是屯珠鲁巴彦，世代担任董鄂部
首领。万历十六年（1588），何和礼率领部落归附努尔哈赤，并因此得到
了努尔哈赤的长女为妻。

在接下来的岁月里，何和礼参与了多次重要的征战，其中包括征讨虎
尔哈、攻灭乌拉、激战萨尔浒、攻克沈阳和占领辽阳等。在这些战役中，
他都立下了赫赫战功。

何和礼以性格宽和、见识远大而著称。他跟随努尔哈赤征战30余年，
成为努尔哈赤的得力助手和亲密战友，被后金政权尊为开国五大臣之一，
并兼任总兵官。

天命九年、天启四年（1624），何和礼病逝，享年64岁。他的离世对
于后金政权来说是一个巨大的损失。虽然他不在了，但他的贡献和地位在
后金历史上仍然有着举足轻重的地位。何和礼去世后，留下了6个儿子，
他们在后金和清朝的历史中也都有着重要的影响。

其四，安费扬古，觉尔察氏，与努尔哈赤同岁，他的家族世世代代居
住在瑚济寨，早年便跟随他的父亲为努尔哈赤效力。

万历十一年（1583），安费扬古跟随努尔哈赤起兵，战尼堪外兰，攻

克伦图城，战斗中展现出勇猛果伐的特质。在努尔哈赤的多次征战中，安费扬古起到了关键作用，曾多次在危急关头挺身而出，无论是出奇制胜还是冲锋陷阵，都帮助努尔哈赤得以化险为夷。在古勒山之战和九部之战中，他都有出色的表现。除此之外，在萨哈连的征战中，他率领军队渡江并取得了胜利。可以说，在后金的各个重大战役中，安费扬古都一马当先，屡立战功。

据史书记载，安费扬古自归顺努尔哈赤后，就一直跟随他征战四方。在开国功臣中，只有安费扬古和额亦都二人最早效力于努尔哈赤。他从青葱年少时就开始征战，直到白发苍苍，每战都冲锋在前，撤退时则殿后掩护，曾多次身受重伤，立下赫赫战功。因此成为后金开国五大臣之一，兼任总兵官。

天命七年、天启二年（1622），安费扬古因病去世，享年64岁。他的功绩和贡献将永远铭刻在后金历史的长河中。安费扬古的后代也为后金和清朝的历史作出了重要贡献，继承了他的英勇精神和忠诚品质。

其五，扈尔汉，佟佳氏，世居雅尔古寨，他的父亲扈喇虎于万历十六年（1588）率领部众归附努尔哈赤。当时，扈尔汉只有13岁，努尔哈赤收养他作为自己的养子。随着年龄的增长，扈尔汉开始担任努尔哈赤的侍卫，并逐渐展现出过人的军事才能。在满洲旗制建立后，他被编入正白旗。

扈尔汉参与了许多重要的战役，其中包括征讨乌拉部、渥集部、虎尔哈路等。他曾率领军队攻克扎库塔城，并在征服萨哈连部的战斗中取得了胜利。在著名的萨尔浒之战中，扈尔汉与其他将领合作，成功击毙了明朝将领刘𫄧，随后他又参与了攻取沈阳和辽阳的战斗，每次都立下了赫赫战功。

正是因为卓越的战功和忠诚的奉献，扈尔汉被尊为后金开国五大臣之一，成为后金政权的重要支柱。

天命八年、天启三年（1623），扈尔汉病逝，享年 48 岁。他的离世于后金而言是一个巨大的损失。他在后金历史上的重要地位和贡献将永远被铭记。

后金开国五大臣按照年龄顺序排列为：安费扬古、何和礼、额亦都、费英东、扈尔汉。而按照他们在历史上的地位和影响力，顺序则为：费英东、额亦都、何和礼、安费扬古、扈尔汉。这 5 位大臣都为清朝的开国奠基和建功立业作出了卓越的贡献。

值得一提的是，这 5 位大臣都是在努尔哈赤进入辽沈地区后以及努尔哈赤逝世之前相继离世。

当费英东去世后，努尔哈赤亲自前往祭奠，有近臣劝阻努尔哈赤，无须亲自前往，但努尔哈赤却说："吾股肱大臣，与同休戚，今先雕（凋）丧，吾能无悲乎？"说完，执意亲往，并痛哭至深夜。额亦都病故时，努尔哈赤也亲自前往，并悲痛万分。扈尔汉病故后，努尔哈赤也亲临其丧。当何和礼去世时，努尔哈赤悲痛欲绝地说道："朕所与并肩友好诸大臣，何不遗一人以送朕老耶？"

《清史稿》中的这些记载说明努尔哈赤对那些同他并肩出生入死的战友怀有深深的感恩之情。重要的是，这 5 位大臣是与努尔哈赤共同战斗了 40 年的老战友，他们之间不仅没有内斗和内讧，而且始终齐心协力、生死与共，共同开创了大清王朝的基业。他们的团结和忠诚成为大清王朝稳固的基石。

《清史稿》在描述开国五大臣后，曾留下这样的评论："额亦都归太祖最早，巍然元从，战阀亦最多。费英东尤以忠谠著，历朝褒许，称佐命第一。何和礼、安费扬古、扈尔汉后先奔走，共成筚路蓝缕之烈，积三十年，辅成大业，功施烂然。太祖建号后，诸子皆长且才，故五大臣没而四大贝勒执政。"

开国五大臣在后金和清朝都有着极高的地位，他们与天命汗努尔哈赤结下了深厚的情谊，他们共同谋划国家大事，协助管理国政，分担兵权，并在战场上奋勇杀敌、身先士卒。正是因为拥有这样大智大勇、才德兼备的股肱之臣，努尔哈赤建立后金政权的道路才能走得如此顺畅。正是拥有这些共同经历创业的艰辛的战友，努尔哈赤才能登上帝座，成就辉煌大业。

一位智慧的领导者，身边跟随的人一定也要出众，为人正直。否则，再有能力的领导者，也是孤掌难鸣。由此看，努尔哈赤是幸运的。在五大臣去世后，四大贝勒开始执政，逐渐崭露头角。

第三类主要是由归顺并忠于努尔哈赤的蒙古贝勒和台吉等有功勋的贵族组成。

以明安达礼为例，他来自科尔沁部，早年就跟随父亲归顺努尔哈赤，被授予牛录额真的职位，后来更是成为正白旗蒙古都统，官职达到兵部尚书，担任参与国政的大臣。另一位人物是布颜代，属于蒙古兀鲁特部的贝勒，在归顺后金之后，努尔哈赤将女儿嫁给他，他因此成为额驸，后来还担任了镶红旗蒙古固山额真。

这些蒙古贝勒和台吉在归顺努尔哈赤后，成为军事贵族，还在政治上占据了重要地位。

以恩格德尔为例，他原本是蒙古喀尔喀巴约特部的一个小台吉，但他懂得审时度势，早早地归顺了努尔哈赤，之后成为额驸，还得到了大量的土地和奴仆作为赏赐。据史料记载，恩格德尔及其家族成员总计有八千男丁，每年向朝廷交纳的银两和粮食数量相当可观。除此之外，他们还需要为朝廷提供一定数量的差役、牛只和护卫兵丁。

获得努尔哈赤封赏的蒙古贝勒和台吉，最终在蒙古八旗中担任各级额真，也成为后金政权的关键支撑力量。

第四类是汉族军队中的功勋贵族，主要由明朝投降后金的官员、将领、士人以及富商大贾组成，包括李永芳、佟养真、佟养性、石廷柱、李思忠以及后来的洪承畴等。随着越来越多的汉人投降，后金政权特别设立了汉军，与满洲八旗和蒙古八旗共同构成八旗制度，汉军中的功勋贵族阶层得以形成。汉军贵族不仅构成了后金政权的坚实支柱，也是努尔哈赤统治辽沈地区的社会根基。

以佟养真为例，他原本是辽东地区的商人，早年就与他的堂弟佟养性向后金秘密输送物资。后来，他带着家族成员降附努尔哈赤，并因在辽阳征战中的功绩被授予游击世职。在镇江驻守时，他甚至不惜以身殉国。努尔哈赤对他很是器重，念及他为国捐躯，便让他的儿子佟图赖继承世职，并官至都统。佟养真的女儿还嫁给了顺治帝，成为康熙帝的生母，后来被尊封为孝康章皇后。

佟图赖被封为一等公，他的长子佟国纲在满洲族谱中被记载，在乌兰布通之役中壮烈牺牲。佟图赖的次子佟国维曾担任领侍卫内大臣和议政大臣。

佟国维的女儿后来成为康熙帝的孝懿皇后。他的儿子隆科多，据说是负责宣布将皇位传给雍正皇帝的人。在雍正帝即位之初，隆科多被任命为总理事务的四大臣之一，担任着重要的职责。

在努尔哈赤招降的汉军军功贵族中，佟氏家族作为汉军贵族的代表，对清初的政治、军事和民心产生了深远的影响。康熙帝甚至下令将佟氏改为佟佳氏，并将其抬入满洲旗。此举亦是后族抬旗的起始。

又如李永芳，他来自辽东铁岭，原本是明朝抚顺所的游击将军。万历四十一年（1613），他在抚顺所的教场与努尔哈赤首次见面。当努尔哈赤率兵攻打抚顺时，李永芳选择出城投降。

《清史稿》记载："太祖伐明取边城，自抚顺始；明边将降太祖，亦自永芳始。"可以说，努尔哈赤征伐明朝并夺取边境城市是从抚顺开始的。而明朝的边境将领向努尔哈赤投降也是从李永芳开始的。努尔哈赤看中了李永芳的能力，希望通过他来瓦解明朝的边将。因此，努尔哈赤对李永芳优待备至,《清太祖高皇帝实录》记载:"仍依明制,设大小官属(署),令李永芳统辖;上复以子台吉阿巴泰之女妻永芳,授为总兵官。"努尔哈赤按照明朝的制度设立官署,并让李永芳统辖,甚至还将自己的儿子台吉阿巴泰的女儿嫁给他,并授予他总兵官的职位。

李永芳跟随努尔哈赤后,参与了多场战役,如攻占清河、铁岭以及沈阳和辽阳等地。他因军功晋升为三等总兵官,成为后金的汉军贵族。但是,尽管李永芳对努尔哈赤表示了忠诚,仍然受到某种程度的歧视。

例如,在一次讨论进军策略的会议上,他与贝勒阿敏意见不合,阿敏愤怒地指责说:"尔蛮奴,何得多言!我岂不能杀尔耶!"(《清史列传》)从阿敏的话中,能体会到当时李永芳所受的歧视。被称为"抚顺额驸"的李永芳都处于这样的境地,那么其他降附后金的明朝官员的处境也就不难想象了。

第五类是文化贵族。除了上述的群体之外,还有一部分人主要依附和服务于后金政权的满、蒙古、汉的文臣。这些文臣在满文的撰制、对外通使、谋划决策等方面发挥着作用,在女真各部的统一和满族共同体的形成过程中也扮演了关键角色,还在后金政权的建设和文化交流中起到了重要的作用。同时,他们还作为使者往来于各方之间,促进了满、蒙古、汉等不同民族之间的文化交流和融合。在文化贵族的参与下,后金政权逐渐形成了独特的政治、军事和文化体系。

在后金政权中,汉族儒生也占据了重要地位,范文程便是一个杰出的代表。范文程,沈阳人,他的曾祖父曾担任明朝的兵部尚书。他自幼聪颖过人,喜好读书,以县学生员的身份崭露头角。

天命三年、万历四十六年(1618),后金军攻陷抚顺时,范文程被努尔哈赤收养并培育。后来,他随军征战,历经战阵,展现出非凡的勇气和智慧。

天聪三年、崇祯二年(1629),为了加强文化建设,后金设立文馆,范文程作为有才华的学者被选拔入馆，开始活跃在政治舞台上。同年，在皇太极率军入塞、兵攻京师的战争中，范文程立下显赫军功，不仅在战场上勇猛果敢，还擅于运筹帷幄。皇太极在京城广渠门外与袁崇焕军交战失利时，范文程暗中向皇太极提出了一个反间计，从而使后金军大获全胜。

翌年，范文程因功被任命为文馆的文臣，后来晋升为游击。之后，文馆改为内三院后，他被任命为内秘书院大学士，成为皇太极的重要谋士，每当讨论国家大事时，皇太极都会征求范文程的意见，各种对外宣示的敕书也都出自他的手笔。

皇太极对范文程非常赏识和倚重，"时文程所领皆枢密事，每入对，必漏下数十刻始出，或未及食息，复奉召入"（《清史列传》）。由此可见，范文程负责的大都是机密事务，每次入宫议事时间都很长，有时甚至来不及吃饭和休息就再次被召入宫中。后来，在进军山海关、直取京师以及平定大江南北的过程中，范文程亦发挥了重要作用，他负责筹划重大政策，如实行保甲制度、招垦屯田、兴办农业等。

清军入关后，范文程建议实行"官仍其职，民复其业，录其贤能，恤其无告"的政策，并废除三饷、开科取士等，这些建议大多由他亲自提出或参与制定。

在后金的社会结构中，除了汉族儒臣外，蒙古族医士也扮演了重要角色。其中，绰尔济等蒙古族医士凭借其独特的民族技艺和地域特色，获得了广泛赞誉。后来，在清代，专门负责创伤骨科的医生甚至被冠以"蒙古医士"的称号，这也从侧面说明了他们在医学领域的卓越贡献和重要地位。

综上所述，努尔哈赤统治后金社会的政治杠杆与社会基础，是由宗室贵族、军功贵族、蒙古贵族、汉军贵族以及文臣谋士、精干能吏等多元群体共同组成的。这些群体在后金社会的政治、经济、文化等各个领域都发挥了重要作用，推动了后金社会的发展与繁荣，也为后来的清朝统治奠定了坚实的基础。

在后金社会中，与统治者相对立的被统治者，同样呈现出了多样化的阶级和等级结构。这些被统治者主要由农奴、牧民、工匠、阿哈、部民以及诸申等群体组成。

农奴，是后金社会的基本阶级之一，主要来源于奴隶转化、诸申分化、奚部民迁徙或辽沈农民。随着八旗军进入辽沈地区，农奴阶层逐渐扩大。这些农奴大多在军官的农庄里劳作，为其主人输出劳动成果，也是努尔哈赤统治"民"的主体部分。

牧民，是后金社会的另一个重要群体，包括建州和蒙古的牧民。这些牧民在后金社会中多为牧奴，承受着繁重的劳动负担。

工匠，是后金社会创造物质财富的主要劳动者之一，工匠为统治者制造各种工具和用品。

阿哈，是被统治者中地位最为低下的人群，他们的经济地位和社会属性类似于奴隶或农奴。阿哈有时也被称为"包衣阿哈"，意为"家里的奴隶"。他们在后金社会中的地位极其低下。

部民，是指那些未被迁往建州而处于氏族社会的野人女真居民。他们向努尔哈赤纳贡称臣，维持着一种相对独立的社会形态。

诸申，在建州女真社会中，原本是指享有一定自由的平民，但随着建州社会的演进和变迁，他们开始出现了分化，部分人提升为军事农奴主，部分人沦为阿哈，而大多数人则转变成了农奴。他们耕田纳赋，披甲从征，出差服役，生活贫苦。总体来说，诸申的生活状况相较于奴隶制下的自由民，还是有所改善的。

上文简单概述了一下后金社会的被统治者，如农奴、牧民、阿哈、部民以及诸申所处的地位。

后金政权建立后，社会逐步进入稳定的状态。而接下来，努尔哈赤所要面对的是怎样维护其行政运转。

九、后金汗的统治秘诀

努尔哈赤作为后金的领导者，面临着社会冲突和民族纠纷频发的复杂局面。为了稳固其统治，他采取了一系列手段，包括军事镇压、政治笼络、物质赏赐、法律制裁以及思想麻醉等，使其行政保持正常运转。

努尔哈赤非常重视法治在治理国家中的作用。据《清太祖高皇帝实录》中记载，努尔哈赤曾向众贝勒大臣明确表示："为国之道，存心贵乎公，谋事贵乎诚。立法布令，则贵乎严。若心不能公、弃良谋、慢法令之人，乃国之蠹也，治道其何赖焉！"努尔哈赤认为，治理国家的道路，关键在于公正无私，谋划事情要真诚。制定法律和发布命令，必须严格。

努尔哈赤还进一步训诫，《太祖高皇帝圣训》记载："生杀之际，不可不慎。必平心和气，详审所犯始末，方能得情。"努尔哈赤阐明，在生杀大权方面，绝对不能掉以轻心，须保持冷静和公正，只有仔细审查所犯罪行的始末，才能真正了解事情的真相。

努尔哈赤对制定法规、严格治理的重视，无疑是他治国、治旗、治军、治民的根本理念。

在建州的初期社会，并没有成文的法律，而不成文的法律才更让人感到恐惧。试想一下，所有人都可以按照自己的所思所想去做任何事情，且没有任何约束，亦没有任何惩罚，这样的社会，如同没有黎明的黑夜，令人窒息。

事实证明，无论法律是否成文，没有专门的审判机关来执行和维护，法制体系都难以有效运作。随着努尔哈赤的王权日益稳固，设立专门的审判和惩罚机构变得非常迫切。

万历四十三年（1615），努尔哈赤设立了由5位理政听讼大臣和10位理事官组成的专门机构，用以处理司法事务。他还对审理程序作了明确的规定：所有需要裁决的案件，首先会由理事官扎尔固齐等 10 人进行审问；接着，这些案件会被提交给 5 位大臣再次审问；然后，案件会被呈报给诸贝勒，再进行集体讨论并作出决定。为了确保公正，避免冤屈，努尔哈赤甚至规定讼者需要跪在他面前，由他亲自再次询问细节，明确是非曲直。

在八旗军成功占领沈阳和辽阳之后，努尔哈赤向各贝勒、大臣发出了新的指示，要求他们每 5 日聚集在一起一次，向天焚香并叩头，然后在审理衙门里严格地审理各类罪犯。

为了解决当时出现的受贿和荒怠问题，努尔哈赤特别规定，审理案件时不得向有罪者索取银两，审案过程中也不得饮酒或享用佳肴。同时，他还允许各地民众前往赫图阿拉告状申冤，一旦证实其冤情，将给予免罪；若属诬告，则反坐定谳。

在执法方面，努尔哈赤亦展现出了坚定的决心，强调必须严格依照法规办事，即便是自己的子弟侄孙，一旦触犯法律，也决不姑息。

据史料记载，有一次，他的侄子济尔哈朗、斋桑古和孙子岳讬、硕讬因行贿而获罪。努尔哈赤命令他们在赫图阿拉的都堂衙门里穿上女装、短裤和裙子，并接受三天三夜的监禁，以示惩戒。在 4 位贝勒受罚期间，努尔哈赤亲自前往探视，并对他们进行了严厉的斥责。努尔哈赤之所以大动肝火，对贝勒们严惩，就是为了警示子侄和诸臣，以儆效尤。

不过，如果功勋卓著的臣子犯下重罪，他们可以凭借过去因为军功而被授予的免死金牌获得宽恕。

据史料记载，建州的法律制度非常严苛，其执行方式令人震惊。例如，当 3 名八旗兵在广宁被蒙古人杀害后，努尔哈赤下令将犯人双手钉在木头上，两脚捆在驴腹下，然后骑着驴子将他们押解到赫图阿拉进行处决。

又如，若是男人盗窃，他的妻子有责任规劝和告发。如果其妻未能履行这一责任，就会被要求脚踏赤红火炭，头顶灼热铁锅，以此作为对她的惩罚。

后来，随着女真社会的发展和进步，加之受到明朝辽东法律制度的影响，这种残酷的刑罚逐渐被废止。如天命七年、天启二年（1622）六月，后金宣布"废除刺鼻耳之刑"。此后，后金的一些过于严酷的刑罚逐渐被废除。

为了巩固后金的统治，并加强法律体系，努尔哈赤命人翻译了《刑部会典》和《明会典》。在给阿敦、李永芳的指令中，努尔哈赤明确指出，要把明朝的各种法规律例写在文书里；抛弃其不适当的条文，而保留其适当的条文。

努尔哈赤作为后金汗，不仅重视法制建设，也深知思想统治的重要性。他巧妙地运用宗教对不同部民实行精神上的治理。对待满洲民众，他主要沿用萨满教；对待蒙藏民众，他主要尊奉藏传佛教；而对待汉族民众，他则沿袭佛教。这种宗教多元化的策略，致使他能够更好地管理和统治这些不同的民族群体。

萨满教也被称为珊蛮、萨莫等，意为"巫祝"，起源于原始社会末期。随着满族社会由奴隶制转向为封建制，原始的萨满教已经无法满足统治阶层的需求。因此，努尔哈赤在统治过程中，尤其是在征抚漠南蒙古时，吸取了蒙古封建主的统治经验，推崇在蒙古地区长期流行的藏传佛教。藏传佛教不仅有助于怀柔蒙古族部民，还能成为驾驭满族农奴和奴隶的有效工具。

藏传佛教是我国佛教的一个重要分支，传入西藏后与当地的原始宗教在长期互动中，逐渐形成了独特的形态。

藏传佛教黄派的创始人是宗喀巴，他建立了一套严格的寺院等级制度，并制定了严格的清规戒律。随着西藏新兴封建领主的扶持，黄教派逐渐崭露头角，取代了红教派的地位，成为掌权的宗教派别，并传播至蒙古族地区。

藏传佛教以佛教教义为根基，宣扬生命本身即是苦难，而摆脱苦难的途径在于修行。它劝导受压迫的民众顺应天命，放弃斗争，恪守本分，忍受当前的苦难，以期在来世获得幸福。藏传佛教的这种教义及其宗教等级体系，与后金新兴封建统治者的需求相契合。所以，努尔哈赤积极接纳藏传佛教。

据《满文老档》记载，努尔哈赤借鉴了藏传佛教的教义，他在劝诫民众时说道："所谓福者，夫乃信奉神佛，苦修今世之身，求得福至，以期来世生于吉祥之地，所以求福也！"

为了表达对藏传佛教的崇敬，努尔哈赤决定兴建庙宇。万历四十三年（1615）四月，努尔哈赤授意在赫图阿拉城东的高地上修建寺庙，据《清太祖高皇帝实录》记载："始建佛寺及玉皇诸庙于城东之阜，凡七大庙，三年乃成。"这项工程耗时3年才完成，共修建了七大庙，其规模之宏伟、工程之浩大可想而知。

努尔哈赤进入辽沈地区后颁布了保护庙宇的汗谕，对于那些破坏庙宇的人会予以严惩。他对蒙古的大喇嘛极为敬重，曾两次亲自聘请，并给予丰厚的礼遇，还特意派遣使者邀请他们来此传教。乌斯藏（西藏）的大喇嘛斡禄打儿罕囊素，不畏长途跋涉，经过蒙古，最终抵达辽阳。努尔哈赤对他极为恭敬，尊为上师，并提供丰盛的供养。

天命六年、天启元年（1621）八月，斡禄打儿罕囊素大喇嘛圆寂，努尔哈赤下令修建宝塔以作纪念，并命令63户诸申负责耕种土地、缴纳粮食，以维持寺庙的香火。

然而，由于努尔哈赤大力推崇藏传佛教，使其在一定程度上压制了原有的萨满教，导致两者间产生了矛盾。但是，在女真族内部，努尔哈赤仍然坚持设立堂子进行祭天活动。

无论是在古勒山之役前的祈福，还是在佛阿拉城和赫图阿拉的祭天场所，都可以看出努尔哈赤对这一传统仪式的重视。堂子祭天这一习俗，在后金乃至清朝时期都得以延续。

努尔哈赤以其独特的统治手段，一手掌握法令，一手捧持佛经，既用残酷的刑法来维护秩序，又用对来世的憧憬来引导民众。他软硬兼施，威慈并济，从而加强了对后金人民的思想统治。

在努尔哈赤的领导下，后金不仅创建了八旗制度，还建立了稳固的政权。军事上不断取得胜利，政治上日益强大。然而，随着后金的崛起，其与明朝的矛盾也日趋白热化。明朝与建州的矛盾持续了长达 36 年，最终因努尔哈赤公然反叛而引发了萨尔浒大战。

十、叶赫的终结

接上述统一海西女真内容，说回努尔哈赤并取叶赫。在扈伦四部中，叶赫部实力是最强的，并且背后还有明朝廷的支持。

努尔哈赤在对叶赫发动了两次征讨后，于天命四年、万历四十七年（1619）再次出兵攻打叶赫。正月，努尔哈赤命大贝勒代善率领 16 名将领和 5000 名士兵驻守重要防线扎喀关，以防明军偷袭后金。他自己则亲自率领全国的兵力向叶赫进发。

后金军从克亦特城和粘罕寨开始焚烧掠夺，一直到叶赫城东 10 里处，俘获了大量的百姓、畜产、粮食和财物。他们烧毁了叶赫城 10 里外的大小屯寨 20 余处，所到之处一片焦土。

遭到猛烈攻击后，叶赫向明朝廷请求驰援，明开原总兵马林率领全城的士兵迅速赶往救援。为了避免两面受敌，后金军及时止损，选择撤军。为了报答明朝廷的援助，叶赫后来派出 2000 名士兵支援萨尔浒之战的明军。

善于捕捉战机是作战指挥者不可或缺的能力。所谓战机，是在战争中有利于己方而不利于敌方的关键时刻，它可能是战场上已经出现的时机，也可能是通过精妙的策略创造出来的机会。捕捉战机，需要作战指挥者有敏锐的洞察力；而创造战机，则需要作战指挥者具备深远的战略眼光。

经过与叶赫的多次交锋后，后金终于迎来了发起总攻的最佳时机。这主要得益于以下几个条件：

首先，扈伦四部中，当时只剩下叶赫一部，其势单力薄，孤掌难鸣；

其次，辽东明军在萨尔浒之战中遭受重创，已无力支援叶赫；

再次，蒙古方面也未能给予叶赫有效的帮助；

最后，后金军如蓄势待发的弓箭，厉兵秣马，只待一触即发。

由是，努尔哈赤决定亲自率领军队，向叶赫发起决定性的进攻，旨在洗雪叶赫那名女子带来的耻辱，彻底结束与叶赫的争端，为之后攻打明朝廷消除后顾之忧，实现统一海西女真的夙愿。

天命四年、万历四十七年（1619）八月，努尔哈赤召集诸王、贝勒和大臣共同商讨攻打叶赫的战略计划，并发誓说："此举如不克平叶赫，吾必不反国也！"（《叶赫国贝勒家乘》）努尔哈赤立下重誓，誓要消灭叶赫。当时，叶赫的两位贝勒金台石和布扬古，分别居住在东城和西城，两城之间相距4里。

会议的最后，众人决定兵分两路。先是由大贝勒代善、二贝勒阿敏、三贝勒莽古尔泰、四贝勒皇太极等人率领精锐骑兵，宣称要征讨蒙古，实则秘密绕路前往布扬古所在的西城。而后，额亦都等人率领前锋部队，假扮成蒙古士兵，迅速赶往金台石所在的东城。与此同时，努尔哈赤亲率八固山额真，指挥大军包围金台石城。为了保证作战计划不被泄露，后金军切断了与外界的所有联系。

金台石所驻的东城，依山而建，结构坚固，地势险要，在讨伐叶赫城的战争中，东城一直是主要的攻击目标。

后金大军势如破竹，推进至叶赫城下。金台石和布扬古各自率领叶赫军出城，吹响号角，敲打战鼓，欲正面迎敌。后金军的盔甲异常夺目，剑戟林立，战鼓声震耳欲聋，使整个河谷都为之震动。

两军对阵，分外眼红，经过激战，叶赫贝勒见无法战胜后金军，于是命部下吹响号角，召回士兵，退入城中，坚守不出。

此时，代善等四大贝勒率领护军包围了布扬古所在的西城。努尔哈赤率领额亦都等人督军包围了金台石所在的东城。东城被包围后，栅城和外城都相继被毁。后金军向金台石喊话，劝他投降，但遭到拒绝，金台石说道："我们是真正的战士，宁愿战死，也决不投降于你！"东城守军誓死抵御，坚守内城。

努尔哈赤看到敌军如此顽强抵抗，激励将士们说道："倘若今天还不能攻下这座城，那我们就撤军返回吧！"

将士们齐声高喊："我们愿意赴死一战！"努尔哈赤随即命士兵布置攻城器械，冒着箭矢和飞石的攻击攀登城墙。

尽管城上敌军发射箭矢、投掷巨石和火器，后金军仍然二三十人一排，毫不退缩，奋勇向前，但士兵死伤惨重。努尔哈赤又命士兵挖掘地道攻城，费英东和士兵们不顾箭矢和滚石的攻击，拼尽全力挖掘地道，最后成功攻入城内。

在努尔哈赤的指挥下，后金军终于攻陷了内城。内城被攻陷后，后金军蜂拥而上涌入城中，叶赫兵士四面溃散。金台石见内城已失，深知大势已去，便带着妻子和孩子登上禁城的八角楼。随后，后金军包围了禁城台楼。

金台石是皇太极的舅舅，所以皇太极特意从西城骑马赶到东城，试图劝说金台石投降。

金台石对皇太极说："如果你收养善待我，我就下去。如果你要杀我，我断不会下去，我宁可死在家里。"

皇太极面对舅舅也有些许无奈，他回应说："生杀大权，全在父亲。"言外之意，皇太极也没有掌握金台石生死的权力。

随后，金台石又跟皇太极提出请求，希望让近臣阿尔塔石去见努尔哈赤，看看努尔哈赤的态度。阿尔塔石被带到努尔哈赤面前，努尔哈赤愤怒地列举了其罪责，并用响箭射向他。阿尔塔石受到惊吓，金台石见状，拒绝投降。皇太极又派金台石的儿子德尔格勒到台楼下劝降，但金台石坚决不从。皇太极气极，要将德尔格勒绑起来杀死，努尔哈赤说道："儿子招降父亲，父亲不从，这是父亲的罪过；应该惩罚父亲，不要杀他的儿子。"

在金台石3次拒绝投降后，后金士兵拿着斧头毁掉了台楼。金台石的妻子万分惊恐，带着孩子从台楼下来投降。

金台石已是穷途末路，对皇太极说道："大丈夫岂能受制于人？你若念及你母亲和我们这些舅舅的情分，就尽力保全我的子孙吧。我誓死不降！"金台石选择坚守自己的尊严，随着话音落下，他拿起弓箭射杀了守台的士兵，然后寻找出路直接冲进了后室，试图放火自焚，但并未成功。最终，金台石被俘并被缢杀。

西城的守军得知东城失守后，士气大减，战战兢兢，心生胆怯，失去了援军，军心开始涣散。围攻西城的贝勒们见时机已到，便加紧发动攻势。布扬古为了增强防御，命令部队巡逻守护4个城门。谁知，吴达哈看到东城已经沦陷，深知大势已去，随即带着妻子和孩子打开城门，向后金军投降。西城城门大开，后金军顺势长驱直入，直接围攻布扬古所在的位置。

代善试图劝说布扬古投降，但布扬古因怀疑有诈，不敢露面。

代善为了消除布扬古的疑虑，以刀划酒，承诺道："如果你投降，我保证不杀你；如果你因怀疑而不敢投降，那么只有你自己承担后果。如果你坚持不降，我会领兵踏平你的城池，严惩不贷！"

为了安抚布扬古，代善以酒立誓，他亲自饮下誓酒的一半，并将剩下的一半给布扬古，以示诚意。布扬古见状，随即命令部下打开自己住所的大门，选择投降。

　　然而，努尔哈赤想到扈伦四部已经全部灭亡，认为留着布扬古已经没有实际意义，于是努尔哈赤找了一个借口，以布扬古在行跪拜礼时不够恭敬为由，将布扬古缢杀。

　　继叶赫东西二城投降之后，其所属的各个小城也相继归顺。在征讨东西二城的过程中，明朝游击将军马时楠所率领的千余名明朝援军，也被后金军一同歼灭。

　　努尔哈赤与叶赫部的纠葛长达 36 年之久。最终，努尔哈赤成功地将传承了八世、共有 11 位贝勒的叶赫部彻底灭亡。随着叶赫部的覆灭，明朝就此失去了北关这一重要的战略防线。

　　据《满文老档》记载："父子、兄弟、亲戚，不会离散，尽行带来。未拿妇人之衣领，未取男人之弓箭，其各户之财帛器皿等一应物件，仍由原主收取之。"从记载中可以看出，努尔哈赤对待叶赫部的降民表现出极大的宽容和尊重。不仅保持了叶赫部民家庭的完整性，无论是父子、兄弟还是亲戚，都被允许一同迁移，还允许他们各家的财物也由原主自行收拾保存。随后，这些叶赫部民被迁徙至后金，并被编入后金的户籍和旗帜系统，正式成为后金的臣民。

　　努尔哈赤处理降民的方式，不但体现了对于投降者的宽容，而且也表现出其对于新臣民的尊重和接纳，从而促进了后金社会的稳定发展。

　　努尔哈赤相继灭亡哈达、辉发、乌拉和叶赫四部。《清史稿》在回顾这段历史时点出："太祖渐强盛，四部合攻之，兵败纵散，以次覆灭。太祖与四部皆有连，夺其地，歼其酋，显庸其族裔。"就是说，努尔哈赤逐渐崛起并变得强盛，四部曾联合攻击他，但最终兵败四散，被努尔哈赤逐一征服。

　　其实，这段话涵盖了两层含义：其一，努尔哈赤为何能够灭亡扈伦四部；其二，努尔哈赤安置这些被征服的部族民众所采取的政策。

　　可以说，努尔哈赤对扈伦四部的征服是全面的，他们的首领被消灭，领地和财物被占有，牲畜和财富被掠夺，军队被整合，民众则被编入户籍成为努尔哈赤的臣民。而在征服四部的历史过程中，足以证明努尔哈赤的军事才能和经纬天下之能。

纵观努尔哈赤征服海西女真的过程，他之所以能够成功灭亡扈伦四部，除了有利的外部条件，主观上也得益于他极高的专注度和决心。他精神专注，一心追求目标，谨慎行事，在不断增强自身实力的同时，也在不断削弱敌人。在战略上，他采用了先易后难、由近及远的谋略，高明地利用各部之间的矛盾，联合强大的势力对抗实力较弱的部族，集中兵力逐一击败对手。

这些因素，共同促成了努尔哈赤对扈伦四部的成功征服。

努尔哈赤征服扈伦四部的过程，像砍伐树木一般，一斧一斧，步步为营地推进。如利用哈达与叶赫之间的矛盾、王台去世后其子孙的内部纷争，先砍倒近邻哈达；继哈达之后，他瞄准了四部中最弱的辉发，随后将其砍倒；对于实力较强的乌拉，努尔哈赤则采取了更为谨慎的态度。最后放倒的一棵大树，是扈伦四部中最强盛的叶赫。

通过这样的策略和步骤，努尔哈赤有条不紊地吞并了扈伦四部，实现了对海西女真的统一。

努尔哈赤以战争手段统一了扈伦四部，结束了一场女真族内部的冲突。

历史上，同一民族的内战往往有两种结果：一是导致民族分裂，二是推动民族统一。倘若遇到的是一位杰出的政治家、军事家，那么就会结束民族割据的局面并取得胜利，从而实现其民族的统一。

毫无疑问，努尔哈赤就是这样一位杰出的政治家、军事家。他结束了女真族内部的分裂，实现了民族的统一。

回顾中国古代社会史，通过民族战争实现民族统一的例子不胜枚举。可以说，战争是推动统一的重要因素。努尔哈赤正是利用了族内战争统一了扈伦四部，这不仅展现了他的智慧与才能，也为女真族的大一统事业奠定了坚固的基础，更为各部族带来了新的发展机遇。

　　努尔哈赤在统一海西女真后，并没有停下前进的脚步，继续逐步地兼并了东海女真，进一步巩固和扩大了他的统治疆域。

第五章　铁骑横扫　疆域无界

一、东海归一

东海女真，主要居住在松花江和乌苏里江流域以及乌苏里江以东的沿海地区。据《清太祖高皇帝实录》记载："东海之渥集部、瓦尔喀部、库尔喀部。"东海女真主要有三部，分别是渥集部、瓦尔喀部和库尔喀部。

渥集部，又被称为窝集部或兀吉部，其名称为密林之意。渥集部历史悠久，其前身可以追溯到汉朝和三国魏的沃沮，元朝的乌者、吾者，以及明朝的兀者。由于其部族很多，所以分布地域辽阔。通过音译和地理位置的推断，可以确定渥集部与窝集存在一定的联系。

永乐元年（1403），为了加强对边疆地区的管理，明朝廷成立了兀者卫，随后又陆续增设了兀者左卫、兀者右卫、兀者前卫和兀者后卫等机构。

比如永乐元年，兀者部的首领西阳哈与锁失哈等人亲自前往应天府向明朝朝贡，并献上了130匹马。明朝因此设立了兀者卫，并对这些首领和官员进行了任命和赏赐。《明太宗实录》中对此也有相关记载："忽剌温等处女直野人头目西阳哈、锁失哈等来朝，贡马百三十匹，置尤者卫，以西阳哈为指挥使，锁失哈为指挥同知，吉里纳等六人为指挥佥事，余为卫、镇、抚、千户、百户所，镇抚赐诰印、冠带、袭衣及钞币有差。"

记载中提到，忽剌温等地的女真族头目前来朝贡并献上了马匹。作为回应，明朝决定在兀者部地区设立兀者卫，并任命西阳哈担任指挥使一职，锁失哈则担任指挥同知，还有吉里纳等 6 人被委任为指挥佥事，并授予其他官员卫、镇、抚、千户、百户等官职，还赐予他们诰印、冠带、袭衣以及不同数量的钞币作为赏赐。

兀者卫等卫所在历史的演变中，最终成为明末清初时期的渥集部，主要居住在松花江和乌苏里江交汇处上游地区，涵盖了两江之间的广阔区域。其东边紧靠乌苏里江，西边与乌拉相接，南边与朱舍里部等紧邻，北边则与使犬部邻接。

瓦尔喀部主要聚居于图们江流域以及乌苏里江以东的沿海地区，其东部边界一直延伸到海边及其沿海岛屿，与朝鲜咸镜道相邻。

库尔喀部，有关其居住地的记载较为模糊，不同的文献对其描述存在差异。如《清开国初征服诸部疆域考》记载："虎尔喀部在渥集部之西北，其所属路城名称，稀见于史籍。《战迹舆图》置'库尔喀部'于黑龙江中流，精奇里江与呼玛尔河间之黑龙江流域。呼玛尔河上源有库尔喀河，盖因河得名也。其地有呼玛尔城、乌鲁苏城、穆鲁苏苏城及额苏哩城（今海兰泡附近）等。又《东华录》所记天聪间征虎尔喀部收取壮丁，常呼之曰'黑龙江地虎尔喀部'；大抵虎尔喀部包括自松花江、黑龙江会流处以北，呼玛尔河黑龙江会流处以南，其东南接渥集部，东北接萨哈连部，西抵小兴安岭，接索伦部。"

关于库尔喀部的地理位置，确实存在不同的观点，这里不作详细的记述。

　　除此之外，东海女真除了主要的女真族群，还涵盖赫哲、虎尔哈等部落。对于努尔哈赤来说，若要实现女真族的统一，需要将东海女真各部纳入统治之下。

　　为了统一东海女真，努尔哈赤首先选择邻近建州女真的瓦尔喀部跃跃欲试。《清史列传》记载"初征瓦尔喀，取噶嘉路"。据历史记载，大约在万历二十四年（1596），努尔哈赤派费英东率领军队，发动了对瓦尔喀部的首次征讨，并取得噶嘉路的胜利，正式揭开了统一乌苏里江流域及其以东滨海地区的序幕。

　　万历二十六年（1598），努尔哈赤再次发起军事行动，派遣大将带领1000名士兵，对安褚拉库路（今松花江上游二道江一带）进行征讨。他们日夜兼程，疾速抵达目的地，占领了20个村庄，收纳了这些村庄的民众。同时，他们还征服了内河路（今松花江上游一带）。由于他们在战斗中的杰出表现，努尔哈赤赐予巴雅喇"卓礼克图"的称号，赐褚英"洪巴图鲁"的称号。

　　万历二十七年（1599）正月，东海渥集部虎尔哈路的首领王格和张格决定归附努尔哈赤，并"贡黑、白、红三色狐皮，黑、白二色貂皮"（《清太祖高皇帝实录》）。

　　自此，渥集部的虎尔哈路每年都会按时献上贡品。另外，虎尔哈部的部长博济里等人还向努尔哈赤提出了联姻的请求。为了表彰他们率先归附的忠诚，努尔哈赤决定将6位大臣的女儿分别嫁给他们为妻，通过这种联姻的方式，不仅巩固了双方之间的友好关系，也促进了两个部落之间的文化交流和融合。

　　王格和张格向建州进贡的貂皮，是东海女真地区的珍贵特产，这也从侧面说明了该地区自然资源丰富。

　　在乌苏里江畔的茂密森林里，生长着诸如红松、柞树、杨树、桦树和杉树等古老的树木，树木种类繁多，生长错落有致，构成了一幅美丽的自然画卷。在这片丛林和河湖畔，貂鼠被女真族人视为最珍贵的猎物之一，因其皮毛色泽光润，十分珍贵。每年秋天是捕貂的最佳季节，女真人采用多种方法来捕捉貂鼠。其中一种方法是使用猎犬进行追捕，猎犬的嗅觉敏锐，奔跑速度极快，捕捉貂鼠更为容易。另一种方法则是利用树枝编制栅栏，在栅栏中间特意留出一个小缝隙，小缝隙中悬挂着用马尾编织的活套。当貂鼠从栅栏的圆口中穿过时，马尾结会迅速套住它，以此来捕捉貂鼠。通过狩猎活动，女真人能够获得珍贵的貂皮。

捕貂人会将剥下的貂皮晾干，然后用桦树皮仔细包好，保存起来，用于以后的贸易和进贡。王格和张格将部民捕获的香气浓郁、质地细腻、毛色漆黑的顶级貂皮作为贡品进献，这充分展示了渥集部虎尔哈路对努尔哈赤的臣服之心和尊敬之意。

此后，建州在乌苏里江流域各部的统一行动明显提速。

万历二十九年（1601）春，《李朝实录》中记载了建州对渥集部的军事行动情况："队队成群，携妻挈子，显有搬家移入之状。老酋选勇行赏之说，尤为可虞。"

书中提到，努尔哈赤善于挑选勇士并给予赏赐，并且对渥集部瓦尔喀各路采取了恩威并施的策略，这一系列举动产生了长远的影响，就像石头投入水中激起的波涛一般。

万历三十五年（1607）正月，东海女真瓦尔喀部蜚悠城（今吉林省珲春市北 20 里古城）的城主策穆特黑亲自前往建州，向努尔哈赤表明了他的意向，并表示说："吾等因地方遥阻，附乌喇（即乌拉）；乌喇贝勒布占泰，遇吾等虐甚，乞移家来附。"（《清太祖高皇帝实录》）策穆特黑表示，由于他们的居住地与建州相隔太远，所以先是依附于乌拉部。然而，乌拉贝勒布占泰对他们极为苛刻。因此，他们迫切希望能够迁徙并归附建州。努尔哈赤听后，随即派军队前往蜚悠城接应他们，并将他们安全地迁移到建州地区。

同年，在建州军接蜚悠城部民回程的途中，他们遭到了乌拉贝勒布占泰军队的伏击。双方在乌碣岩地区展开了一场激战。有关此战，前文已述及。在这场战斗中，建州军大获全胜。取得胜利后，建州军乘胜追击，占领了高岭会宁路，此地为战略要地，为建州开辟了通往乌苏里江流域及其东边地区的通道。

此后，建州以宁古塔新城（在今黑龙江省宁安市）作为军事要塞，开始向北推进，进军到黑龙江的中下游地区，同时，向东扩展至乌苏里江流域，进一步增强了在该地区的统治地位。

乌碣岩之战后，渥集部的赫席黑、俄漠和苏鲁、佛讷赫托克索三路仍然选择依附乌拉部，但努尔哈赤并未因此放弃对他们的争取，《满文老档》中记载："我等乃一国也！只因地方窵远，且为乌拉国所阻，故尔等附于乌拉国为生。今我一国之汗，已兴师击败乌拉兵，尔等应降我一国之汗矣。"

努尔哈赤表示，与三路族人本是一家人，只是由于地理上的隔绝，以及乌拉从中作梗，才使得他们依附乌拉。而今，努尔哈赤已经打败了乌拉军，他们理应归顺。努尔哈赤的话表达了他对渥集部三路的期望和争取，但渥集部三路仍然不归附建州，于是努尔哈赤决定采取行动。

在万历三十五年（1607）五月，努尔哈赤派将领统率1000名士兵，对东海渥集部发动攻势。经过激烈的战斗，建州军成功攻占了赫席黑、俄漠和苏鲁以及佛讷赫托克索这3个部落。

万历三十六年（1608）九月，建州军再次向东北方向发起军事行动。没承想，他们这次遭遇了渥集部虎尔哈路部民的强烈抵抗。渥集部虎尔哈路部民的顽强意志，给建州军的攻占行动带来了一定的挑战。但在英勇善战的建州军面前，一切挑战都不是困难，建州军凭借出色的战术，实现了他们的战略目标。

《满文老档》对这段历史作了详细的记载："前己酉年九月，获悉呼尔哈路（即虎尔哈）之一千兵，来侵聪睿恭敬汗所属之宁古塔城。驻萨齐库之聪睿恭敬汗兵百人，即前往迎战。击败呼尔哈之一千兵，生擒其大臣十二人，斩人一百，获马四百匹、甲百副。其后，呼叶路（即滹野路）人收留由已降聪睿恭敬汗之国中出逃之人。"

记载中提到，征讨渥集部虎尔哈路之战结束后，滹野路接受了已经归降的虎尔哈路人。因此，努尔哈赤以此为借口，决定派兵去征伐滹野路。

万历三十七年（1609）十二月，努尔哈赤成功使邻近朝鲜的瓦尔喀部归顺之后，命扈尔汉统领 1000 名士兵深入东北，攻打渥集部所属的滹野路。滹野路，于正统之后被称为"呼夜卫"，它坐落在珲春东北方，靠近乌苏里江上游的支流瑚叶河（今俄罗斯滨海地区乌达河）。扈尔汉率领部队成功占领了滹野路，并俘获了 2000 名俘虏，在那里过了年后，于二月返回建州。

由于这次出征立下了战功，努尔哈赤封赏了扈尔汉，赐予甲胄、马匹，并授予其"达尔汉侍卫"的称号。

万历三十八年（1610）十一月，由于绥芬路的路长图楞在投靠建州后被渥集部的雅揽路人劫持，努尔哈赤当即下令额亦都带领 1000 名士兵前往图们江北岸，也就是绥芬河和牡丹江地区，去招抚渥集部的那木都鲁、绥芬、宁古塔、尼马察四路。这些部落的首领包括康果礼、喀克都里、昂古、明噶图等人选择顺应时势，投降后归顺努尔哈赤，并且带领整个部落迁移到建州。在成功安抚这些部落之后，额亦都随后带领部队攻取了雅揽路。

雅揽路，以河得名，《吉林通志》记载："雅兰河出锡赫特山，南行二百余里入海。"雅兰河发源于锡赫特山，向南流行 200 余里后入海。

明永乐六年（1408），明朝廷设立了牙鲁卫，这个卫所就位于牙鲁河流域，清朝时期，这条河被称为"雅兰河"。雅揽路大致位于现今俄罗斯符拉迪沃斯托克（海参崴）东北的雅兰河流域。额亦都成功地征服了雅揽路，并缴获了众多人口和牲畜作为战利品。

《八旗满洲氏族通谱》记载："编二佐领，令康武理与伊第三弟喀克都理各统其一。"此战结束后，努尔哈赤对那些投降的部民进行了编组，将那木都鲁等人编入两个佐领，并命令康武理和喀克都理分别统领。

万历三十九年（1611）七月，努尔哈赤派阿巴泰，连同费英东和安费扬古，带领1000名士兵前往征伐渥集部的乌尔古宸和木伦二路。

《吉林通志》记载："乌尔古宸路，一作库尔布新，河名也；在兴凯湖东北入乌苏里江，路亦以河名。"乌尔古宸路也被称为库尔布新，以河得名，该河流位于兴凯湖的东北部，最终汇入乌苏里江，因此该路的名称也是以这条河流来命名的。

《满洲源流考》记载："穆伦河在宁古塔城东四百里，出穆伦窝集，东流入乌苏哩江（即乌苏里江）。"木伦路则是以穆棱河来命名的，穆棱河位于宁古塔城东侧，大约400里之外，发源于穆伦窝集，蜿蜒向东，最终汇入乌苏里江。居现今的穆棱河流域以及穆棱河与乌苏里江交汇地区，就是木伦路的部民。《圣武记》中亦记载"穆林河会乌苏里江，入混同江，在宁古塔东北"。就是说，穆棱河与乌苏里江交汇后，最终流入混同江，位于宁古塔东北部，这就说明了木伦路的确切位置在穆棱河流域。

在此之前，努尔哈赤曾将40副甲胄作为奖赏，赠予宁古塔路的首领僧格和尼喀礼，这些甲胄原本存放在绥芬路，但后来在乌尔古宸和木伦路的人攻击绥芬路时被抢走了。得知此事后，努尔哈赤立即派博济里前去通知他们，要求归还那40副甲胄以及40匹马。但对方并未理会努尔哈赤的要求。因此，当建州军抵达时，决定同时征讨乌尔古宸和木伦二路，并以"获得了一千名俘虏"为结果结束战斗。

努尔哈赤此举，不仅对侵犯行为作出了回应，还进一步展示了他的军事决心和领导能力。

同年十二月，努尔哈赤派何和礼、额亦都、扈尔汉，带领2000名士兵向东海虎尔哈部的扎库塔城发起了军事进攻。扎库塔城坐落在图们江北岸，珲春河和海兰河西边，距离珲春城大约 120 里。

努尔哈赤发动征讨的原因，是扎库塔城的城主对建州和乌拉采取了不偏不倚的态度，这与努尔哈赤的期望不符。努尔哈赤明确要求东海女真各部首领，在建州与乌拉之间必须明确支持建州。为了惩罚扎库塔城主这种模棱两可的态度，努尔哈赤决定发兵征讨。

建州军抵达扎库塔城后，围城持续攻打了 3 天。其间，守城的军民进行了顽强的抵抗。然而，他们面对的是猛虎之师，建州军最终还是取得胜利，攻克扎库塔城，"斩人一千，获俘二千"（《满文老档》），并招抚附近地区居民，以扩大努尔哈赤的影响力和势力范围。

万历四十二年（1614），努尔哈赤令 500 名士兵于十二月对锡林发起了突然袭击。袭击结束后，他们没有停歇，继续进军，对雅揽路发起了攻击。雅揽路的位置前文已提及，至于锡林路的具体位置，不同的历史书籍记载有所不同。

据《盛京吉林黑龙江等处标注战迹舆图》描绘，锡林路位于锡林河流域，其名称正是来源于这条河流。锡林河，位于符拉迪沃斯托克东部、雅兰河西部，最终向南流入日本海。这次征战中，建州军取得了显著的胜利，并"收降民二百户，人畜一千而回"（《清太祖武皇帝实录》）。

万历四十三年（1615）十一月，努尔哈赤再次出兵，一支由 2000 人组成的军队，向东海渥集部的额赫库伦部进发。据《满文老档》记载，额赫库伦部的部民"在满洲国迤东，东海之北"，大致对应着现今俄罗斯乌苏里江以东的滨海地区纳赫塔赫河地方。"库伦"这个词在满语中意为"城"，这也是额赫库伦部落得名的原因。

建州军在行进至顾纳喀库伦时，尝试招降额赫库伦部，但遭到了拒绝。于是，他们分成两路，跨越 3 道壕沟，拆毁栅栏，攻入城内。经过一番激战，建州军斩杀了 800 人，俘获了万人以及大量的牲畜，并收服了当地居民，将 500 户居民编入户籍并带回。

此役战况十分激烈，《满文老档》作了详细载述："十一月，遣兵二千；十二月二十日，征额赫库伦。横跨自河口以上至河源以下一百三十里处。八旗兵分两路并进，招固纳喀库伦人降服。是夜宿营，至次日仍未降。时又有四旗兵来会，乃复招之曰：'愿降则降，不降即攻之！'夫其城民宣称投降，却聚其城外之兵入城。聚兵三日，仍不投降。六旗兵遂披甲，执旗，分翼，吹螺，列一字阵，越三层壕，拆毁其栅，攻入城中，歼其城内五百兵。有三百兵逃出，即选精骑追赶，杀之于郊野。是役，俘获万人，乃编户五百。"

此次战役不仅仅是一次军事征服，也是努尔哈赤对东海地区进一步扩张和巩固其统治的重要一步。同时，通过这场战役也充分展现了建州军的战斗力，扩大了努尔哈赤的势力范围。

之前，额赫库伦人曾向周围的部落扬言道："据言满洲兵强勇。若言强勇者乃我也！可捎信告之，遣兵来战。"额赫库伦人自认自己才是最强大的，甚至挑衅若谁不服，可遣兵来战。可惜，空有大口气没有战斗力。当努尔哈赤真的派兵前来攻打时，额赫库伦部完全是手无缚鸡之力，最终部灭，土地也被荒废。

虽然额赫城部拥有强大的兵力，但最终还是以失败告终。部落首领的自大是导致其战败的因素之一。

努尔哈赤成功地征服额赫库伦后，便继续征讨的步伐，目标直指东海北部尚未归附的其他部落。

天命二年、万历四十五年（1617）正月，努尔哈赤派 400 名士兵，目的是征服那些沿海分布且尚未归顺的部落。二月，"遂将东海岸散居之民尽取之"（《清太祖武皇帝实录》）。将东海沿岸的散居民众全部收服。三月，"造大刀船，驶渡海湾，将倚凭海岛不服之国人尽取之"（《满文老档》）。努尔哈赤下令制造大刀船，利用这些船只渡过海湾，成功地逮捕并收服了那些占据海岛且尚未臣服的部落民众。

努尔哈赤一系列既果断又迅速的行动，说明他勇于征服沿海和海岛地区的强大决心和勇气。

天命三年、万历四十六年（1618）十月，努尔哈赤派出部队，成功地将东海虎尔哈纳喀达带领的100户投降部民护送到后金。此举象征着后金在东海女真的招抚政策上取得了显著的成就。

天命四年、万历四十七年（1619），努尔哈赤在年初和年中，分别两次指派穆哈连率领着千人规模的军队，前去收取东海虎尔哈部的民众。到了六月，穆哈连带着1000户部落民众返回后金。努尔哈赤亲自出城迎接他们，并命令搭建8个凉棚，准备200桌酒席，宰杀20头牛，举行了一场盛大的宴会来款待穆哈连以及所有归顺的部落首领。

这一盛大的欢迎仪式，不仅是对穆哈连和他的队伍的欢迎，同时也彰显了努尔哈赤对于女真各部统一的领导地位。

后金在成功夺取并巩固了对辽沈地区的统治后，在长达6年的时间里并未对东海女真进行大规模的军事行动。然而，天命十年、天启五年（1625），努尔哈赤对东海女真的用兵频率显著增加，曾先后6次发兵征讨。

第一次征讨发生在正月。努尔哈赤派博尔晋辖，率领2000名士兵，前往东海之滨征讨瓦尔喀部。此次征讨行动标志着后金对东海女真新一轮的军事扩张和统治加强。

第二次，先是在前一年十二月，努尔哈赤曾派喀尔达等人率领军队前往。据《满文老档》记载："十二月初九日入奎河，获霍尔必，齐西纳，策木德赫三人，嗣后于奎河获男丁一百名。新旧人口合计三百七十。"到了第二年三月，喀尔达等人率领军队，成功招降了瓦尔喀部的300余人并返回后金，努尔哈赤亲自接见了他们。

第三次征讨瓦尔喀部发生在四月，努尔哈赤的族弟王善以及副将达朱户和车尔格，率领1500名士兵出征并取得胜利，荣耀归来。努尔哈赤与这3位功臣完成抱见礼之后，随即设宴犒赏归来的将士以及投降的民众。

第四次征讨是在八月，努尔哈赤亲自出城到浑河岸迎接之前派出的将领，包括博尔晋辖等，他们率领 2000 士兵前往东海南路征讨虎尔哈部，并成功招降了 500 户民众，努尔哈赤同样设宴慰劳他们。

第五次征讨同样是在八月，努尔哈赤再次出城设宴，迎接征讨东海北路卦尔察部的将领们，包括雅护和喀穆达尼等人，他们率兵出征，成功获得了该部的 2000 民众。

第六次征讨在十月初，努尔哈赤亲自出城迎接他的 3 个儿子——第三子阿拜、第六子塔拜和第九子巴布泰。他们率领 1000 名士兵征讨东海北路的虎尔哈部，他们分二路进兵，最终取得胜利，俘获了 1500 部民而归，努尔哈赤特意设宴犒赏他们。

经过长达 30 年的军事征战，努尔哈赤成功实现了对东海女真各部的基本统一。

二、东海女真的新政

努尔哈赤对东海女真的安抚策略，与乌拉贝勒布占泰对东海女真所实行的残酷掠夺政策形成了鲜明的对比。显然，布占泰的贪婪和侵暴政策与努尔哈赤的安抚和招徕政策相比，显得短视而残酷。

《满文老档》中对努尔哈赤如何招抚东海女真有一段详细的记述，其大意是：由于努尔哈赤对归附的民众给予厚赐，于是许多人都决定留而不去。其结果就是被招抚的民众口口相传："国之军士欲攻伐以杀我等，俘掠我家产，而上以招徕安集为念，收我等为羽翼，恩出望外，吾乡兄弟诸人，其即相率而来，无晚也！"（《清太祖高皇帝实录》）

从这些记述中，可以明显体现出努尔哈赤在安抚东海女真方面的显著成效。

此外，努尔哈赤还向归顺的东海女真部民提供了长期的政治和经济上的优待，以此来笼络降附的民众，从而进一步巩固和扩大自己的影响力。

努尔哈赤作为后金汗，对招抚的东海女真实施了一系列政策。他将这些部民迁移到后金并编入牛录制度中，使其成为后金军队的新生力量。由于后金一直进行军事行动，因此需要雄厚的兵力，而招抚举措不仅解决了后金兵源严重不足的问题，还加强了东海女真与后金之间的联系。

如万历三十七年（1609），努尔哈赤下令在东海地区全面撤藩，成功招募了五六千名精兵，这些兵士以勇猛和强健闻名，擅长弓箭马术，且耐饥耐寒。他们的加入为后金军注入了新的活力。

努尔哈赤对那些归附的东海女真首领很信任。

例如，库尔喀部长郎柱率先归附后金，他的儿子扬古利更是深受努尔哈赤的信任。《清史稿》记载："日见信任，妻以女，号为'额驸'。旗制定，隶满洲正黄旗。"扬古利不仅被赐予婚姻，还被封为"额驸"，并在旗制建立后隶属于满洲正黄旗。

扬古利在后金政权中地位显赫，仅次于八大贝勒，担任一等总兵官的职位。随后，他的儿子塔瞻被提拔为内大臣，孙子爱星阿更是升任至领侍卫内大臣的高位。他的弟弟冷格里担任左翼总兵官，而他的幼弟纳穆泰成为后来的八大辅政大臣之一。在崇祯十二年、崇德四年（1639）期间，他的从弟谭布与索海等人率领军队攻克了雅克萨，战胜了索伦部长博穆博果尔。

又如，渥集部的绥芬路屯长康果礼等人带领超过1000名勇士投奔了努尔哈赤，"分其众为六牛录，以康果礼、喀克都里、伊勒占、苏尔休、哈哈纳、绰和诺世领牛录额真"（《清史稿》）。努尔哈赤将这些人分为6个牛录，康果礼、喀克都里、伊勒占、苏尔休、哈哈纳和绰和诺世分别被任命为牛录额真，负责指挥和管理。

努尔哈赤为了表示对康果礼的信任，将弟弟穆尔哈齐的女儿嫁给康果礼，还封康果礼为"和硕额驸"。同时，因为康果礼擅于统兵，努尔哈赤任命他为三等总兵官，并赋予他三次免死的特权。在皇太极统治时期，康果礼的地位得到进一步提升，被列为十六大臣之一，并担任护军统领，负责保卫国家的安全。康果礼的弟弟喀克都里也同样受到重用，他担任三等总兵官，后来更成为八大臣之一，统领正白旗。

再如，屯长哈哈纳，在归附后，努尔哈赤将宗室之女嫁给他。后来，哈哈纳更是成为镶红旗的重要成员。同样，尼马察部长之子叶克书在归附后，努尔哈赤便委以牛录额真的职责。到了皇太极时期，叶克书位列十六大臣之一，并担任固山额真。

根据记录，努尔哈赤对归附的东海女真降民所授予的官职范围，远超过上述例子，而努尔哈赤的这一政策，产生了深远的影响，甚至延续至整个清代。据《满文老档》中不完全统计，仅在天命十年、天启五年（1625），就有490余名东海女真各部首领及其部民获得晋升官职和恩赏。

由此可见，努尔哈赤"征抚并用，以抚为主"的政策，确实取得了显著成果。

然而，在努尔哈赤对东海女真进行征讨和安抚时，实际情况并非完全按照他颁布的谕旨那样军纪严明，其中也有无视军纪的人存在。但是这并不影响努尔哈赤以安抚为主导，同时辅以军事征讨这种统一东海女真的策略。

努尔哈赤的征服范围东到日本海，西至松花江，南边到达摩阔崴湾并靠近图们江口，北边则延伸至鄂伦河，覆盖了这一广大区域。努尔哈赤不仅完成了东海女真的基本统一，还取代明朝的统治，实行了对这一地区的直接管辖。紧接着，努尔哈赤将下一个统一目标定在黑龙江女真。

三、黑龙江女真的命运

黑龙江女真，得名于他们所居住的黑龙江流域。在这片流域内，分布着多个女真部落，其中包括虎尔哈部、萨哈连部、萨哈尔察部、使犬部、使鹿部和索伦部等。

黑龙江流域自然资源极为丰富，拥有众多的河流、广阔的草地、繁茂的森林和灌木丛。在茂密树林的掩映下，散布着众多民族的聚落，包括女真人、达斡尔人、鄂温克人、鄂伦春人、赫哲人、费雅喀人和索伦人等。他们依靠打猎、放牧、采集、耕种和捕鱼等多种生计方式维持生活。

在元朝灭亡之后，上述地区的居民开始受到明朝的管辖。努尔哈赤建立自己的政权后，致力于统一东海女真，同时也从明朝那里谋求对黑龙江流域的控制权。为了实现这一目标，努尔哈赤曾多次发动对黑龙江女真的军事行动。萨哈连部成为他首先瞄准的对象。

萨哈连部的名称来源于他们居住在萨哈连乌拉流域，这条河流也被称为"黑水"，也就是今天的黑龙江。

天命元年、万历四十四年（1616），努尔哈赤派出军队对萨哈连部进行了军事征伐。关于这次军事行动，多本史书均有载述，其中《满文老档》中的记载较为详细，包括征伐的动机、集结的时间、战前的准备、战斗的过程以及凯旋的结果，内容十分详细，这里不作详述。

征讨萨哈连部，双方经过激战，最后以后金军大胜为结果，并夺取了萨哈连部内 11 个屯寨。而这次征讨是努尔哈赤夺取黑龙江流域统治权的重要一步。

努尔哈赤在征服了萨哈连部之后，再次取得胜利，成功招降萨哈尔察部。萨哈尔察部的民众居住在牛满河（今布列亚河）附近，其首领萨哈连在投降后金后，成为后金的额驸即驸马。

天命三年、万历四十六年（1618），努尔哈赤率领军队进攻抚顺，萨哈连作为随军将领参与了这次征战并得到努尔哈赤的深厚信任。在军中野营的夜晚，努尔哈赤给萨哈连讲述了"金朝往事"，可以见得二人之间关系的亲密程度。

天命十一年、天启六年（1626）十二月，来自黑龙江的26人携带各种珍贵的皮货到沈阳进行朝贡。第二年，萨哈尔察部的60人也前来进贡，他们贡献了貂皮、狐皮和猞猁皮等物品。

萨哈尔察部的朝贡行为，不仅表示了对后金汗努尔哈赤的臣服，也表明他们承认努尔哈赤是他们的最高统治者。这也意味着萨哈尔察部的民众已经归属于后金的管辖范围内，其土地也被纳入后金的版图。

在努尔哈赤初步平定萨哈尔察部的同时，还成功征服了位于黑龙江下游地区的使犬部和使鹿部。

使犬部主要生活在乌苏里江下游地区以及松花江与黑龙江汇合处以下的混同江两岸，与使鹿部接壤。该部族分为三个主要分支——奇雅喀喇部、赫哲喀喇部、额登喀喇部。

奇雅喀喇部的领土主要位于乌苏里江口区域。

赫哲喀喇部，据《钦定满洲源流考》记载："自宁古塔东北行千五百里，住松花江、黑龙江两岸者曰赫哲喀喇；又东北行四五百里，住乌苏里、松花、黑龙三江汇流左右者，亦曰赫哲喀喇。"赫哲喀喇部位于宁古塔东北方向大约1500里处，生活在松花江和黑龙江的两岸。继续向东北方向前进四五百里的地方，那些居住在乌苏里江、松花江和黑龙江三江交汇之处的人们，也同样被称为赫哲喀喇部。

额登喀喇部位于赫哲喀喇部的东北方向，同样在混同江的两岸聚居。

黑龙江下游地区的使犬部，包括达斡尔、赫哲、鄂伦春、鄂温克等多个族群。这些部落以大量饲养犬类而闻名，因为犬的数量众多，而且犬在部民生活中扮演着重要角色，使犬部因此得名。

在使犬部中，犬的地位非常特殊。它们不仅被视为重要的狩猎伙伴，还被视为家庭成员和图腾。因此，这些部落有着不食用狗肉、不使用狗皮的传统，甚至将狗视为神圣的生物予以崇拜。

使犬部的部民主要生计依赖于打猎和捕鱼。在打猎活动中，他们捕捉各种野生动物以及丰富的鱼类。

在努尔哈赤征讨萨哈连部的同时，他也积极地对使犬部进行征抚。天命元年、万历四十四年（1616），努尔哈赤发兵对使犬部进行军事征讨。据《清太祖高皇帝实录》记载："招服使犬路、诺洛路、石拉忻路路长四十人。"后金军水路和陆路同时推进，深入千里之外，所到之处，敌人无不畏惧屈服，最后成功招服了使犬路、诺洛路、石拉忻路的路长共计40人。

使鹿部，其居住地域广泛，根据《盛京吉林黑龙江等处标注战迹舆图》的记录，他们主要分布在使犬部的北方和东方，具体位于混同江下游向东延伸至沿海地区，这一带涵盖了整个库页岛。

使鹿部主要由费雅喀部、奇勒尔部等组成，且包括了吉烈迷人。其中，费雅喀部位于额登喀喇部的东北方向七八百里远，也就是混同江以东的区域；奇勒尔部，亦称为奇楞，生活在宁古塔东北方向2000余里的亨滚河等地，这里正是使鹿鄂伦春人的主要游牧区域。

努尔哈赤在对使犬部进行征讨和安抚的同时，也没有忽视生活在黑龙江口和库页岛地区的使鹿部民众。

库页岛，又称"苦兀"，位于奴儿干海的东面。永乐十年（1412），明朝在库页岛上设立了囊哈儿卫，并派遣亦失哈等人前往视察。库页岛土地面积相当于中国台湾省的2倍多，这里森林茂密，盛产各种鱼类和海蟹，尽管气候较为寒冷，但南部的港口终年不结冰。岛上的吉烈迷人和苦夷人等居民以鹿为家畜，所以被称作使鹿部。

努尔哈赤为了从明朝手中夺取黑龙江下游至库页岛的领土控制权，持续在这一区域发起军事征伐。随着时间的推移，库页岛内附于后金，并开始每年向努尔哈赤进贡。

努尔哈赤为了管理这片土地，还设立了姓长、乡长等职位来统辖当地居民。

简而言之，努尔哈赤在长达 10 年的时间里，对黑龙江女真进行了持续的军事行动，逐步取代了明朝在该地区的统治地位。他通过征战与安抚并用的策略，占领了土地，收纳了部落民众，征收了特产贡品，并任命官员进行管理。

由是，努尔哈赤迅速且有效地取代了明朝在乌苏里江和黑龙江中下游地区的管辖权，成功统一了东海女真和黑龙江女真，这得益于他"且征且抚"的明智政策。

通过这一系列的军事行动和政策实施，努尔哈赤巩固了在这些地区的统治，为后来的清朝奠定了坚实的基础。

四、昔日雄风不再

明朝建立后，元朝的末代皇帝逃离北平，并撤回蒙古草原。尽管元朝已经灭亡，但其残余势力仍然存在，据史料记载，有不下百万的引弓之士。元末皇帝撤回漠北地区后，被称为北元。

北元的蒙古贵族们继续维持着旧的封建统治，并不时地出兵侵犯明朝的领土，企图重新控制中原，恢复元朝的统治。明朝多次发动军事行动，深入漠北，目的是彻底铲除北元的残余势力，消除这一威胁。

明朝初期，徐达发动了 4 次北伐，而永乐帝更是亲征 7 次。他们取得了一系列的胜利，如占领开平、应昌，击败王保保，并使纳哈出投降。最终，北元的势力被明朝击败，并逐渐与明朝建立了臣属关系。

明朝虽然在多次的北伐中都取得了胜利，但北元的势力并未被完全消灭。这在一定程度上与洪武帝对待元朝残余势力的政策有关。

当时，徐达攻克元朝大都后，他曾询问是否要追击逃亡的元朝皇帝，洪武帝回答道："元起朔方，世祖始有中夏。乘气运之盛，理自当兴。彼气运既去，理固当衰。其成其败，俱系于天。若纵其北归，天命厌绝，彼自渐尽，不必穷兵追之。但其出塞之后，即固守疆围，防其侵扰耳。"（《明太祖实录》）洪武帝认为，元朝之所以兴起，是因为其顺应了天时地利人和之势，而眼下元朝的运势已去，其衰败亦是天意，即便是残余势力北归，最后也会自然消亡，无须动用兵力去追击。此时，应该将精力放在稳固明朝疆土方面。

但事实上，蒙古贵族的势力并没有彻底消失。相反，他们持续对明朝的北部边境进行滋扰，甚至多次突破防线，向中原深入推进，一度对京城形成了围攻之势。特别是在正统时期之后，来自北方的威胁变得越来越严峻。

《明史》记载："当洪、永、宣世，国家全盛，颇受戎索，然畔服亦靡常。正统后，边备废弛，声灵不振。诸部长多以雄杰之姿，恃其暴强，迭出与中夏抗。边境之祸，遂与明终始云。"

明朝在洪武、永乐、宣德等盛世时期，国家强盛，但仍受到蒙古的袭扰，且这种袭扰是不定时的。正统之后，明朝边防事务逐渐废弛，边陲的威胁也越发严重。蒙古部落的首领们以雄长之势和强大的军事力量不断与明朝发生战事。可以说，明朝边陲的祸患与明的历史息息相关。

实际上，在明朝中后期，蒙古的势力已经开始衰落，而满洲的势力逐渐兴起。因此，与北边的威胁相比，满洲才应该是明朝关注的重点。

在明朝初期，蒙古的侵扰给北疆带来了巨大的压力。

辽东地区蒙古势力的侵扰一直接连不断，给当地带来了沉重的灾难。

洪武时期，元朝的故丞相纳哈出率领二十万大军占据了金山，并频繁窥视和骚扰辽东地区。后来，他被明朝将领蓝玉招降。

永乐时期，阿鲁台数败于瓦剌，随后率领部众向东逃往兀良哈，并在辽塞地区驻牧。永乐帝领兵亲征阿鲁台，但在回军途中因病在榆木川去世。

正统时期，正统帝在土木堡之役中兵败被俘。

成化时期，蒙古鞑靼的部长孛来又引诱兀良哈的九万骑兵进入辽河地区，纵兵掳掠。

嘉靖时期，蒙古的俺达率领大军兵临京师城下，导致京城九门在白天都紧闭不开。

从隆庆年间开始，也就是努尔哈赤的青少年时期，辽东的蒙古各派势力错综复杂，经历着不断的崛起和衰落，彼此交织。主要的势力包括以下几部。

土蛮部。首领土蛮是打来孙的长子，他的弟弟名为委正，他的长子叫卜言台周，次子则是介赛，侄子是黄台吉，族弟是土墨台猪等人。土蛮部是当时最强大的部落之一。他们经常侵犯辽东地区，每年都给明朝边境带来很大的困扰。

《谷山笔麈》中曾记载："土蛮部落，故元之后裔，于顺义王，君也，直蓟、辽边，众数十万，其下有六酋。自西虏通贡以来，惟三卫、海西诸夷假土蛮之势以扰蓟、辽，故东北多事耳。"记载称，土蛮部是元朝的后裔，顺义王则是他们的领导。他们拥有数十万的部众，下面还有6个主要首领，时时威胁着蓟州和辽东的边境。自西方的蒙古部落开始向明朝进贡以来，只有其中三卫和海西的一些夷族部落试图借助土蛮部的势力袭扰蓟州和辽东。因此，东北地区频繁爆发冲突和战斗。

速把亥部。首领速把亥乃虎喇哈赤的次子，他的弟弟为炒花，他的妹夫则是花大。在嘉靖时期，速把亥部迁移到辽阳以北地区，并与土蛮等部落联合，多次侵犯辽东地区。

据《万历武功录》记载："嘉、隆以来，虏患何岁亡之？甚至杀大将军如艾草菅。甚哉！速把亥之为祸首也。"自嘉靖、隆庆以来，辽东地区的边患几乎每年都有，而导致这些边患的罪魁祸首就是速把亥。

黑石炭部。首领黑石炭是孛只的第五子，他与速把亥等部落联合，一同劫掠辽左地区。《万历武功录》记载："贻我辽左数十年大患，介胄至生虮虱。"就是说，黑石炭给辽东地区带来了数十年的战患。

董狐狸部。首领董狐狸也被称为董忽力，是革兰台的第五个儿子。他们驻牧在宁前地区的外围，放牧的马匹遍布辽河一带，曾多次对蓟门地区发起攻击。

阿牙台皮部。首领阿牙台皮有两个儿子，长子名为煖兔，次子名为拱兔。在万历初期，这"两兔"特别桀骜不驯，给明朝边境带来了很大的威胁。

除此之外，还有虎墩兔、青把都、哈卜慎、长昂等其他的蒙古部落。这些蒙古部落的存在对明朝的边境安全构成较大的威胁。

当时的辽东地区与明朝发生冲突的主要政治对手是蒙古和女真两个族群。不过，对辽东地区造成严重破坏和掠夺的，主要是蒙古各部落的贵族领导的骑兵部队。

在努尔哈赤起兵前的 10 年，也就是万历年间的头 10 年，蒙古的土蛮、速把亥等部落的贵族对辽东地区进行了频繁的侵扰和掠夺。

以下是对这一时期蒙古部落对辽东地区侵扰的详细记录：

万历元年（1573）正月，黑石炭部和速把亥部对辽阳地区进行侵扰；四月，土蛮部攻击铁岭；十月，董狐狸的弟弟兀鲁思汗侵袭寺儿山台；十二月，董狐狸的弟弟长秃侵犯边境。

这一年，明朝为了奖励和抚恤在辽东地区作战有功和阵亡的官兵，赏赐了千余名官兵，并投入力量修筑城堡和边墙以加强防御。

万历二年（1574），土蛮和速把亥等部侵犯，金、复、盖三卫地区遭受了严重的杀戮和掠夺，许多村庄和城堡被摧毁。

万历三年（1575）正月，土蛮、速把亥指挥十万大军进攻辽阳；十一月，土蛮、速把亥与炒花等部联手，动用两万骑兵侵袭了锦、义地区。

万历四年（1576）二月，土蛮、黑石炭、速把亥带领五万兵力到达辽河地区进行劫掠；十月，速把亥、炒花、委正等人联盟，率三万骑兵攻击了威远堡。

万历五年（1577）二月，土蛮等人抵达旧辽阳地区进行掠夺。五月，集结二十万大军前往凌河地区。

万历六年（1578）正月，黑石炭部大规模地窥视和准备侵犯边境；十二月，速把亥等部联合三万余骑兵侵犯东昌堡。

万历七年（1579）十月，土蛮等部联手，以四万骑兵进犯前屯地区。

万历八年（1580），土蛮等部集结了超过二十万的庞大军队，几乎是倾巢而出，大规模地侵犯并掠夺广宁地区。

万历九年（1581）正月，约有两万敌军骑兵对辽东地区发起了侵扰；十月，土蛮等部联手，纠集十余万大军，对广宁发动了大规模的攻势。

万历十年（1582）四月，速把亥部对义州地区进行了侵犯。

以上的历史记录表明，辽东地区的蒙古贵族势力连年发动攻击和掠夺，给辽东地区的民众带来严重的灾难，形势十分严峻。不过，在万历初期，张居正担任宰相期间，他采取了一些积极的措施来应对这一局势。如任命李成梁镇守辽东，戚继光镇守蓟门。

李成梁在镇守辽东的 22 年时间里，率领骑兵多次迎战蒙古军队，勇敢地击退敌人。蒙古骑兵在李成梁的打击下多次遭受重创，土蛮、速把亥等部的首领也相继去世。剩下的蒙古部落虽多，但都各自为政、互相争雄。

明朝借着蒙古部落内部争夺之机，采取了分化蒙古部落、接纳其归顺、对顺从者进行赏赐、对侵犯边境者进行讨伐的策略。这些举措导致辽东地区的蒙古势力遭遇了一定的挫败，开始分裂，逐步走向衰退。蒙古的这种衰退趋势一直在持续，从侧面说明明朝在维护边境安全方面的努力和成果。

　　到了明朝中期，辽东地区的明军与蒙古骑兵之间的斗争结果，并没有朝着他们各自的计划和期望发展。尽管蒙古贵族频繁地发动侵略，严重削弱了辽东地区的军事力量，但李成梁也取得了显著的战绩，同时也削弱了蒙古的军事力量，对蒙古各部造成了沉重的打击。然而，他们的纷争，特别是李成梁的战功，间接地为努尔哈赤的崛起创造了有利条件。

　　土蛮等部与李成梁的激战，致使双方都元气大伤，不得不退出这场角逐。而这就为努尔哈赤登上历史舞台铺平了道路，给予他崭露头角的机会。

五、联姻的"效益"

　　明朝晚期，蒙古分裂成三大区域：漠西厄鲁特蒙古，位于蒙古草原西部直至准噶尔盆地，被称为"西蒙古"；漠北喀尔喀蒙古，位于贝加尔湖以南、河套以北地区，也被称为"外蒙古"；漠南蒙古，分布在蒙古草原的东部和大漠南部，也称作"内蒙古"。

　　漠南蒙古与明朝的汉族聚居区相邻，其中包含多个部落，西北有鄂尔多斯部在黄河河套地区游牧，正北方向是土默特部驻扎在山西边境外的归化城（今内蒙古自治区呼和浩特市旧城），东北则是蓟辽边境外的喀喇沁、察哈尔、内喀尔喀和科尔沁等部落。

　　漠南蒙古的各个部落位于明朝与后金之间，部分部落与后金接壤，因此后金最早与这些位于漠南蒙古东部的部落建立了包括政治、军事和文化在内的多种联系。

　　漠南蒙古，自明朝初期起，已历经200多年的战乱之苦。与残余的元朝势力以及蒙古各部之间的持续冲突，严重破坏了漠南蒙古的社会经济，导致当地民众生活极度贫困。甚至有许多牧民生活在"无火煮饭、无布做衣、无盐为食"的绝境中。蒙古民众深切渴望结束这种割据纷争的局面，向往和平与统一。

自古以来，当百姓长期生活在分裂割据、激荡不安的环境下时，和平与统一就是民之所向，这便是当时情势的"人和"。而关于由谁来结束这样的分裂局面，百姓并不在意，他们关心的只有什么时候出现一个能够实现统一的领导者。无论是谁他们都会臣服。努尔哈赤恰恰就是他们渴望的统治者。

由于当时明朝深陷腐败，缺乏重新统一蒙古地区的能力。与此同时，蒙古各部族贵族之间的长期内斗也阻碍了内部的统一。

在这样的历史背景下，努尔哈赤把握住了明朝衰落腐败的时机，巧妙地利用蒙古民众对统一的渴望、蒙古贵族对明朝的不满以及蒙古王公间的分裂和争夺，对漠南蒙古进行了征抚。

当时，蒙古王公为了各自的利益而争斗不休，时而联合一些王公对抗另一些与自己为敌的王公，时而与昨天的盟友反目成仇，再与昨天的敌人握手言和。反反复复，无休无止。

努尔哈赤利用这些复杂的结盟与矛盾、分裂与内讧，对不同的蒙古王公采取了多样的策略：一些通过分而治之，一些进行军事征服，一些同时运用这两种方法。通过这些策略，他逐步征服并安抚了东部漠南蒙古的各个部落。

后金兴起之际，努尔哈赤决意征抚漠南蒙古的原因有以下几点。

其一，漠南蒙古与海西女真有着紧密的联系，例如叶赫部与蒙古的联姻关系。这种联系对女真内部的统一至关重要。所以，努尔哈赤欲通过征抚漠南蒙古，进一步巩固女真内部的团结。

其二，漠南蒙古的地理位置，对于后金进入辽沈地区具有重要的战略意义。只有征服漠南蒙古，后金进军辽沈地区才会无后顾之忧。

其三，漠南蒙古与明朝结成了共同抵御后金的联盟。为了打破这一联盟，努尔哈赤决定征抚漠南蒙古，从而削弱明朝的势力，为日后的南征做好准备。

其四，征抚漠南蒙古对于后金来说具有重要的军事意义。后金与明朝之间隔着漠南蒙古，只有征服漠南蒙古，才能打通进入中原的通道。历史证明，后来的皇太极多次通过蒙古地区入侵中原，也是基于同一战略决策。

其五，努尔哈赤决定征抚漠南蒙古，以此来增加兵力和提升战斗力。努尔哈赤曾表示："蒙古与我两国，其语言亦各异，而衣饰风习尽同一国也。"（《满文老档》）女真与蒙古有着相似的语言、宗教和尚武精神，这使得蒙古成为后金的重要兵源之一。努尔哈赤在征服漠南蒙古的过程中，首先选择从漠南蒙古东部的科尔沁部开始实施征服行动。

科尔沁部属于漠南蒙古的一部分，主要在嫩江流域放牧生活。它东边与乌拉接壤，东南方向靠近叶赫，西南边以扎鲁特为界，南边与内喀尔喀相连，北部则靠近嫩江上游地区。察哈尔部也被称为"插汉部"，与科尔沁部之间长期存在不和，甚至有着深重的仇恨。为了与察哈尔部抗衡，科尔沁部决定与实力雄厚的叶赫、乌拉等部建立联盟。

万历二十一年（1593），科尔沁部的明安贝勒等人统领蒙古大军，联合叶赫、哈达、乌拉、辉发、锡伯、卦尔察、朱舍里、讷殷共9个部落，向建州发起进攻。由于未能攻克黑济格城，于是他们在古勒山集结兵力。然而，最终九部联军遭遇惨败，明安贝勒不得不在尴尬中骑着一匹无鞍的马逃回。

次年，明安贝勒和喀尔喀五部的贝勒老萨，决定派遣使者向建州示好，这是科尔沁部第一次向建州派出使者。自此，蒙古各部与建州的交往日益频繁，使者往来不断。

尽管科尔沁部在古勒山之役中遭受挫败，选择派使者出使建州求和，但他们内心深处并未彻底投降。万历三十六年（1608）三月，当建州军队前往乌拉部的宜罕阿麟城时，科尔沁蒙古的翁阿岱贝勒与乌拉部的布占泰联合起来攻打建州。不过，科尔沁军在观察到建州军的强大后，意识到自己无法与之抗衡，于是选择撤军，并厚颜无耻地寻求与建州的和平与联姻。

出于大局考虑，努尔哈赤说："俗言一朝为恶而有余，终身为善而不足。"（《满洲实录》）努尔哈赤并未计较科尔沁过去的敌意，同意与科尔沁抛弃过去的怨恨，建立联姻关系。

万历四十年（1612），努尔哈赤得知明安贝勒的女儿博尔济吉特氏美丽动人，便派遣使者前往，欲娶之。明安贝勒随即取消了先前的婚约，将女儿嫁给了努尔哈赤。

明安贝勒成为蒙古王公中首位与建州结成姻亲的人。这一行为对后世产生了重大影响。随后，万历四十三年（1615）正月，努尔哈赤再次迎娶了科尔沁孔果尔贝勒的女儿博尔济吉特氏作为他的妻子。

以当时的历史背景来看，对于封建王公来说，婚姻是一种政治策略，是利用新的联姻关系来增强自身势力的机遇。在这一过程中，家族的利益起着决定性作用，个人的情感和选择往往被置于次要地位。历来，皇室贵族、王室亲贵多以这种手段来到达自己的目的。建州女真贵族与科尔沁蒙古王公之间的联姻就是一个鲜明的例子。

不仅努尔哈赤自己娶了科尔沁两位贝勒的女儿，他的儿子们也相继与蒙古王公的女儿结为连理。仅万历四十二年（1614），努尔哈赤的 4 个儿子就分别与扎鲁特部和科尔沁部的贵族结亲。此后，他的儿子阿济格和多尔衮也继续这一传统。

努尔哈赤在位期间，与科尔沁部进行了 10 次联姻，其中 9 次是娶入、1 次是嫁出。通过频繁的联姻，蒙古科尔沁部与后金政权构成了紧密的同盟关系，加强了各自的影响力和权力，共同对抗察哈尔部的威胁。

察哈尔部的林丹汗，为了实现对漠南蒙古的统一，并掌握大汗的权力，同时遏制后金的扩张，决定对那些与后金结盟的部落（如科尔沁部）发起军事行动。但是，这一策略似乎起到了相反的效果，如同放鱼入海，反而推动了科尔沁部与后金的结盟。

科尔沁部的翁果岱子奥巴台吉，于天命十年、天启五年（1625），派人出使后金，向努尔哈赤报告察哈尔部欲发起军事行动夹击科尔沁部，并请求支援。

不久，林丹汗派军队直接向科尔沁部发起进攻，将奥巴台吉的驻地格勒珠尔根城围困起来。当时情势非常紧急，好在努尔哈赤反应迅速，当即派儿子莽古尔泰率领五千精锐骑兵前往援助。林丹汗见围攻格勒珠尔根城多日未能攻克，又听闻后金援军到来，不得不仓皇撤退，留下了大量骆驼和马匹。

随后，奥巴台吉亲自向努尔哈赤表示臣服，并迎娶舒尔哈齐的第四子图伦的女儿为妻。有了联姻关系，努尔哈赤随即与奥巴台吉举行了隆重的祭天仪式，盟誓结好。

从奥巴台吉的誓言中，能够窥见蒙古贵族内部的矛盾和纷争以及他选择依附后金的原因："我以公忠之心，向察哈尔、喀尔喀。自查萨克图汗以来，我科尔沁诸贝勒，无纤微过恶，欲求安好而不可得。杀伐我，侵略我，殆无已时。将我科尔沁诸贝勒翦除无遗，其后我达赖台吉，以无辜被杀。介赛又以兵来杀我六贝勒。我欲相安无事，而彼不从。将无辜之人，非杀即掠；吾等拒之，又谓我敢于相抗。察哈尔、喀尔喀，合兵而来，欲杀欲掠，以天祐免。皇帝又称助我，我不敢忘天祐及皇帝助，以故来此，与皇帝会，昭告天地，订盟好。"（《清太祖高皇帝实录》）

对于奥巴台吉的誓言，努尔哈赤也作出回应："我以公直处世，被明及察哈尔、喀尔喀辄肆凌侮，不能堪，乃昭告于天，天祐我。又察哈尔、喀尔喀，合兵杀掠科尔沁奥巴烘台吉。奥巴烘台吉亦蒙天祐，今奥巴烘台吉怨恨二部落，来此同谋国事者，乃天以我两人被困厄，俾相合也。"（《清太祖高皇帝实录》）

在浑河岸边，奥巴与努尔哈赤均以"受害者"的身份对天焚香，行了三跪九叩的首礼。他们共同宣誓，宣布结成紧密的联盟。

后金汗通过召见、赏赐、赐宴、封爵等方式,积极安抚科尔沁部的王公贵族。从万历四十三年(1615)开始,科尔沁部的多位贝勒和台吉就亲自进贡,表达对努尔哈赤的尊重和臣服。来进贡的人都受到努尔哈赤的热情接待和丰厚赏赐。

其中,科尔沁贝勒明安在天命二年、万历四十五年(1617),亲自到后金进贡,受到努尔哈赤极高的礼遇。

明安后来加入了满洲正黄旗,他的次子多尔济成为额驸,并被授予内大臣的职位,参与国家政事的决策;他的小儿子朗素后来晋升为领侍卫内大臣。他的孙子鄂齐尔后来负责銮仪卫的管理工作,并同样被授予领侍卫内大臣的官职。他的长子昂洪后来被封为三等男爵。

天命七年、天启二年(1622),明安领着兀尔宰图、锁诺木等16位贝勒以及来自喀尔喀等部的台吉们,各自率领所属的军民归附后金。由此,另外设立蒙古一旗,这为蒙古八旗的建立打下了基础。

同时,鉴于科尔沁部是蒙古部落中最早投靠后金的,博尔济吉特氏与爱新觉罗氏之间形成了世代友好的亲密关系。

因此,努尔哈赤为后金制定的针对蒙古科尔沁部的策略,最终取得了全面的成功。科尔沁部不仅成为后金的坚实政治伙伴和强大的军事支柱,更在清朝时期成为皇室的紧密亲信和重要的军政屏障。

与此同时,努尔哈赤也不忘与内喀尔喀部进行会盟。

六、金戈铁马,席卷草原

喀尔喀万户包括外喀尔喀和内喀尔喀,漠南蒙古的内喀尔喀部,也被称为"五鄂拓克喀尔喀部",据《开原图说》记载,内喀尔喀五部者系达延汗第五子阿尔楚博罗特之后,因其子虎喇哈赤有五子,故称"内喀尔喀五部"。它源自达延汗的第五子阿尔楚博罗特的后裔。

由是，内喀尔喀分裂成 5 个部落。这些部落主要在西拉木伦河和老哈河地区驻牧，其地理位置东邻叶赫部，西接察哈尔部，南近广宁，北靠科尔沁部。

内喀尔喀部同时面临着明朝、察哈尔和后金等多个势力的影响，既有合作也有矛盾，时而争斗，时而和平，既有联盟也有分裂。而在内部，内喀尔喀五部之间也是纷争不断，时而联合，时而倾轧，频繁争夺地盘和资源，导致内部实力急剧衰弱。

努尔哈赤敏锐地洞察到了内喀尔喀部的内外困境和纷争，把握时机，采取分而治之的策略，逐一拉拢这些部落，以达成自己的战略目标。

内喀尔喀巴约特部的达尔汗贝勒之子恩格德尔台吉是第一个归附后金的蒙古贵族。为了进一步巩固与恩格德尔的关系，努尔哈赤在天命二年、万历四十五年（1617）将舒尔哈齐的第四女嫁给他，恩格德尔因此成为后金的额驸即皇亲国戚，并受到了努尔哈赤的特殊礼遇和尊重。

到了天命九年、天启四年（1624），恩格德尔与巴约特格格一同前来朝拜努尔哈赤。《满文老档》记载："大贝勒先叩头，其次恩格德尔额驸率众蒙古贝勒叩头，第三阿敏贝勒、第四莽古尔泰贝勒、第五四贝勒……"由此可见，在朝拜时，叩头的顺序显示出恩格德尔在后金的重要地位和崇高身份。

完成朝拜后，恩格德尔向努尔哈赤提出了一个请求，希望能与公主一同留在后金居住。努尔哈赤考虑后同意了他的请求，并与他举行了盟誓，以确保双方的友好关系得以持续发展。

除了与恩格德尔台吉联姻、赐予盟约、举行盟誓以及设宴赏赐之外，努尔哈赤还慷慨地赐予他们田庄和奴仆。通过这些赏赐，恩格德尔家族及其关联人员不仅在经济上富足安逸，在政治上也被确立为后金的封建主，进而加强了他们对后金的忠诚和归属感。

恩格德尔和他的弟弟莽果尔代被任命为总兵官，并随后被编入满洲正黄旗，成为后金—清朝的重要军事和政治力量。恩格德尔的儿子额尔克戴青最初担任警卫职务，后来在顺治时期被提拔为参政议政的高级官员，负责管理銮仪卫，不久之后又被提升为领侍卫内大臣，爵位也升至一等公。

努尔哈赤为了瓦解内喀尔喀各部联盟所采取的策略，其中包括将爱女嫁给归附的台吉以及慷慨地赠送金银、官爵、财物、房田和奴仆等。这些举措体现了努尔哈赤对归附者的重视和优待，同时也进一步巩固了后金与内喀尔喀部之间的关系，实现了削弱和分裂内喀尔喀诸部的目的。

但是，内喀尔喀部的部分贝勒在明朝与后金之间摇摆不定，既试图从明朝那里领取赏赐，又对后金表现出恃强仇视的态度。其中，宰赛是一位特别引人注目的领袖，他是虎喇哈赤的次子兀班的孙子，驻扎在开原西北方向的新安关之外。

在内喀尔喀五部中，宰赛以其庞大的骑兵队伍和丰富的牲畜资源自恃强大。据历史记载，内喀尔喀五部的兵力、牲畜和财富都集中在宰赛的统辖之下。宰赛因此自恃强大，对其他部落进行欺压和劫掠，导致其他部落对宰赛怀有强烈的敌意。而宰赛本人自视甚高，将自己比作翱翔在天空的雄鹰和山林中的猛虎。

然而，这种强势的态度和行为最终导致宰赛在与其他势力的斗争中陷入困境。

宰赛仗着自己兵强马壮，曾与明朝立下 3 次誓言，并擅自夺取努尔哈赤已下聘礼的叶赫贝勒布寨之女，还对后金的村屯发动袭击，囚禁后金使臣。

天命四年、万历四十七年（1619），当努尔哈赤率领军队攻占铁岭之际，宰赛与巴克等人带领万余人的部队在城外的高粱地中设伏，与明军联手对抗八旗军。努尔哈赤始终保持着镇定，迅速指挥贝勒大臣们迎战，结果宰赛惨败，八旗军一路追击至辽河。

此役后金大获全胜，擒获宰赛及其家族成员 20 余人以及士兵 200 人。

努尔哈赤并没有处决宰赛，而是决定将他关押在城楼内，以此作为与内喀尔喀部建立联盟的筹码。2年之后，内喀尔喀部以万头牲畜作为赎金换回宰赛，并将其二子一女作为人质送往后金。

随后，努尔哈赤与宰赛缔结盟约，设宴赏赐。同时，将宰赛所送之女许配给大贝勒代善为妻。

努尔哈赤通过笼络、瓦解、战争和联姻等手段，最终促成了内喀尔喀五部在政策上的重大转变。这一转变意味着他们从原先联合明朝对抗后金的立场，转变为联合后金共同对抗明朝。

而这一重大转变，在形式上表现为后金与内喀尔喀五部的正式会盟。

天命四年、万历四十七年（1619），努尔哈赤派5位大臣，他们带着宣誓的文稿，与内喀尔喀五部贝勒的使臣在冈干色得里黑孤树处举行会盟。

无疑，这是努尔哈赤对漠南蒙古政策上的一次显著成功。

但是，漠南蒙古的察哈尔部却决定与明朝结成联盟，共同抵抗后金。由是，努尔哈赤开始将更多的注意力转向察哈尔部。

漠南蒙古的察哈尔部，其名称来源于蒙古语"边"的音译。在嘉靖年间，达赉逊库登汗（即打来孙汗）由于受到俺答汗的逼迫，迁移到辽东边外地区，因其地理位置靠近边境而得名察哈尔部。

早先，成吉思汗的第十五代后裔巴图蒙克被众人推崇为大元的可汗，即达延汗。他成功将东部蒙古的各个部落统一起来，并迫使瓦剌部向西迁移。之后，达延汗将漠南和漠北地区划分为6个翼，并将这些地区分封给了他的子弟。同时，他在察哈尔部建立了帐幕。自此以后，察哈尔部的领主便世袭了蒙古汗位，成为蒙古各部落的共同领袖。

实际上，蒙古可汗的权威逐渐集中到察哈尔部的首领手中。在达延汗的后代中，图鲁博罗特、博迪阿喇克、达赉逊库登、图们、布延、莽和克、林丹等人相继继位。

林丹汗，也被称为库图克图，明朝时期人们称他为虎墩兔。万历三十二年（1604），林丹汗成为察哈尔部的首领。他驻扎在广宁以北地区，受到其七世祖达延汗精神的感召，立志要继续大元可汗的辉煌，将蒙古各部重新统一起来。

当时，明朝、后金以及察哈尔部都企图控制辽东地区。但后金势力的持续扩张对察哈尔部构成了直接威胁，而察哈尔部的强大同样妨碍了后金对漠南蒙古的吸纳。从明朝的角度来看，相较于后金，察哈尔部所带来的威胁要小得多。因此，在这三者之间形成的复杂关系中，明朝与后金之间的矛盾成为主要焦点。

为了与明朝抗衡，后金必须先征服并安抚察哈尔部。而明朝为了抑制后金，则利用林丹汗与努尔哈赤之间的矛盾，与察哈尔部结盟，共同抵御后金的进攻。

后金汗与林丹汗之间的关系变化，可以分为三个阶段。

初期。努尔哈赤在统一女真各部落的过程中，尚未有足够的力量去顾及察哈尔部。当时，察哈尔部势力强大，其影响范围从辽东一直延伸到洮河，拥有八大部、二十四营，号称有四十万蒙古兵力，加之背后倚仗明朝，所以，林丹汗对后金的态度非常傲慢。

直到天命五年、万历四十八年（1620），努尔哈赤才派使者向察哈尔部送去书信，尝试建立联系。对于努尔哈赤的信件，作为回应，林丹汗囚禁了其使者。

中期。努尔哈赤的势力在辽沈地区迅速扩张，他占领了沈阳、辽阳、广宁和义州等地，进而增强了后金的实力。反观明朝，则逐渐力不从心。

面对这种局面，明朝的重要官员，比如蓟辽总督王在晋、总督王象乾以及关外道袁崇焕等，都强烈建议加强与蒙古的联系，并通过与之结盟来共同对抗后金。明朝通过一系列的笼络手段与林丹汗建立了联盟。

然而，林丹汗却自食其果，走向了自我毁灭的道路。他依仗自身的强势压迫和剥削弱小者，不断地侵占土地和掠夺牛羊，过着极度奢侈和残暴的生活，他的行径令人发指。同时，他的内部也出现了严重的分裂和纷争。

此时，巴林部的首领炒花已经降附后金。此外，察哈尔的敖汉部和奈曼部由于对林丹汗不满，开始频繁地与后金接触往来。而林丹汗的孙子扎尔布台吉和色椤台吉逃离察哈尔，先逃到了科尔沁，随后又前往后金，向努尔哈赤宣誓效忠。

为了阻止努尔哈赤对附近部落的瓦解，林丹汗先后对与后金结为姻盟的科尔沁等部进行了讨伐。然而，在后金等势力的援助下，科尔沁等部成功地击退了林丹汗的军事打击。

后金后期，明朝的高级官员，比如孙承宗、王象乾和袁崇焕等相继离职或去世，导致明朝的"抚西虏"策略无法持续执行。而明朝、后金和蒙古之间的关系经历了转变。原本就不太稳固的明朝与蒙古的联盟关系在后金的强势介入下出现了裂痕。林丹汗的处境变得更为孤立。

在这样的情势下，努尔哈赤抓住时机，向蒙古发动军事攻势。随着一系列的征伐行动，察哈尔部被后金攻陷，导致明朝失去了其北方的自然防线。据《明史》记载："明未亡而插（即察哈尔）先毙，诸部皆折入于大清。国计愈困，边事愈棘，朝议愈纷，明亦遂不可为矣。"可见，察哈尔部被征服，给明朝带来了极大的困扰，导致明朝边境岌岌可危。

在征抚漠南蒙古的过程中，努尔哈赤采取了一种巧妙的策略，就是利用蒙古各部首领之间的矛盾，进行有针对性的分化与瓦解。

漠南蒙古归顺后金之后，献上了"九白之贡"，作为他们臣服的象征。

后金对漠南蒙古的征服与安抚，不仅为后来组建蒙古八旗打下了基础，同时也开辟了从西北进入中原的战略要道，极大地改变了后金与明朝之间的力量平衡。

从此，后金得以拓展其领土，控制更广袤的地区，拥有更强大的兵力，从而在战场上占据更为有利的地位。

随着努尔哈赤统一女真各部和征服漠南蒙古事业的推进，他也面临着如何处理与东部邻国朝鲜的关系这一棘手问题。处理是否得当，直接影响到他的军事西进计划能否顺利进行以及后金政权的全局稳定。因此，努尔哈赤深知与朝鲜保持良好关系的重要性。

七、跨越边界的纽带

努尔哈赤在起兵后，处于四面楚歌的态势：南方有明朝的威胁，西方有蒙古的压制，北方是扈伦的敌视，而东方则是与朝鲜的潜在冲突。

于努尔哈赤而言，如何妥善处理与朝鲜的关系成为一个至关重要的问题。倘若处理不当，他可能会陷入明朝和朝鲜的夹击中，使自己的处境更加困难。

因此，努尔哈赤在处理与朝鲜的关系时，综合考虑了历史背景、当前形势以及政治策略这三个重要维度。

从历史的角度来看，自猛哥帖木儿前往斡木河地区起，到努尔哈赤起兵前，后金与朝鲜之间有着复杂的恩怨纠葛。

从现实的角度来看，自努尔哈赤起兵到建立后金政权前，与朝鲜之间的现实利益和矛盾也在不断变化。

从政治的角度来看，从天命元年、万历四十四年（1616）至天命十一年、天启六年（1626），两国关系需要从更高的政治层面来处理。

首先，努尔哈赤与朝鲜之间存在着复杂的历史纠葛，有恩有怨。其次，努尔哈赤与朝鲜在现实中关系不稳定，时好时坏。最后，努尔哈赤对朝鲜所采取的策略是既要讲理也要有所节制。

针对不同时期和不同局势，努尔哈赤在解决问题上依托于历史经验和现实利益，以政治战略的高度，从大局出发，采取了不同的态度，制定了不同的策略。

早先后金还是建州时期，就与朝鲜产生过矛盾。这里作简单记述。

建州与朝鲜，由鸭绿江、图们江和珲春江等水域相隔，因地理位置相邻，所以往来频繁，但他们的关系十分复杂，交织着恩怨情仇。就建州同朝鲜的关系，《明史》中作了详细记载："朝鲜，箕子所封国也。……汉末，有扶余人高氏据其地，改国号曰高丽，又曰高句丽，居平壤，即乐浪也。已，为唐所破，东徙。后唐时，王建代高氏，兼并新罗、百济地，徙居松岳，曰东京，而以平壤为西京。其国北邻契丹，西则女直，南曰日本。元至元中，西京内属，置东宁路总管府，尽慈岭为界。"

上述历史事实，是明朝和清朝官方的历史观点。

自洪武帝建立明朝以来，朝鲜与明朝之间的关系发生了明显的转变。这一转变，不仅重塑了明朝与朝鲜的双边关系，同时也对建州与朝鲜之间的关系产生了间接的影响。

明朝初期，当洪武帝建立明朝并登基称帝时，高丽国王是王颛。为了表示祝贺，王颛派遣使臣前往应天府进献贡品，并请求明朝封赏。由此可见，当时的朝鲜臣服于明朝。

洪武七年（1374），朝鲜发生了一场政变。权臣李仁人杀害王颛，因王颛没有子嗣，李仁人便扶持宠臣辛肫的儿子辛禑（即王禑）上位。经过一系列的政治波折，直到洪武十八年（1385），洪武帝决定再次派使臣前往朝鲜，特封辛禑为高丽国王。

到了洪武二十年（1387），明朝与朝鲜之间的关系十分紧密，两国间的任何问题都能通过相互理解和协商得到妥善解决。

据《明太祖实录》记载，洪武帝命令户部向高丽国王辛禑发出咨文，明确了两国的疆界划分："以铁岭（此铁岭指'铁岭卫'，后同）北、东、西之地，旧属开元，其土著军民女直、鞑靼、高丽人等，辽东统之；铁岭之南，旧属高丽，人民悉听本国管属。疆境既正，各安其守，不得复有所侵越。"这一决策不仅维护了两国的和平关系，也确保了边疆的稳定和安宁。

洪武二十一年（1388）四月，高丽国王辛禑上表给明朝，请求将铁岭等地归还高丽。同年，高丽大将李成桂发动政变，废黜了国王辛禑，并立其子辛昌为国王。

洪武二十二年（1389），李成桂又废黜辛昌，改立定昌国院君瑶为国王。2 年后，李成桂废黜了瑶，最终自立为国王。

洪武二十五年（1392），正值洪武帝的太子朱标去世之际，李成桂派使者前往明朝，一方面表达慰问，另一方面请求更改国号。洪武帝同意了李成桂的请求，并将其国号改为朝鲜。

自此，朝鲜这一国名不仅被载入了本国的史册上，也书写在明清两代的史书之中。在明代的历史长河中，朝鲜与明朝一直保持着友好的邦交关系，双方之间的往来络绎不绝。尤其是在抗击倭寇和支援朝鲜的战争中，两国更是紧密合作、相互支持。历代的朝鲜国王对明朝始终坚守信义、忠诚不渝。

正是朝鲜与明朝之间这种宗主友邦的联系，决定了朝鲜对努尔哈赤的政治态度，同时也深远地影响了努尔哈赤对朝鲜政策的制定。

原本建州与朝鲜关系还很和谐，彼此间经常往来，互相交流，相互依存。

在此之前，努尔哈赤的先祖猛哥帖木儿得到了明朝的批准以及朝鲜的许可，在图们江南岸的斡木河地区定居，从事农耕、放牧、渔业和狩猎活动，繁衍生息。双方保持着良好的互动。但是，其间也出现过矛盾纠葛。

首先，斡木河之变后，猛哥帖木儿及其长子阿古不幸在战乱中丧生，其子董山被俘，部落被毁，房屋被烧，人员伤亡惨重，物资损失巨大，他们无法在斡木河地区继续安稳地生活。在这个紧要关头，朝鲜并未向他们伸出援手或提供安抚，反而趁此机会妨碍、牵制并限制了猛哥帖木儿的弟弟凡察和儿子董山等人回归明朝的行动。

后来，董山被赎回，在得到明朝皇帝的批准后，凡察和董山等人带领遭受苦难的部民迁移到鸭绿江西岸，也就是今天的辽宁省本溪市桓仁满族自治县一带居住。在凡察等人搬迁的曲折过程中，他们不断受到朝鲜方面的阻挠和干扰。

朝鲜以恩赐为借口，给建州部众返回明朝的行动制造障碍，并限制他们出境。针对此情况，明朝特地发布诏令，命李满住等人收纳建州左卫都督凡察等人。但是，朝鲜方面还是阻挠。于是，明朝再次发布了谕旨。

之后，凡察等人冲破重重围阻，历经艰辛终于抵达婆猪江地区，与李满住共同居住。随后，董山也被赎回，迁移到李满住处居住。

由此，在猛哥帖木儿后代中留下了他们在朝鲜境内几段充满恩怨纠葛的历史记忆。

其次，在成化年间，明朝军队对建州发动了征剿行动，而朝鲜也出兵协助。建州三卫部民所经历的这场劫难，几乎需要百年的时间才能恢复。为了部族复仇，李满住、凡察、董山的后裔在鸭绿江畔频繁活动，时而隐匿，时而现身，时而静止，时而行动，给明朝和朝鲜的边境安全带来了严重威胁。

再次，建州女真的经济生活涵盖了渔猎、采集、农耕和纺织等领域，这些经济活动需要与朝鲜进行互补和互通。明朝经常利用停止贡市来抑制建州女真。

朝鲜与建州女真的关系受到明朝政策的影响，所以，马市管理的时紧时松，直接影响了建州与朝鲜之间的关系。

从次，日本于万历年间发动了对朝鲜的侵略战争。这场战争导致朝鲜的 8 个行政区全部被占领，首都和陪都相继失守，国王被迫流亡以避难，百姓生活也陷入极大的困境。此时，努尔哈赤正处在统一海西女真扈伦四部的紧要关头，他果断地向明朝兵部尚书石星提出请求，申请出兵援助朝鲜，共同抗击日本侵略者。同时，他也向朝鲜方面发出了咨询信函，表达了他愿意派军队提供支持的意愿。尽管明朝和朝鲜双方都急需努尔哈赤的军队来帮助他们渡过难关，但他们更担心建州的力量会因此壮大，最终拒绝了努尔哈赤的善意。

最后，早在万历二十三年（1595），建州女真人因跨过边界采集人参被朝鲜的边将斩杀，此事件激化了双方的紧张关系。为了缓解紧张的局面，朝鲜一方面承诺将对涉事的边将进行惩罚，另一方面则派使者前往建州，以期修复双方关系。

朝鲜派出的申忠一受到努尔哈赤的隆重接待，这一举动使得双方紧张的关系得到暂时的缓解。申忠一在到访期间，不仅沿途绘制了地图，还详细记录了所见所闻，最终整理成《建州纪程图记》一书，向朝鲜国王呈递。这本书成为探究努尔哈赤早期崛起时期建州社会情况的重要文献。

总的来说，从猛哥帖木儿时代开始，建州与朝鲜之间的历史恩怨一直是努尔哈赤制定对朝鲜政策的重要考量因素。

努尔哈赤创建后金，不仅象征着他与明朝关系的显著变化，也标志着他与朝鲜关系发展的一个关键节点。

从宏观战略的角度出发，努尔哈赤对朝鲜的策略是力求通过多方面的努力，促使其保持中立。具体分析朝鲜与后金的关系，有以下几点值得关注。

其一，朝鲜曾出兵协助明朝，共同攻打后金。如：天命四年、万历四十七年（1619），在萨尔浒之战中，朝鲜任命姜弘立为总指挥、金景瑞为副指挥，率领约 1.3 万名士兵与明军联手作战，意图攻剿赫图阿拉。最终，姜弘立等人选择投降。在后文中，还会详细记述萨尔浒大战的过程。

后金军在萨尔浒大战中取得胜利后，八旗军队返回赫图阿拉，举行了盛大的庆功封赏仪式并分配战利品。仅仅过了 14 天，努尔哈赤利用这一胜利的机会，命令朝鲜投降的将领和翻译等 4 人携带"七大恨"书信前往朝鲜，进行外交沟通。这次通使的目的并非炫耀武力，而是向朝鲜解释事件发生的原委，希望双方能够和睦相处。

努尔哈赤的初衷依旧是争取朝鲜的友好态度，期望朝鲜在明朝与后金的争斗中保持中立，或者倾向于后金。但是，事情发展的方向并非努尔哈赤预想那样。2个多月后，朝鲜国王以平安道观察使朴化的名义向建州卫马法发送了一封书信。马法，意为长者。在这封书信中，朝鲜坚决表示奉明朝为正朔，即纪年，拒绝保持中立政策。

而这一来一往的文书，为后来双方之间的战争埋下了伏笔。

可以说，正是这些外交上的尝试和失败，最终导致了后金与朝鲜之间的军事冲突。

其二，天命六年、天启元年（1621）三月，努尔哈赤先后攻克了沈阳和辽阳，并选择迁都辽阳，之后又从辽阳迁至沈阳。这一系列举动，促成了后金与朝鲜关系划时代的变化。

尽管努尔哈赤持续努力以赢得朝鲜在明朝和后金之间持守中立立场，但朝鲜国王却坚定地支持明朝，拒绝中立，这无疑使得双方关系更加紧张。朝鲜国王李倧自篡位以来，一直实行的是"事大主义"政策，即尊崇明朝为宗主国，追随明朝的历法，不采取中立态度，更不会倾向于后金。在这样的基本政策下，朝鲜与明朝将领毛文龙建立了密切的联系。

其三，毛文龙对后金有着深深的敌意。毛文龙，浙江钱塘（今浙江省杭州市）人，年轻时性格不羁，曾被乡里人轻视。后离家闯荡塞外，历经10余年的军旅生涯，直到明朝失去广宁之后，才聚集辽东地区的民众，组成了队伍，誓死抵抗后金的侵略。

毛文龙曾作出一个令人震惊的举动，就是领导镇江（此"镇江"不是指今江苏省镇江市，而是指今辽宁省丹东市鸭绿江入海口一带）的辽民反抗后金的事件。此事《满洲实录》有所记载："镇江中军陈良策，与民潜通于明海岛大将毛文龙，令堡外民呐喊，诈言敌来，城中人闻之皆溃，良策乘乱执城守游击佟养真，杀其子佟丰年，并从者六十人，叛投毛文龙。其汤站、险山二堡民，亦执守堡官陈九阶、李世科以叛。"这一事件导致后金与毛文龙之间的关系彻底恶化，也为后来的战争埋下了伏笔。

镇江事件在明朝与后金之间激起了强烈的反响。明朝方面原本打算进行大规模的军事行动，以此来作为回应，但最终并未付诸实践。然而，后金方面对此事件进行了报复。

在得知镇江事件的详细情况后，努尔哈赤迅速采取行动，派皇太极和阿敏率领三千官兵，将镇江沿海地区的居民转移到内陆地区，以确保他们的安全。同时，又命令代善和莽古尔泰带领两千士兵将金州的居民转移到复州，以此来巩固后金的防线。

随后，毛文龙多次发动进攻，但多数都以失败告终。

毛文龙在历史上一直备受争议，无论是在他所处的时代，还是在后来的历史中，甚至到现在，人们对他的评价都各不相同。

在明朝、朝鲜和后金三国之间的复杂关系中，毛文龙的角色比较关键。一方面，他作为明朝任命的总兵官，在朝鲜拥有一定的权威。明朝作为朝鲜的宗主国，在朝鲜遭受日本侵略的紧要关头，向其提供了军事支援，因此，朝鲜在处理与毛文龙的关系时，需要考虑到与明朝的关系。另一方面，他不断向朝鲜索要粮食和军饷，对朝鲜造成了一定的骚扰，引发了朝鲜的不满，但朝鲜只能隐忍。

然而，后金绝不会对毛文龙的行为视而不见，因此，后金军再次越过边境，对毛文龙发起了攻击。努尔哈赤的军事行动，核心目的在于追捕并歼灭毛文龙。行动中展现出了灵活的策略，既能够果断推进，又能在必要时立即收手。

总而言之，朝鲜国王坚守对明朝的忠诚，而毛文龙则利用朝鲜作为基地，对后金进行骚扰。在这种背景下，努尔哈赤始终在等待一个恰当的时机，以便对朝鲜实施行动。

正值此时，朝鲜的韩润和韩义这两个堂兄弟决定投顺后金，这为努尔哈赤带来了新的机遇。在处理这一机遇时，努尔哈赤再次展现出了他的理智与节制，他的行动既符合逻辑又有所节制。

在后金天命时期，朝鲜与后金之间的关系发生了根本性的转变。而这一转变主要受到三件重大事件的影响。

其一，朝鲜出兵援助明朝，但最终其官兵全部投降了后金。这就让朝鲜陷入一个比较尴尬的局面。

其二，毛文龙作为明朝将领，在朝鲜的活动引起了后金的不满和反感，使得两国之间的关系更加紧张。

其三，韩润投降后金是这一时期最为关键的事件。韩润作为朝鲜的重要人物，他的投降于后金而言是一次重大的胜利，从而进一步改变了朝鲜与后金之间的力量对比。

由是，这三件大事构成了后金天命时期朝鲜与后金关系转变的主要背景，也对后金、明朝、朝鲜三方的关系产生了一定影响。

早先，努尔哈赤崭露头角的时候，朝鲜王宫内部陷入激烈的政治斗争。与努尔哈赤的天命时期相对应，朝鲜的国王先后是光海君和仁祖初期。

这一时期，朝鲜宣祖李昖、光海君李珲和仁祖李倧3位国王相继在位，王权的交替导致宫廷内部的冲突和政治局势的动荡。与朝鲜的情况形成鲜明对比的是，在李倧即位的次年，也就是李适策动政变的那一年，努尔哈赤不仅完成了对女真各部落的统一，还成功攻占了沈阳、辽阳，并攻克了广宁，控制了辽河两岸的地区。在朝鲜国内，对于如何处理与明朝和后金的关系存在严重的意见分歧：一方面，李昖坚持尊崇明朝为宗主国，并遵循明朝的历法；另一方面，光海君则推行"两面睦好"政策，企图在明朝和后金之间保持中立，尤其是与后金建立友好的邻里关系。

然而，李倧继位之初，却选择了所谓的"仁祖反正"政策，即恢复到宣祖李昖时期的"事大主义"政策,也就是"亲明背金"政策。这一政策导致朝鲜与后金的关系紧张和恶化,还因支持毛文龙而加剧了双方的矛盾,也加速了韩润、韩义投奔努尔哈赤。

后来,李倧与皇太极之间发生了丁卯之役和丙子之役,这两场战争给朝鲜人民带来了巨大的灾难,并对李朝历史产生了深远的影响。

通过历史记载,我们可以清楚地看到朝鲜、明朝和后金三国之间错综复杂的外交关系。其中,毛文龙、朝鲜和后金之间的互动同样充满了曲折。同时,在朝鲜国内,光海君与仁祖之间也存在着激烈的权力斗争,而仁祖统治内部北人党和西人党之间的纷争,更是呈现出错综复杂的态势。

在这样的历史背景下,努尔哈赤巧妙地利用了韩润、韩义投归后金的事件,在复杂的关系中策划了一场惊心动魄的历史大剧。

韩润和韩义作为朝鲜官宦子弟,是朝鲜最早选择投附后金的。努尔哈赤对他们的到来显然抱有政治上的考量,他抓住了这个机会,从朝鲜的阵营中寻找可以为他所用的人才。对于这两个率先投诚的朝鲜官员,努尔哈赤给予了很高的礼遇,不仅授予他们官位,还为他们配备了妻妾、奴仆、土地、牲畜以及各种生活用品。

据《清太祖武皇帝实录》记载:"正月,朝鲜国韩润、韩义来降。润父韩明廉,与总兵官李果谋篡,兴兵攻王京。国王遣兵迎之,为明廉等所败,遂弃城而走。二人领兵入城。有李果部下中军,执二人,杀之。明廉子润、侄义脱走来归,帝赐韩润游击之职、韩义备御之职,仍给妻奴、房田、牛马、财帛、衣服,一切应用之物。"

由此可见努尔哈赤在政治上的远见和手腕,为后金与朝鲜之间的关系埋下了伏笔。而韩润和韩义的归顺,也为后金带来了朝鲜的内部情报和人才支持,在一定程度上削弱了朝鲜的国力。

韩润兄弟投附后金的举动引发了一系列连锁反应,对当时的局势产生了深远的影响。

其一，促使姜弘立投降后金。根据原金景瑞帐下的金进所述，他在萨尔浒之战后被俘并投降了后金，8 年之后，他逃回朝鲜并透露了其中的情况："副元帅金景瑞病死已三年矣。都元帅姜弘立尚不剃头，故不给猯女，嫁以汉女生男。韩润兄弟变姓投奴，老汗极其厚待，即以胡女嫁之云。"（《李朝仁祖大王实录》）

从记载内容可看出，即便是被俘，也被礼遇。

其二，关于毛文龙军事情报的汇报。韩润兄弟向后金透露了关于毛文龙的关键情报。据史料记载，他们透露了"三个虚实"。

三个虚实包括：朝鲜内部的虚实情况，即朝鲜的军事、政治和经济等方面的实际情况；毛文龙与朝鲜关系的虚实，即两者之间的联盟关系、合作程度以及可能存在的矛盾或分歧；毛文龙自身的虚实，即毛文龙军队的实力、部署和战斗能力等。

这些信息为之后皇太极攻打毛文龙以及对朝鲜的两次军事行动提供了重要的信息基础。

其三，利用内线作为引路人。为了报仇，韩润亲自带领后金军进入朝鲜，连续攻陷了义州和黄州。为此，李倧召开紧急会议，商讨如何应对此次危机，是战是守。这对后金和朝鲜都产生了深远的影响。

其四，引导后金军进攻朝鲜。韩润兄弟不仅在后金军入侵朝鲜的过程中起到了引路人的作用，还作为内应，直接导致朝鲜城邑的失守。

当时，韩润一行人潜入朝鲜城内，与后金军形成了里应外合的攻势。据记载，韩润还派人登上南山，向城内的朝鲜军民喊话，威逼他们放弃抵抗。在巨大的心理压力下，许多朝鲜军民选择投降。

是夜，后金军发起对义州城的攻击。后金军势如破竹，朝鲜军无法抵御，最终城门被打开，后金军顺势攻占了义州城，府严李莞被杀，判官崔明亮等朝鲜官员选择自尽。

随后，后金军在姜弘立和韩润这两位朝鲜降将的引导下继续进军直抵定州。在激烈的战斗中，后金军一举攻下定州并俘虏了定州节度使金搢、郭山节度使朴有建等人。

其五，成为旗下之民，向新君主宣誓效忠。自韩润和韩义两兄弟归降努尔哈赤后，随着后金势力的日益壮大，越来越多的朝鲜人选择臣服。

可以说，在努尔哈赤的时代，尽管与朝鲜存在矛盾，但他始终避免直接对朝鲜动武。仅有的两次军事行动都是因毛文龙而起，并未真正波及朝鲜本土。由此可见，努尔哈赤在处理与朝鲜的关系时是比较谨慎的。

据《清太祖高皇帝实录》记载，努尔哈赤派兵追击毛文龙，其间发生了两次比较关键的战役。

其一，天命六年、天启元年（1621）十一月，努尔哈赤命令二贝勒阿敏率领五千骑兵渡过镇江进入朝鲜境内，专门攻打毛文龙。《清太祖高皇帝实录》记载："乙卯，上命二贝勒阿敏统兵五千，渡镇江，入朝鲜境，攻剿明将毛文龙。二贝勒至镇江，遂乘夜入朝鲜，斩游击刘姓者，及兵一千五百级，文龙仅以身免。乃班师。"阿敏抵达镇江后，趁着夜色进入朝鲜，斩杀了姓刘的游击将军以及他的士兵1500人。毛文龙侥幸逃脱。随后，军队返回。

其二，发生于天命九年、天启四年（1624），《清太祖高皇帝实录》中对此亦有详细的记载："上闻明将毛文龙兵，渡朝鲜义州城西鸭绿江，入岛中屯田。命左翼正白旗梅勒额真副将冷格里，右翼镶红旗梅勒额真游击署副将吴善，引兵一千，袭之。途中，获间谍，告以明兵昼则渡江，入岛收获；夜则收兵渡江，宿义州江岸，冷格里乘夜进兵，由山僻处潜行伏。平旦、度明兵已渡江，纵兵驰。明侦者未及声炮、举烽燧，冷格里已渡镇江支流，突至其岛。明将士大惊，悉弃戈奔溃。冷格里等于陆地追逐，斩五百余级，其余争入舟，堕水尽溺而死。冷格里等尽焚岛中之粮而回。"

此战，后金将领楞额礼和吴善率领军队渡过了鸭绿江，并在义州过夜。他们在此次战斗中斩杀了众多敌军，焚烧了岛上储存的粮食后返回。

据史料记载，努尔哈赤在这两次的军事行动中并未深入朝鲜领土，而是在取得胜利后立即返回，也从侧面说明了努尔哈赤合理适度的战略方针，他的目标是打击毛文龙，并努力让朝鲜保持中立，与邻国朝鲜建立友好关系，从而能够集中精力对抗明朝。

在处理对外关系的同时，努尔哈赤也非常注重后金的文化发展。他亲自着手制定了无圈点老满文，这一举措在满族文化的发展史上具有划时代的意义，不仅推动了满族文化的繁荣，也为满族共同体的形成奠定了坚实的基础。

第六章　历史之战　未来之基

一、创制满文，书写历史新篇章

努尔哈赤亲自推动了无圈点老满文的制定，这不仅是满族文化发展史上的重要里程碑，也是他个人事业的一大显著成就。

满文是满族语言的文字形式。

在明朝初期，著名的《永宁寺碑记》以汉文、蒙古文和女真文三种语言刻写而成，其中女真文部分的刻写者被标记为"辽东女真康安"。当时，永乐帝为了安抚女真族的部分部落，所颁布的诏书同样是用女真文字来撰写的。

然而，到了明朝中期之后，女真人已经不懂女真文了。如《明英宗实录》记载，"玄城卫指挥撒升哈、脱脱木答鲁等奏：'臣等四十卫无识女直字者，乞自后敕文之类第用达达字。'从之。"就是说，玄城卫的指挥撒升哈、脱脱木答鲁等人上奏，说明他们四十卫中已无人能识女真文字，并请求日后敕文以蒙古文字书写。对此，明朝廷应允。达达字，即蒙古文字。这意味着，此时蒙古文字开始被广泛应用。

不仅是明朝与女真之间的官方文件使用蒙古文，朝鲜与建州之间的公文同样使用蒙古文。

努尔哈赤崛起后，建州与明朝和朝鲜之间的官方文件大多由汉人龚正陆以汉字撰写。尽管努尔哈赤熟悉蒙古文并对汉文有所了解，但他并不通晓女真文。因此，他在女真社会发布的公告和政令，通常先由龚正陆用汉文草拟，再翻译成蒙古文进行公布或传播。"时满洲未有文字，文移往来，必须习蒙古书，译蒙古语通之。"（《满洲实录》）也就是说，当时女真人口头上使用女真语，书写时却使用蒙古文，这就造成了语言和文字之间不匹配的现象。

这种矛盾不仅限制了女真社会的发展，还成为满族共同体形成的一个障碍。

为了适应建州社会在军事、政治、经济、文化和外交等方面的发展需求，努尔哈赤提出了创造一种能够记录满族语言的文字符号，即满文。

万历二十七年（1599），努尔哈赤下令额尔德尼和噶盖创造满族文字，并强调两点。

第一，创制满文的意义在于，实现满族语言和文字的完美融合，让掌握满文的人不仅能够流利地听说，还能够熟练地读写。

第二，创制满文的方法主要是参照蒙古文的字母体系，结合女真语的语言特点，通过拼读的方式形成满洲语的句子，进而制定出适合满族使用的文字系统。

于是，根据努尔哈赤强调的制定满文的基本准则，额尔德尼和噶盖以蒙古文字母为基础，融合满语的发音特点，成功创制了满文。这种最初形态的满文没有圈点标记，因此后人称之为"无圈点满文"或"老满文"。

自此，满族有了自己的拼音文字系统。满文一经创造出来，努尔哈赤便立刻颁布命令，在女真族聚居的地区统一推广使用。

在努尔哈赤的指导下，额尔德尼和噶盖共同完成了满文的创制工作，因此，他们被誉为满族语言领域的杰出学者。

额尔德尼，满洲正黄旗人，姓那拉氏，居住在都英额地方。年少时便展现出非凡的才智，不仅精通蒙古文，还通晓汉文。在投归后金后，努尔哈赤赐予他"巴克什"的尊号，意为学者或博士。额尔德尼不仅在武勋方面有所建树，最为人称道的成就还是与噶盖一同创制满文，为满族文化的传承和发展奠定了基石。

噶盖，姓伊尔根觉罗氏，居住在呼纳赫地区，因多次立下赫赫战功，地位仅次于费英东。他受命创制满文，然而在同一年，他却遭遇杀害。噶盖离世后，额尔德尼独自承担起创制满文的任务。在满文制成后，额尔德尼也遭到杀害，但他的功绩永远为世人所铭记。

在努尔哈赤的倡导和支持下，额尔德尼和噶盖合作创制的无圈点满文，在接下来的 33 年时间里得到广泛使用，对于统一女真地区起到了重要作用。但是，由于在满文创制初期缺乏足够的经验以及蒙古语和满语在发音上的不同，无圈点满文逐渐暴露出一些问题，亟待改进。

如：字母数量不足、清浊辅音区分不明确、字形不统一、语法不规范以及结构不严谨等。为了解决这些问题，皇太极在天聪六年、崇祯五年（1632），命令巴克什达海对老满文进行改进。

《清太宗实录》记载，皇太极命达海对无圈点老满文进行改进，"可酌加圈点，以分析之，则音义明晓，于字学更有裨益矣"。皇太极命令达海对现有的无圈点老满文进行改进，明确指示，可以对文字酌情增加圈点，以便更清晰地区分音义。

达海，满洲正蓝旗人，家族世居觉尔察，以地为氏。《清史稿》中记载："九岁即通满、汉文义。弱冠，太祖召直左右，与明通使命，若蒙古、朝鲜聘问往还，皆使属草；令于国中，有当兼用汉文者，皆使承命传宣；

悉称太祖旨。旋命译《明会典》及《素书》、《三略》。"由此可见，达海自幼便聪慧过人，努尔哈赤很赏识他。

到了皇太极时期，达海被任命为文馆领袖，负责改进无圈点满文。

达海根据皇太极的指示，在满文中增加了圈点，并对一些汉字与满字的对音进行了调整。为了让满文更加精确，他还在十二字头正字之外增添了外字，甚至将两个满文字连写以表示切音。这些改进使得满文的使用更加完善。

在对额尔德尼和噶盖创制的无圈点老满文进行修订的过程中，达海作了多方面的改进和优化。

其一，《清史稿》载："达海治国书，补额尔德尼、噶盖所未备，增为十二字头。"达海编制了"十二字头"，这一改进极大地便利了满文的教授和学习。

其二，达海在满文的每个字旁都增加了圈和点，使满文更加易于区分和识别。

其三，达海对字母的书写形式进行了固定，使满文更加规范化和统一。

其四，达海改进了字母的发音，并固定了文字的含义，使满文的音义更加明确。

其五，达海创制了一些特定的字母，进一步丰富了满文的表达能力。

经过达海的这些改进，后人将改进后的满文称为"有圈点满文"或"新满文"，其完备程度较之前有了显著的提升。

满文的创制和改进，在满族文化和历史发展中具有重大的价值和意义，它不仅促进了满族社会的文化交流和发展，也为后世研究者提供了宝贵的历史资料。

满文的创制对于后金教育和文化事业的发展起到了巨大的推动作用。

其一，在此之前，东北地区以及阿尔泰语系满－通古斯语族的各个族群都没有自己的文字系统，而满文的诞生填补了这一空白，成为该语系中首个拥有文字的族群。

这一创举不仅标志着满族文化发展的里程碑，同时为满族人民提供了表达思想、撰写公文、记录政事、编纂历史、传递知识以及翻译汉文典籍的重要工具。满文的推广和应用不仅加强了满族内部以及与其他民族之间的文化交流，还促进了满族共同体的形成和文化认同。

后金的统治者通过翻译大量汉文经典，吸收了中原王朝的治国智慧，推动了满族社会向封建制度的快速过渡。同时，满文还记录和保留了丰富的文化遗产，为中华民族的文化宝库贡献了重要的财富。

其二，努尔哈赤积极倡导无圈点老满文的创制工作，这一举动为后来的满文教育奠定了坚实基础。

现存的宝贵历史资料《满文老档》中详细记载了这一过程。满文成为教育体系中不可或缺的教学工具，使得努尔哈赤得以下达文书，在八旗官员中挑选合适的帅傅，并创办学校，鼓励青少年入学接受教育。

其三，满文被广泛应用于政事记录。自满文创制后，它成为记载后金政权各类事务，包括政务、军事、文化及外交活动的主要工具。

在当时那种资源匮乏的条件下，后金人曾在明朝地方衙门的废旧公文空白处或背面书写重要公文，就成为后来的满文档案。

其四，随着时间的推移，越来越多的满文文学作品问世，丰富了满族人民的精神文化生活。

其五，满文翻译经典作品。例如，满文版的《三国演义》等文学作品的出现，不仅展示了满族文化的深厚底蕴，也促进了满汉文化的交融。

其六，满文在文化交流中的独特作用。与汉字不同，满文属于拼音文字，这使得它在后来的中西方文化交流中发挥了至关重要的作用。

努尔哈赤在推动满文创制的同时，也创立了八旗制度，这一制度为后金的社会组织和军事力量提供了坚实的框架。在此基础上，萨尔浒大战的号角吹响了。

二、"七大恨"燃起复仇之火

在赫图阿拉自立为汗并确立年号后，努尔哈赤用了 2 年多的时间来整顿内部事务。同时，他的军事战略目标依旧聚焦于北方，其间发起了 3 次关键的军事征伐：派兵攻打萨哈连部，成功地招抚使犬路等 40 位路长，并派遣军队征服了东海沿海的散居部落。

天命三年、万历四十六年（1618）正月，努尔哈赤向诸贝勒和大臣们宣布："今岁必征大明。"

自此，努尔哈赤的军事扩张计划开始转向南方。

接着，努尔哈赤发布了著名的"七大恨"誓词，这不仅象征着努尔哈赤将战略重心从北方转向南方，也意味着他将兵锋从统一女真各部转向了公然对抗明朝。

宣告"七大恨"的原因主要有三：努尔哈赤意识到万历帝晚年政治腐败愈加严重，辽东地区的防御力量也越发衰弱；努尔哈赤已经基本完成了女真各部的统一（除了明朝支持的叶赫部外），并建立了后金政权；辽东女真地区遭受了严重的自然灾害，景象凄凉，惨不忍睹，不仅朝鲜遭受水灾影响，建州地区也同样受灾严重，农作物歉收。

在女真遭遇严重饥荒的时候，道路上饿殍遍野，人们四处乞讨食物，老弱病残者甚至被遗弃在沟壑之中。面对这样的社会危机，努尔哈赤焦急万分，当即采取了紧急措施来应对。

回顾中国封建社会的历程，可以看到，在中原地区，农民起义常常发生在灾难频发的年份，因为自然灾害使得原本尖锐的阶级矛盾进一步加剧。同样，在边疆地区，严重的灾荒也会使民族间的矛盾更加突出。

努尔哈赤深知这一点，认为这是一个有利的时机，于是发布了"七大恨"宣言。

努尔哈赤将女真内部的不满和怨恨情绪转向了明朝，并通过发起对明朝的战争以及掠夺汉人的财富来缓解后金面临的社会危机。他试图通过这种方式，将国内的注意力从饥荒和社会不满转移到外部敌人身上，同时，通过获取的战利品来缓解国内物资的匮乏。

天命三年、万历四十六年（1618）四月，努尔哈赤以"七大恨"之名向天发布宣言。

《清太祖高皇帝实录》中作了详细记载。努尔哈赤言："我之祖、父，未尝损明边一草寸土地，明无端起衅边陲，害我祖、父，恨一也。

"明虽起衅，我尚欲修好，投碑勒誓：'凡满、汉人等，毋越疆圉，敢有越者，见即诛之，见而故纵，殃及纵者。'讵明复渝誓言，逞兵越界，卫助叶赫，恨二也。

"明人于清河以南、江岸以北，每岁窃逾疆场，肆其攘夺，我遵誓行诛；明负前盟，责我擅杀，拘我广宁使臣纲古里、方吉纳，挟取十人，杀之边境，恨三也。

"明越境以兵助叶赫，俾我已聘之女，改适蒙古，恨四也。

"柴河、三岔、抚安三路，我累世分守疆土之众，耕田艺谷，明不容刈获，遣兵驱逐，恨五也。

"边外叶赫，获罪于天，明乃偏信其言，特遣使臣，遗书诟詈，肆行凌侮，恨六也。

"昔哈达助叶赫，二次来侵，我自报之，天既授我哈达国矣，明又党之，挟我以复其国。已而哈达国之人，数被叶赫侵掠。夫列国之相征伐也，顺天心者胜而存，逆天意者败而亡。何能使死于兵者更生，得其地者更还乎？天建大国之君，即为天下共主，岂独主予一人而已。初扈伦诸国，合兵侵我，故天厌扈伦启衅，惟我是眷。今明助天谴之叶赫，抗天意，倒置是非，妄为剖断，恨七也。

"欺凌实甚，情所难堪。因此七大恨之故，是以征之。"

其中第一条，控诉明军"起衅边陲，害我祖、父"，明确指出了明朝廷对女真族实施的民族压迫政策，并对此表达了强烈的抗议。

早在成化时期，明朝军队曾两次对建州女真发动攻击，导致大量女真人死亡和财产严重损失，并杀害了建州女真首领李满住和董山。据估算，当时被捕并被处决的女真人超过了1720名，庐舍被焚烧的有195座，还有217所积聚的物资被烧毁。这场灾难后，幸存的女真人只能过着极其艰苦的生活，居住在简陋的草穴中。

随后，汪直挑起边境争端，出塞袭击并杀害了许多少数民族的人。这些少数民族因此心怀愤怒，便进入明朝边境，实行杀戮和掠夺。针对此情况，明朝派马文升前往安抚和稳定局势，这些少数民族便解散退去。但汪直对此感到嫉妒和恼怒，于是诬陷马文升，导致马文升被下诏入狱，并被贬谪到重庆戍守。

嘉靖时期，巡抚于敖下令减少对少数民族的赏赐，从而引起了少数民族部众的怨恨。因此，他们多次进入边境，导致辽东和辽西地区遭受严重的困扰。

在万历年间的前10多年中，明朝军队以打击女真侵扰为由，连续发动了5次大规模的清剿行动，斩杀了超过3850名女真人，严重破坏了女真社会的生产能力。同时，明朝辽东官兵滥用职权，强行购买人参、貂皮等物品，并在马市中欺压女真人，甚至杀害无辜以冒领战功，引起了女真人的极大愤慨。

所以"七大恨"的榜文便开门见山地说："我祖宗以来，与大明看边，忠顺有年。只因南朝皇帝高拱深宫之中，文武百官欺诳壅蔽，无怀柔之方略，有势利之机权，势不使尽不休，利不括尽不已，苦害欺凌，千态莫状。"

正是因为明朝的不作为，不满足于现有的权势和利益，不断扩张和掠夺，才给女真族人带来了无尽的痛苦与灾难。由是，"七大恨"深刻地表达了女真人对明朝暴政的深切怨恨和强烈不满。

"七大恨"的第二、四、六、七条，则明确地表达了对明朝偏袒哈达、支持叶赫的不满和愤恨。实际上，是对明朝推行的民族分裂政策的强烈抗议。

明朝在处理与哈达、叶赫和建州的关系时，实施的策略是"各自雄长，不相归一"，正如明朝礼部侍郎杨道宾在奏章中所言："夫夷狄自相攻击，见谓中国之利，可收渔人之功。然详绎成祖文皇帝所以分女直为三，又析卫所地站为二百六十二，而使其各自雄长，不相归一者，正谓中国之于夷狄，必离其党而分之，护其群而存之。"(《明经世文编》)

杨道宾指出，当少数民族自相攻击时，他们可能认为这是对明朝有利的机会，殊不知，他们之间相互争雄才是明朝想要的效果，这也是为何当初永乐帝将女真族分为三部，并将卫所地划分为262处，使它们各自独立壮大，而不相互归并的原因。正是因为明朝统治策略是离间其内部党派，使它们分散，同时保护它们的群体的分散存在。

总而言之，"七大恨"这份宣言，既是努尔哈赤公开反叛明朝的纲领，也标志着他打破明朝分裂女真的传统策略，同时传达了他实现女真各部统一的愿望，展现了他作为女真首领的远大抱负。

然而，事物总是具有两面性的。努尔哈赤宣布的"七大恨"同样具有复杂性。它不仅反映了女真族对明朝民族压迫和分裂政策的不满和控诉，也暴露了女真军事贵族的狭隘视野和贪婪本质。

以努尔哈赤利用叶赫那名女子为例，她原本是叶赫贝勒布寨的女儿。布寨在古勒山之战中战死后，叶赫请求归还其尸体，但努尔哈赤却下令将其剖成两半交还，因此与叶赫结下了深仇。之后，叶赫那名女子因多年未嫁而得名，努尔哈赤却利用她作为攻打明朝的借口。由此可见，努尔哈赤所谈叶赫那名女子之事，不过是借题发挥，其中带有他自己的政治目的和利益考量。

努尔哈赤发布"七大恨"的真正目的之一，是利用女真人的民族情绪，将他们对明朝的不满转化为对明朝的敌意，并通过战争掠夺来缓解因灾荒而加剧的社会矛盾。在"七大恨"誓师之后，努尔哈赤立即率领军队向明朝发动攻势，首先袭击了抚顺。

这也从侧面说明努尔哈赤在利用民族情绪的同时，果断采取了军事行动来实现自己的政治目标。

三、智取抚顺

努尔哈赤决定全面对明朝宣战，标志着他战略方向的重大调整，同时也是他公开反叛明朝的明确信号。

为了充分准备征讨明朝之战，努尔哈赤不仅发布了"七大恨"来动员和鼓舞士气，还进行了一系列的军事准备。他下令修整武器装备，明确军纪，甚至颁布了《兵法之书》以指导士兵。此外，他还加强了军事训练，以确保将士们在战场上能够发挥出最大的战斗力。

据《清太祖高皇帝实录》记载，努尔哈赤说道："凡安居太平，贵于守正。用兵则以不劳己、不顿兵，智巧谋略为贵焉。若我众敌寡，我兵潜伏幽邃之地，毋令敌见我，少遣兵诱之；诱之而来，是中我计也；诱之而不来，即详察其城堡远近，远则尽力追击，近则直薄其城，使壅集于门而掩击之。倘敌众我寡，勿遽近前，宜预退以待大军。大军既集，然后求敌所在，审机宜、决进退。此遇敌野战之法也。至于城郭，当视其地之可拔，则进攻之，否则勿攻。倘攻之不克而退，反损名矣！夫不劳兵力而克敌者，乃足称为智巧谋略之良将也。若劳兵力，虽胜何益？盖制敌行师之道，自居于不可胜，以待敌之可胜，斯善之善者也。"

努尔哈赤认为，在和平安定的时期，最重要的是保持正道。而在用兵之时，智慧、巧妙和谋略才是最宝贵的，并明确讲述了最好的制敌和用兵之道，是使自己始终保持在不败之地，然后等待敌人出现破绽，方是最完美的策略。

努尔哈赤又进行周密的军事准备，并下达了明确的指令："每牛禄作二云梯，派甲兵二十名，以备攻克。自出兵日，至班师日，各军勿得离本牛禄旗，违者执之，详问其由。若五牛禄之主不申法令于众，罚五牛禄主及本牛禄马各一匹；若谕之不听，即杀梗令之人。五牛禄主与牛禄等凡所委托之事，若能胜其任，则受委托，若不能胜则勿受。不能胜任而强为之者，其关系非止一身。若率百人，则误百人之事；率千人，则误千人之事。不知此事乃国之大事也。至于攻克城邑，有一二先进者，不足算；若一二先之，必致伤。如此者，虽见伤不行赏，即没身不为功。其首拆城者，即为首功。可报固山厄真录之。待环攻之人俱拆毕，然后固山厄真吹螺，令各处兵并进。"（《清太祖武皇帝实录》）努尔哈赤下令，希望将士们能够严格遵守他的指示。

上述内容同样体现了努尔哈赤的军事思想，涵盖了谋略、诱敌、野外作战、攻城、制造假象等要素和技巧，这些策略丰富又精粹，并在夺取抚顺的战役中得到充分的体现。

努尔哈赤的军事思想之精髓，在于他深知用兵之道贵在计谋。他能够抓住时机，运用智谋来取得胜利。如在抚顺的战役中，他采用计袭的策略成功占领了抚顺。这也充分展示出努尔哈赤卓越的军事领导才能。

在突袭抚顺之前，努尔哈赤再次强调了军队纪律："阵中所得之人，勿剥其衣，勿淫其妇，勿离其夫妻；拒敌者杀之，不拒敌者勿妄杀。"（《满洲实录》）要求士兵在战场上捕获敌人时，不能剥夺他们的衣物，不能侵犯他们的妇女，也不能拆散他们的家庭。对于那些抵抗的敌人，可以将其杀死；但对于那些没有抵抗的敌人，则不能随意杀害。可见军纪之严明。

同时，努尔哈赤在备战过程中表现得极为诡秘。如他命令士兵砍伐木材以制造云梯和攻城车，但对外公开表示仅是为了修整马厩。当木材被运回赫图阿拉后，他担心修复武器装备的行为会暴露自己的真正意图，因此他将这些木材用于修建马厩，以此来掩盖他的军事准备。

由是，努尔哈赤通过掩饰自己的真实意图和计划，确保了作战准备的安全和机密性。

为了确保作战的成功，努尔哈赤在发布"七大恨"之后，又颁布了《兵法之书》，修整军事器械，并严格执行军令。在所有的准备工作完成后，他决定将四月十四日作为出征的日子。

努尔哈赤将军队分为两路：一路是他亲自率领的右四旗及八旗巴牙喇的军队，直逼抚顺；另一路则是左四旗兵，负责攻取东州、马根单。

抚顺城位于浑河之滨，是建州女真与明朝进行贸易往来的重要地点。努尔哈赤在年轻时曾多次到抚顺进行贸易活动，对抚顺的地理环境、地形特点、城墙结构、驻守军队以及指挥体系了然于胸。

当时，抚顺的游击将军李永芳率领军队驻守在此地。值得一说的是，6 年前，李永芳曾与努尔哈赤在抚顺的练兵场上并马交谈，双方间有了一定了解。

努尔哈赤计划智取抚顺，以武力攻击为辅。

对此，《明神宗实录》中作了记载："先一日，奴于抚顺市口言：明日，有三千达子来做大市。至日，寅时，果来叩市。诱哄商人、军民出城贸易，随乘隙突入。"

在攻城的前一天，他派人前往抚顺，声称将有 3000 名女真人在次日前来市场进行交易。到了十五日凌晨，一支伪装成商人的后金先锋队按时到达，他们来到抚顺并引诱城内的商人和军民出城进行贸易。与此同时，得到努尔哈赤暗中支持的佟养性率先引导一部分后金军进入城内。随后，后金军的主力紧随其后，乘机突入城内，与城内的后金军里应外合，夹击并夺取了抚顺城。

这一战术布局，充分说明努尔哈赤高超的智谋和前瞻性的思考。

努尔哈赤精明地设计了一场假意互市的戏码，暗中派遣精锐士兵，通过内外夹攻的方式，成功诱陷了抚顺城。守将李永芳在无法抵抗的情况下，选择了剃发投降。

与此同时，后金军的左翼四旗军队也顺利攻占了东州和马根单地区。

当抚顺城陷落的消息传到明朝辽东地区时，辽东巡抚李维翰急忙下令命总兵官张承胤（张承荫）率领军队迎战。张承胤当即请求集结更多的兵力，然后再行动，但李维翰坚持催促他立即出发。张承胤心中恼火，但也只能带着副将颇廷相等人，率领 1 万人的军队追击努尔哈赤。

张承胤先是占据险要的山地，将军队分成三部分，建立营地，并挖掘壕沟，同时还布置了火器，采取守势。这时，努尔哈赤命代善和皇太极指挥兵力从三个方向围攻明军。利用风沙的有利天气条件，后金军发起了猛烈的攻击。

明军在激烈的战斗中遭受重创，张承胤和蒲世芳战死沙场。颇廷相和梁汝贵在突围过程中发现主将已阵亡，也英勇陷阵牺牲。此役中，明军将士死亡人数达到万人，仅有少数生还者。

后金八旗军在这场战役中，获得了丰厚的战利品，包括 9000 匹马、7000 副铠甲以及大量的兵器装备。努尔哈赤在夺取抚顺之战中，充分体现了"杀敌尚勇，用兵惟谋"的军事铁则。

努尔哈赤向明朝发起的军事行动，以抚顺为首战，历时 7 天，攻破城池，收服降将，大获全胜。这场战役中，八旗军不仅夺占了抚顺、东州、马根单等地，还横扫百里，攻占了 500 余处小堡和庄屯，俘获人畜 30 余万，编为千户，在摧毁抚顺城后，后金军凯旋。

努尔哈赤将掳获的牲畜、粮食和财物，按军功的大小进行分配，这不仅是对将士的奖励，也在一定程度上缓解了因灾荒和缺粮而加剧的社会矛盾。

　　这一战略性的胜利，既彰显出努尔哈赤的军事才能，也增强了后金政权的实力，为下一步战略行动打下了基础。

　　明朝在辽东地区失去了抚顺，将领阵亡，军队溃败，国家的威望受到了严重的挑衅。自此，整个朝廷都为之震荡，群臣陷入了极度的焦虑之中。例如，刑科给事中姚若水呈上奏章请求"罢内市，慎启闭，清占役，禁穿朝"（《明神宗实录》）。为了应对这一危机，姚若水奏请关闭内市，加强城门管理，清理占役，禁止穿朝等，以防范努尔哈赤的间谍混入宫廷。同时，还向宫监发放了木牌，作为出入的凭证，以加强皇宫的安保措施。

　　反观后金的状况却完全相反。这是努尔哈赤起兵35年以来，首次与明军展开直接的冲突并取得了胜利，自然高兴得合不拢嘴。

　　在此之前，努尔哈赤一直对明朝表现出谨慎和敬畏的态度，暗中等待时机。甚至在发动抚顺的军事行动之前，他还告诫统兵贝勒和诸臣，要时刻保持谨慎，以等待敌人的可乘之机。

　　面对明朝这样一个幅员辽阔的国家、浩如烟海的军队，努尔哈赤竟然能够袭取抚顺并俘获大量人畜，这是自起兵以来前所未有的巨大胜利。抚顺之战的成功刺激了努尔哈赤，使得他野心膨胀，无所顾忌，开始更大规模地蚕食辽东地区。

　　在接下来的时间里，努尔哈赤行动迅速，相继攻取了抚顺、铁岭之间的11座大小不一的堡垒，并沿途搜寻和挖掘粮窖，将粮食全部带走。到了七月，他率领军队进入了鸦鹘关，继续进攻清河等地。

四、乘胜，再创辉煌

　　明军失去抚顺城后，警报拉响，迅速传遍了山海关、蓟门一带，引起了朝廷的极大震动。为了加强辽东地区的防御，明朝命令辽东巡抚李维翰将驻地移至辽阳。同时，为了重新规划和组织东北地区的军事防御，明朝提拔了杨镐为辽东经略。

不久后，因在抚顺失陷事件中负有责任的辽东巡抚李维翰被调回原籍待查，最后被革职为民。为了加强辽东的军事监督，明朝再次派陈王庭巡视辽东，并担任军事监察官。同时，杨镐也兼任了巡抚的职位。为了了解后金的虚实和暂时遏制其西进的势头，杨镐派遣官员和翻译官前往后金进行议和谈判，借谈和之际刺探后金军情，筹划反击和收复失地的战略计划。

明朝意图很明显，就是稳定辽东局势，并重新确立在该地区的军事优势。

明朝与后金之间的战争，是一场谋略与实力的较量。后金军主要依靠重装骑兵作战，明朝则更倾向于使用战车阵列战术。

名将戚继光在总结与蒙古骑兵作战的经验时曾提出："往事，敌人铁骑数万冲突，势锐难当。我军阵伍未定，辄为冲破，乘势蹂躏，至无孑遗。且敌欲战，我军不得不战；敌不欲战，我惟目视而已。势每在彼，故常变客为主，我军畏弱，心夺气靡，势不能御。"（《练兵实纪》）戚继光认为，当敌人以数万铁骑发起猛烈攻击时，其势头难以抵挡。若明军未能及时稳定阵形，往往会被击破，甚至全军覆没。而对明军最为不利的是在战机上的被动，这会导致明军在气势上也处于劣势，畏缩不前，难以抵挡敌人的攻势。

所以说，战斗中的时机、战术的运用都是制胜的关键。

抚顺之役中，明军将领张承胤尝试采用车营战术来阻挡后金骑兵的攻势，但结果未能如愿，遭受了重大损失。这是明军运用车营战术在对抗后金军时遭遇的首次失败。令人不解的是，明军将领并未从这次的失败中吸取教训，在之后的清河之役中，他们再次采用车营战术，试图阻止后金骑兵，结果依旧因战术失算而败北。

在抚顺之战中，明朝军队近万人，列营而战，却陷入了后金军的伏击，结果惨败。相比之下，后金军数万人驱使骑兵冲锋陷阵，旗开得胜。导致这一结果的原因固然有很多，但其中战术的运用是一个关键因素。

兵书中曾言："夫大战之道有三：有算定战，有舍命战，有糊涂战。何谓算定战？得算多，得算少是也。何谓舍命战？但云我破着一腔血报朝廷，敌来只是向前便了，却将行伍等项，平日通不知整饬，是也。何谓糊涂战？不知彼，不知己是也。"（《练兵实纪》）

所谓大战之道有三种：算定战，是指根据敌我双方的情况进行周密的计算和策划，以求取得胜利；舍命战，是指不顾一切地奋勇杀敌；糊涂战，则是指对敌我双方的情况一无所知，盲目作战。

在清河之役中，努尔哈赤采用了算定战、舍命战和明白战的战术，在充分了解明军的情况下，制订了周密的作战计划，并率领将士们奋勇杀敌，最终取得了胜利。反观明朝的守将邹储贤，在对后金军虚实一无所知的情况下盲目作战，导致清河失守，痛失重地。

《盛京通志》记载，清河城位于赫图阿拉"城西南一百六十里，周围四里一百八十步，门四"。清河城地势险隘是军事重镇，堪称辽沈地区的天然屏障。

清河城三面环山，与沈阳、暖阳、辽阳和宽甸等地相邻，通过小路与抚顺相通。努尔哈赤亲自率领八旗军，越过鸦鹘关，对清河城进行了包围。城内的防御部队由副将邹储贤和参将张旆指挥，总兵力可达万人。面对后金军的围攻，他们选择了坚守，并在城墙上配备了火器，给后金军造成了严重的伤亡。为了突破城墙的防线，努尔哈赤命令士兵头顶木板，从城墙下挖掘地道进入城内。最终，清河城被攻陷，邹储贤、张旆以及城内的大约万名兵民全部壮烈牺牲。

清河城的失守，使得明廷大为震撼，整个辽东地区为之动荡。

关于这场战役，《三朝辽事实录》中有详细的记载："二十二日，奴从鸦骨关入围清河。参将邹储贤拒守，以火器杀贼千余，贼退而复合。援辽游击张旆战死。贼冒板挖墙城，东北角堕，叠尸上城。储贤见李永芳招降，大骂，尽焚衙宇及妻孥，领兵战于城上，力屈死之。"

后金在夺取清河城的战斗中，不仅展示了强大的军事力量，还彰显出高深的谋略。

努尔哈赤相继攻下抚顺和清河，使得他胆气越发壮盛，竟割去一名被俘汉人的双耳，让这个汉人鲜血淋漓地送信给明军。据《满洲实录》记载，努尔哈赤在信中强硬地说道："若以我为非理，可约定战期出边，或十日，或半月，攻城决战；若以我为合理，可纳金帛，以图息事！"努尔哈赤直截了当地告诉明朝，若是他们认为努尔哈赤发起军事行动不妥，那么大可继续约战，努尔哈赤将奉陪到底。若是明朝没有胆量，那就以金银财物来平息努尔哈赤心中的怒火。此时的努尔哈赤，处于气焰高涨的状态，在他的眼里，只有一字：战！

可以说，这封信将努尔哈赤的野心和愿望暴露无遗，但是，这封信并没有吓倒万历帝。万历帝以调动大军、决心彻底铲除后金势力，作为对努尔哈赤的回应。

努尔哈赤与万历帝相悖的意愿，导致了萨尔浒大战这一历史性的冲突发生。战争的结局是一系列出乎他们意料的历史事件，也给双方带来了深远的影响。

五、铁骑如云，萨尔浒大捷

努尔哈赤直逼边境，突然袭击抚顺的消息迅速传到了京师。朝廷中的九卿科道立即集合召开会议，共同商讨如何"大举征剿"赫图阿拉的决策。

为了发起对后金征剿的军事行动，朝廷上下都在紧张而有序地准备各项战前工作。

首先，委任将帅。朝廷对高层将领进行了人事调整，抚臣李维翰因故被免职，随即兵部侍郎杨镐被任命为辽东经略，负责统筹辽东的军事行动。同时，周永春被任命为辽东巡抚，负责地方政务。此外，还重新起用了山海关总兵杜松，并征调了已经返乡的老将刘綎等人，以增强前线的统帅者实力。

其次，调集兵马。为了增强军事力量，朝廷从福建、浙江、四川等地，征集了大量本地和外来的兵力，迅速调往辽东支援。据巡按陈王庭上报，各地驰援辽东兵马总数已超过八万。

再次，增赋转饷。为了保障军队的物资供应，朝廷还增加了辽饷，每亩加派三厘五毫的赋税，总计达到 200 多万两白银。同时，还转运了大量的粮食和军需物资以满足军队的需求。

从次，咨文朝鲜。据《明神宗实录》记载："皇上赫然，计必剿除。用调四方之锐，遣兴六月之师；输粮若阜，军气如雷；奴之期命，其焉至矣。"明朝向朝鲜发出咨文，要求朝鲜出兵协助征讨后金，并强调了铲除后金的决心和实力，准备发动大规模的军事行动。

继次，宣布军规。为了确保军队纪律，巡按兼监军陈王庭和辽东经略杨镐共同起草了军纪，并颁布给全军执行。

最后，万金赏格。为了激励士兵、鼓舞士气，明朝还设立了高额的悬赏制度。据《明神宗实录》记载："能擒斩奴儿哈赤者，赏银一万两，升都指挥世袭；擒斩奴酋八大总管者，赏银二千两，升指挥使世袭；擒斩奴酋十二亲属伯叔弟侄者，赏银一千两，升指挥同知世袭。"制度中，详细列出了不同擒斩目标的赏格，从努尔哈赤到其八大总管和十二亲属伯叔弟侄，都有相应的赏银和官职晋升。其中，擒斩努尔哈赤的人可获得万金悬赏并加级示酬。这一制度，通过兵部刊印的榜文广为传播，并特别传示给叶赫和朝鲜。

由上述几点可以看出，明朝对后金的征剿非常认真。

明朝经过长达 10 个月的筹备，来自四面八方的援辽兵马最终在辽阳集结。但是，士兵还没来得及休整，战马也未经喂养，朝廷便急于求胜，催促杨镐立即发动进攻，生怕军队久战疲惫，财政枯竭。

然而，明朝对自己的作战能力和用人眼光有所误判，所以导致进军之前出现两个较为严重的问题：一是经略人选不当，二是战略和防守的要点不明确。倘若这两点没有得到妥善处理，就会预先埋下失败的隐患。

首先，是经略人选不当。杨镐作为此次战役的统帅，其能力和经验让人产生深深的质疑。在过去的朝鲜之役中，杨镐表现极差，根本把握不住时机，也不谙用兵之道，这就导致他在担任经略时能力明显不足。

其次，刘綎作为一位常胜将军，具备丰富的军事经验和一定的战斗能力。尤其是身为抗倭名将刘显的儿子，他精通弓马，多次经历过战场的洗礼，被誉为一代名将。但是，他的军事建议却未被采纳。他曾上言指出："庙堂战守之议未定，将之责委未决，兵之分布未明，即火器、铠仗、车马未备，诸省征发未集，召募者未练，臣故所统旧将卒绎络未至。况今日主兵事者，中无成算，诚有可忧。闻警辄汹汹，危形若旦夕。而稍退，则处堂怡怡，竟置度外，应事过于张皇，绸缪疏于桑土，是宜虑而后动，战乃克胜。"（《罪惟录》）刘綎认为，目前主持兵事的人缺乏周全的计划和策略。在遇到紧急情况时，显得过于慌张，对危险的形势缺乏足够的准备。而在敌军稍微退却时，他们又安然自得，将危机置之度外。刘綎强调，应该深思熟虑后再行动。

当时，刘綎因受到诽谤而失去官职，赋闲在家。然而，当他接到朝廷的征召后，尽管内心犹豫未决，但还是迅速赶往辽东。

此时的明朝军队，虽然将领勇猛无比，但主帅杨镐却缺乏谋略。

杨镐兴师动众，架势十足，却未能深入了解兵家的三阵之道，即天地人三阵。兵法有言："兵家有三阵——日月风云，天阵也；山林水泉，地阵也；兵车士卒，人阵也。"（《太平治迹统类》）

杨镐在三阵不协调、七项条件（即刘綎上言的七事）未满足的情况下，固执己见，誓师并出兵。

天命四年、万历四十七年（1619）二月十一日，杨镐、汪可受、周永春等人齐聚辽阳的练兵场，举行誓师大会，准备出征讨伐努尔哈赤。

杨镐宣布了严格的军令，共十四款，违令者将受到斩首的惩罚。为了展示威严，他还取出了尚方宝剑，将临阵脱逃的指挥白云龙当场斩首示众。然而，在祃祭（祃祭，即军队在出征前进行的一种宗教仪式，向神灵祈求保佑，希望出师大捷，这种仪式也被称为师祭）时，却出现了不吉利的预兆：屠牛刀不够锋利，以至于 3 次才割断祭品；刘招孙在试槊时，木柄腐朽断裂，槊头掉落在地。

誓师后，杨镐等人仍决定采取分兵四路、分进合击的作战计划，向赫图阿拉进发。

西路军，即抚顺路。由山海关总兵杜松担任主将，他率领保定总兵王宣、前任总兵赵梦麟等共计超过 2 万名士兵，副使张铨负责监督军队，从沈阳启程，途经抚顺关，沿浑河北岸进入苏克素浒河谷，目标是从西面对赫图阿拉发起攻势。

南路军，即清河路。由辽东总兵李如柏担任指挥官，统领辽阳副总兵贺世贤、都司张应昌等 2 万多名士兵，兵备参议阎鸣泰和推官郑之范分别负责监督和协助管理。他们从清河出发，穿越鸦鹘关，计划从南面对赫图阿拉发起攻击。

北路军，即开原路。由前总兵马林担任主帅，带领开原副总兵麻岩、都司郑国良等 2 万余人队伍，开原兵备道佥事潘宗颜担任监军，岫岩通判董尔砺则是赞理。同时，还有 2000 名叶赫兵加入支援，由都司窦永澄监督。他们从靖安堡出发，经过开原、铁岭，目的是攻击赫图阿拉北部。

东路军，即宽甸路。由总兵官刘綎担任主将，率领宽甸游击事都司祖天定、南京六营都司姚国辅等 1 万余名士兵，由海盖兵备副使康应乾负责监军，同知黄宗周为赞理。此外，明朝还命令朝鲜国王李珲派出由都元帅姜弘立、副元帅金景瑞带领的1.3万名朝鲜士兵听从刘𬤲统一指挥，乔一琦作为都司负责监督。明军从凉马佃出发，与朝鲜军队会合后，计划从东部对赫图阿拉发起攻击。

辽阳和广宁是明朝在辽东地区的两大战略要地，为了确保这两地的安全，明朝派出经验丰富的将领驻守。由前任总兵官前府金书官秉忠和辽东都司张承基指挥军队，前往辽阳进行防御；同时派出总兵官李光荣戍守广宁，以防范蒙古骑兵的侵袭，管屯都司王绍勋则负责统筹，监督各条路线的粮草运输。

这次战役中，杨镐担任各路军队的总指挥，并将指挥部设在沈阳。明朝集结了超过十万的兵力，号称四十七万，以壮大声势。

关于明军兵力的确切数量：《明神宗实录》中，明军数量作几万余到几十万余的调整；《三朝辽事录》作八万余；《满文老档》和《清史稿》作二十万；《清实录》作二十万、号四十七万等。各种史料记载不一，总兵力的数目存在差异。

明军原计划在二十一日分道出师，但由于十六日天降大雪，出兵日期被迫改为二十五日。大学士方从哲和兵部尚书黄嘉善等人不顾恶劣天气带来的不便，持续发出红旗催促杨镐尽快进兵。

出征前，杜松就因大雪导致迷路，所以请求延缓出师日期。这时，刘𬤲也因对地形不熟悉再次请求延缓。

杜松、刘𬤲请求延缓出兵，引来杨镐的勃然大怒："国家养士，正为今日，若复临机推阻，有军法从事耳。"（《明史纪事本末》）杨镐声称，养兵千日，用兵今时，若谁再敢推阻，便军法处置，并将尚方宝剑悬挂在军门上，以示军威。

杨镐虽然任主帅，但他缺乏军事才能，骄横跋扈，昏聩无能。他只图侥幸取胜，既不了解自己的军队实力，也不了解敌情，更不顾及天气、地理和军心等因素，便仓促下令出兵。

《孙子兵法》中有言："善守者藏于九地之下，善攻者动于九天之上。"意思是说，善于防守者，懂得隐蔽自己的兵力，如同深藏于地底，使敌人无形可窥；善于进攻者，展开进攻时，如同神兵天降，使敌人无法预测。

然而，明军尚未启程，其作战计划却已经外泄。据《明神宗实录》所载山西道御史冯嘉会所言："我师进剿，出揭发抄，略无秘密，以致逆奴预知……又闻奴酋狡黠异常，不但辽左事机，尽为窥瞰，而长安邸报，亦用厚赏抄往，盖奸细广布，则传递何难？"就是说，努尔哈赤对明朝军事动向了如指掌。

努尔哈赤在得知明军的部署和进军时间后，迅速制定了应对策略。

面对杨镐的"兵分四路、分进合击"策略，努尔哈赤应对的战略大概有四：一是，以八旗大军中的黄、白、红、蓝四旗，分四路迎战，但这样可能会分散后金兵力，陷入被动；二是，全民撤退，躲入山谷，但这样可能导致屯寨被毁，难以恢复；三是，轻率出战，孤注一掷，但这样可能导致巨大损失，结果难料；四是，消极对待，听天由命，但这样可能导致部族破裂，前功尽弃。

以上，是努尔哈赤有可能会考虑的策略。然而，他并未选择任何一种策略，而是采取了更为智巧的谋略来应对。

杨镐采取"兵分四路、分进合击"的战术。那么，努尔哈赤就反其道而行，他决定集中兵力，意图逐路击破明军的攻势，并宣言："凭尔几路来，我只一路去！"如此豪言壮语，让人为之震动。

在明军即将四面围攻的严峻情势下，努尔哈赤确立了一个关键的军事策略，以确保战争的胜利，并由此开始了他的成功之路。

在确定反击明军的作战计划后，努尔哈赤进行了周密的安排和准备。他加强了军队的训练，以提升部队的战斗力；完善了军械，确保装备齐全；派出哨骑侦察，收集敌情；认真研究地形，寻找有利的作战地点；采取坚壁清野的策略，隐藏粮食，填塞水井，以减少敌军的补给；撤回各处的驻军和民众，将所有力量集中在赫图阿拉，形成一个有力的集中点，准备迎战气势汹汹的明军。

努尔哈赤的精心准备，展现了他对战争胜利的坚定决心和军事上的智慧与谋略。

明军抚顺路主将杜松，率领麾下2万多名士兵，于二十八日从沈阳出发，二十九日抵达抚顺关。

杜松是一位勇猛健硕的将领，被誉为虎将，但他为人刚愎自用、骄傲轻敌，且行事鲁莽、缺乏谋略，一心只图尽快立下战功。《明史纪事本末·补遗》中记载："松，榆林人，守陕西，与胡骑大小百余战，无不克捷，敌人畏之，呼为杜太师而不名。被召过潞河，裸示人曰：'杜松不解书，第不若文人惜死。'体创如疹，潞人为挥涕。松方出师，牙旗折为三，识者忧之。李如柏阳洒洒拜送曰：'吾以头功让汝。'松慷慨不疑。临行携扭械自随，曰：'吾必生致之，勿令诸将分功也。'如柏复遣人语之曰：'李将军已自清河抵敌寨矣！'松踊跃向前。"杜松，来自榆林，在陕西守卫边疆时与胡人的骑兵进行了大小百余次战斗，每次都取得了胜利。敌人非常畏惧他，称他为"杜太师"。杜松作为一位英勇无畏、忠诚坚定的将领，对国家的忠诚和对战斗的热爱毋庸置疑，但这些并不影响他对战功的热衷。

杜松渴望立下首功，因此他带领军队率先出了抚顺关口。

只见他的军队装备齐全，声势浩大，头盔如同海洋一般，刀枪林立。他们日夜兼程，每日奔驰百余里，迅速穿越了五岭关，直抵浑河岸。

由于立功心切，杜松坚持要过河，尽管其他将领建议扎营休息，他也置若罔闻。任总兵赵梦麟如何劝说，他也不听。车营的将官们也来劝阻却激怒了杜松。在酒精的作用下，他袒露胸怀，挥舞大刀，裸身骑马，径自渡河。将领们劝他披上甲胄，杜松却笑着说："身披坚甲入阵，那不是勇士所为。"说罢，便领军前进。

在此之前，努尔哈赤已经派人在河的上游筑起了水坝，以积蓄水势。当杜松的军队抵达时，努尔哈赤当即下令决堤放水。

明军士兵纷纷脱下衣服，涉水过河，但水深没肩，导致多人淹死。而辎重过河更是困难重重，军械车辆和火炮只能留在后方。尽管面临重重挑战，杜松还是率领前锋部队成功渡河，并俘获了女真族士兵 14 人，焚烧并攻克了 2 个敌营。随后，杜松一面迅速写捷报，一面纵马疾驰，越过两道关隘，抵达萨尔浒山口。然而，参将龚念遂的营中辎重较多无法渡河，只能绕行驻扎在斡珲鄂谟。

后金的侦察骑兵持续向努尔哈赤报告紧急消息。被派往西方的侦察骑兵首先报告：明军手持火把已从抚顺关出发。随后，派往南方的侦察骑兵也传来消息：在清河路上也发现了明军的踪迹。

在收到这些情报之后，努尔哈赤迅速召集各位贝勒和大臣们，分析敌我双方的战略形势。他预测明军的主力军很可能先从西方发起攻击。于是，努尔哈赤立刻下达了一系列指令：派 500 名士兵去守卫南方的路线；同时，动员左翼四旗和右翼二旗，共六旗的军队迅速前往萨尔浒；另外右翼两旗则被派往吉林崖；所有部队都向西边集结，准备迎战由杜松领导的明军主要力量。

努尔哈赤的反应十分敏捷，迅速作出了相应的对策。

三月初一，杜松率领的军队快速抵达萨尔浒。萨尔浒位于赫图阿拉西120 里处，也就是现在辽宁抚顺东大伙房水库附近。

当时，东路刘綎军虽然在二月二十五日从宽甸出发，但由于在凉马佃与朝鲜军会合，行进速度缓慢，仍在马家口一带行进；北路马林军则在二月二十九日从铁岭启程，因为叶赫的士兵尚未出动，加上后金军砍树堵塞道路进行阻挠，他们也还在途中；南路李如柏军则在当天刚刚离开清河鸦鹘关且行进速度缓慢。所以，只有勇猛且急于求功的杜松率领的军队孤军突出。

在抵达萨尔浒后，杜松将部队分为两部分：一路在萨尔浒山下扎营；一路由他亲自率领，进抵吉林崖，攻打界凡城。

在明军抵达萨尔浒之前，他们的前军已经遭遇了八旗军的伏击，而后军又受到了八旗军的截击，这使得明军人马伤亡惨重，士气大减。当明军抵达萨尔浒后，他们迅速布置战车，形成环形阵地，挖掘壕沟并树立栅栏，外围则配置火器，以旗鼓助威，准备与八旗军展开一场激战。

这时，努尔哈赤亲自率领六旗的精锐铁骑冲向明军在萨尔浒的主营。

努尔哈赤命令先锋军发起冲锋。明军随即开火铳，发射巨炮，炸弹在空中爆炸，战场上血肉横飞。八旗军则仰头射箭，箭矢如同暴雨般倾泻而下。身着铁甲的骑兵也奋力冲击，他们在震天动地的呐喊声中如同风暴和雷霆一般，狂猛地扑向明军的萨尔浒大营。

努尔哈赤的军事才能尤其体现在他善于运用骑兵的能力上。后金的铁骑战术集中而迅猛，能够迅速攻陷敌军的方阵，突破战线，粉碎敌人的联队，并驱逐步兵。这种战术成为努尔哈赤取得胜利的关键。只见后金的骑兵在战场上纵横驰骋，越过壕沟，攻破栅栏，如同猛虎出山，对敌方进行残酷的厮杀和蹂躏，可谓所向无敌。最终，他们一鼓作气攻下了萨尔浒的明军大营。

顺利攻下萨尔浒后，八旗军迅速掉转方向，前往吉林崖支援。此时，正在进攻吉林崖的杜松军队得知萨尔浒营地被攻陷的消息后，军心开始动摇。结果，他们又遭遇到从吉林崖山上倾泻而下的八旗军，士气更加颓废。但是，杜松仍然率领士兵进行了数十次激烈的战斗，试图占据山头，再利用高地优势进行反击。然而，他们没有预料到树林中竟隐藏着八旗军的伏兵，双方在对峙中展开了惨烈的激战。

八旗军凭借着数倍于杜松军的兵力，从河畔、莽林、山崖和谷地等多个方向将明军团团围住。明军点燃火炬，试图利用光亮击败暗处的敌人，同时用铳炮轰击丛林。然而，八旗军的箭矢像风一样从暗处射来，万箭齐发，射向明军的阵地。一时间，惨叫一片。杜松虽然勇猛，但左右冲杀，明显体力不支，最终因箭矢用尽、力竭而落马身亡。

据朝鲜援明杜松军的炮手李守良所见："贼自东边山谷间迎战，又一阵从后掩袭，首尾齐击。汉兵收兵结阵，贼大噪薄之；汉兵亦哈喊齐放，贼中丸中马者甚多。方为酣战，贼一大阵自山后下压，汉兵大败。……贼从山上乱下矢石，我军百余人及汉兵数千皆死。贼四面合围，斩杀无余。"（《光海君日记》）

由此可见，当时的战况相当激烈。面对后金军的围攻，明军几乎全军覆没。平原、山岗、河谷、树林都被溃败的明军填满了，武器和装备堆积如山，全军遭受了毁灭性的打击。《清太祖高皇帝实录》记载："明总兵杜松、王宣、赵梦麟等皆没于阵，横尸亘山野，血流成渠，其旗帜、器械及士卒死者，蔽浑河而下，如流渐焉！"杜松、王宣、赵梦麟等人都战死沙场，尸体横七竖八地散落在山野之间，血流成渠，一片惨象。

对于杜松在萨尔浒的失败，明朝认为他有"六失"。事实上，杜松的军队孤军深入，长途跋涉，并不熟悉地形，这使他们处于不利局面；而八旗军擅长骑兵野战和据险设伏。因此，努尔哈赤利用兵力众多、以逸待劳、擅长野战和据险设伏的优势，以客军身份打败了杜松，赢得了萨尔浒之战的胜利。

八旗军刚刚击败杜松军，侦察骑兵又飞快地报告说开原路的马林军已经到达。《明史》记载，马林率军"出三岔口，营稗子峪，夜闻杜松败，林军遂哗"。天明时，与八旗军相遇。

初二日，马林军在距离萨尔浒西北大约30余里的富勒哈山的尚间崖（今辽宁抚顺市北富尔哈附近）扎下营地。他们挖掘深深的壕沟，设置了严密的警戒哨位。

在得知杜松的军队战败后，马林部下的士兵开始骚动起来。为了应对这种局面，马林匆忙将攻势转为守势，布下了所谓的"牛头阵"。在这个阵势中，马林亲自率领军队驻守尚间崖，并依山势构建了一个方阵。围绕营地，他们挖了3道壕沟，并在壕沟外排列了骑兵。骑兵的外围则配置了枪炮和火器，火器的外围再布置一层骑兵。而在壕沟内部则配置了精锐的士兵。

与此同时，潘宗颜在飞芬山（亦作"斐芬山"。古山名，在今辽宁抚顺市北富尔哈附近）扎下另一个营地，与马林的尚间崖营地形成了掎角之势，共同构成了"牛头阵"。另外，杜松的后部龚念遂在斡珲鄂谟也扎下了营地，3个营地相距数里，整体上形成了一个"品"字形的阵势。

马林喜欢诗文，与名士交往，但他并非真正的将才。他自以为"牛头阵"既能互相支援，又能利用战车和壕沟来阻止后金骑兵的冲锋，同时用炮铳和火箭来克制后金的弓箭。这种消极的防御策略，最终导致兵力分散，使得各个营地如同蚕被困在茧中一样，形成了被动挨打的局面。

马林布置的防阵为努尔哈赤提供了可乘之机。

努尔哈赤尽管拥有3倍于敌的兵力优势，但他并未采取分兵围攻明军3个营地的战略，而是选择集中兵力，优先攻击"品"字形阵中的孤立之营，即龚念遂的营地。

参将龚念遂和游击李希泌统领步兵和骑兵，利用坚固的营寨和环绕的壕沟排列起枪炮，进行了严密的防守。努尔哈赤没有选择四面围攻的作战策略，而是亲自率领1000名精锐骑兵，针对龚念遂营的薄弱环节发起猛烈进攻，强行突破其防线。他们推倒营寨的楯车，打开一个缺口，随后八旗军如同洪水般从缺口涌入龚念遂营，骑兵在人群中践踏、砍杀、狂奔，营地被彻底摧毁，龚念遂也在激战中阵亡。

在斡珲鄂谟取得胜利后，努尔哈赤立即跃马疾驰至尚间崖，继续发起攻势。马林在尚间崖的营地防守严密，井然有序。努尔哈赤命令军队先占据山巅，然后向下发起冲锋。但是，在看到马林营地内的士兵与壕沟外的士兵会合时，努尔哈赤决定停止攻山，并下令士兵下马徒步应战。大贝勒代善、二贝勒阿敏、三贝勒莽古尔泰各自率领部队奋勇前进，冲向马林营。马林营中的明军发射鸟枪、大炮进行还击，但后金军勇猛无比，"火未及用，刃已加颈"，明军的火器还没来得及使用，八旗军的刀刃已经砍到脖子上了。两军短兵相接，骑兵横冲直撞，刀刃飞舞。

尽管后金军在战斗中受伤众多，但勇将扬古利包扎伤口后继续率领部队冲锋陷阵，双方兵马混战在一起。就在双方打得激烈之际，马林恐惧到了极点，策马先行逃跑。《明神宗实录》记载："敌至，林甚恐，遂提部下兵，避其锋以去。"主将马林先逃，副将麻岩战死沙场，其余士兵大乱，整个营地都被后金军占领。明军的尸体遍布山谷之间，血流成河，将整个尚间崖下的河水都染成了红色。

在攻下尚间崖马林营后，努尔哈赤又马不停蹄地率领军队奔赴飞芬山的潘宗颜营发起攻击。

潘宗颜在飞芬山上选择了一个较为有利的位置扎营，他利用坚固的楯车作为营垒，并在周围部署了各种火器，准备坚守阵地。在这种情况下，努尔哈赤指挥若定，他命令八旗军中的一半士兵下马，由身穿重甲、手持刀枪的士兵在前冲锋，身穿轻甲的士兵则手持弓矢在后支援。同时，另一半的士兵骑马对飞芬山形成包围之势，他们冒着生命危险，奋力攀登山坡并发起攻击。

潘宗颜高声呼喊，率领部队进行反击，其胆气和士气显得格外旺盛。由于明军提前占据了地势上的优势，居高临下对后金军发起了猛烈的火器攻击。面对凶猛的火力压制，八旗军队仍然顽强地突破了明军的营阵。随后，两军展开了激烈的混战，双方士兵互相周旋、厮杀、肉搏。炮队迎战步兵，铁骑冲击炮队。霎时间，硝烟弥漫，血肉横飞。

在这场激战中，马林所布置的"牛头阵"的另一只犄角也被后金军砍掉，潘宗颜营最终崩溃，潘宗颜也在战斗中英勇牺牲。据《明神宗实录》

记载，他死时的惨状令人不忍听闻："宗颜独留殿后，奋呼杀贼，胆气益厉，与游击窦永澄、守备江万春、通判董尔励等，及所部健丁，冲突鏖战，贼死者枕藉。自辰至午，力竭不支，遂同时遇害。宗颜，字士潜，万全都司保安卫人。能诗赋，善古文辞，至天文兵法，亦时时玩习。为诸生便究心时事，有《筹边赋》及《韬略十二对》。癸丑成进士，授户部主事，则奴酋猖獗，条具辽事，芹议时论毊之，遂挺身往督辽饷。会开原道缺，特用咨补。申明军令，严为巡缉，取剽掠奸淫者，立正以法，四境肃然。阴知马林不可共事……至是，果如其料。战没之日，骨糜肢裂，惨不忍闻，年三十六。讣至，上遣官谕祭，赐葬立祠，赠光禄卿，荫子兆环为锦衣卫世袭百户。谥曰：节愍。"

当时，叶赫贝勒金台石和布扬古原本约定要协助明军，与潘宗颜会合，但当他们到达开原中固城时，得知明军已经战败，震惊之余，为了保命选择果断逃跑。

至此，明朝北路的马林军队几乎全军覆没，只有主将马林带着少数几名骑兵逃回了开原。

在此之前，开原道兵备金事潘宗颜就已经察觉到马林缺乏将才，因此在出征之前他致信杨镐，直言不讳地说："林庸懦，不堪一面之寄，乞易别帅当此重任，而以林遥作后应，庶其有济；不然，不惟误事，且恐此身实不自保。"（《明神宗实录》）潘宗颜直接指出马林平庸懦弱，不能胜任如此重要的任务。否则，后果不堪设想。然而，杨镐并没有听取潘宗颜的建议，结果如潘宗颜所料，马林军队最终惨败。

初三日，努尔哈赤在击败抚顺路的杜松军和开原路的马林军后，又收到了紧急情报，得知明朝总兵刘绖正通过宽甸进入董鄂路，而总兵李如柏则从清河进入虎拦路。

为了应对新一轮的威胁，努尔哈赤立即派出一支军队南下，防御清河路的李如柏军。同时，又派出主力军向东出发，在山谷中设伏，以待截击刘綎军。完成战略部署后，努尔哈赤首先集结部队于古尔本，然后移至界凡，进行了一场盛大的祭祀仪式。只见，努尔哈赤令人杀了8头牛，以旗帜告天，这不仅是为了庆祝接连击败两路明军的胜利，也是为了鼓舞士气，激励将士们迎接即将到来的新的挑战。

在界凡的祭祀仪式结束后，努尔哈赤返回了赫图阿拉，亲自率领4000名士兵留守，坐镇指挥与刘綎军的战斗。

刘綎，江西南昌人，他是名将刘显的儿子，与杜松并列为明军中的杰出勇将。据《觚剩》记载："命取板扉，以墨笔错落乱点，袖箭掷之，皆中墨处。又出战马数十匹，一呼俱前，麾之皆却，喷鸣跳跃，作临阵势，见者称叹。"刘綎不仅擅长射箭和马术，而且箭术极为精准，马术出神入化。刘綎还有一个特别的爱好，那就是喝酒。每当临阵之际，他都会饮酒斗余，以此来激发自己的斗志。

刘綎受命之后，于二月二十五日刚从宽甸出发，却不巧遇到了恶劣的天气，"风雪大作，三军不得开眼，山谷晦冥，咫尺不能辨"（《先海君日记》）。于是，他率领着一支1万多人且器械繁杂又没有大炮火器支援的队伍，与朝鲜都元帅姜弘立、副元帅金景瑞统领的1.3万人会合后，在险峻难行的道路上艰难前进。

在刘綎前往赫图阿拉的路上，他们不仅要面对峻岭险隘、大川萦纡、山径崎岖、丛林密布的自然环境，还要应对后金军的坚壁清野策略。如朝鲜《光海君日记》记载："贼新斫大木，纵横涧谷，使人马不得通行，如此者三处。且斫且行，日没时到牛毛寨。原有三十余胡家，已经焚烧，埋置米谷。"这一路上的艰辛和挑战，足以考验刘綎这位英勇将领的智勇和决心。

后金军在屯寨中秘密储备了大量粮谷，使得宽甸路的明军粮草供应不继，而朝鲜军队的粮食短缺情况尤为严重，以至于全军上下几日没有进食过食物。由于军粮短缺，行军速度变得迟缓，直到三月初二日才抵达浑河。

浑河距离牛毛寨仅有 60 里，明军却花费了整整 3 天时间才到达。此时，刘𨱶对杜松军和马林军已经战败的消息一无所知。在这段充满艰辛的行军过程中，宽甸路军经历了几场小规模的战斗，据《明神宗实录》记载，"生擒斩获共二百一名颗"，这些俘虏和斩首的敌人中，除了少数女真游骑兵外，大多数是屯寨的妇女和儿童。

刘𨱶攻克并焚烧了 10 多个寨子，使得他军声大振，但出乎意料的是，他已经中了努尔哈赤的诱兵之计。"夷贼精兵五百余骑，直逼对山诱战，连诱连退。"（《明神宗实录》）努尔哈赤派出 500 多名精锐骑兵，直接逼近对山诱战，连续诱敌深入后，再连续后退。明东路的宽甸刘𨱶军最终进至距离赫图阿拉约 70 里的阿布达里冈。

阿布达里冈，位于今拉法河与加哈河分水岭处的老道沟岭，地形极为复杂，两侧高山耸立，中间是峡谷，山路崎岖难行，逶迤险峻，行军异常艰难，并且这里十分适合设伏。最终，刘𨱶军陷入了努尔哈赤在阿布达里冈精心布置的埋伏之中。

初四日，努尔哈赤为了迎击刘𨱶军精心部署了八旗军。扈尔汉率领 500 名士兵负责引诱明军向西行进。皇太极等人率领右翼四旗的兵力，悄悄地埋伏在阿布达里冈山麓的茂密丛林中；阿敏则带领他的部队在山冈的南谷处隐藏起来，等刘𨱶军通过一半时，发起突袭，攻打其尾部；代善则率领左翼四旗的士兵，在山冈隘口前的开阔地带，正面迎敌。此外，努尔哈赤还派出一些投降的汉人装扮成杜松的士兵去诱骗刘𨱶。

《明史纪事本末·补遗》中记载："建州兵得杜松号矢，使谍驰绐之，令亟来合战。𨱶曰：'同大帅，乃传矢，裨我哉！'谍曰：'主帅因事急取信耳。'𨱶曰：'始不约传炮乎？'谍曰：'塞地烽堠不便，此距建州五十里，三里传一炮，不若飞骑捷也。'𨱶首肯。"努尔哈赤令前去诱骗刘𨱶的人告诉刘𨱶，情况紧急，速速与杜松会合，并以炮声为信号。由于明军战报延迟，导致刘綎对此没有任何的怀疑。

间谍骑马飞驰而来，带来了努尔哈赤的密令，他命令使用刚刚缴获的杜松军大炮，通过燃炮来"传炮"。当刘綎军行进在阿布达里冈的途中时，远远地听到三声大炮轰鸣，声音隐约来自东北方向。他们误以为是西路杜松大军已经抵达。刘綎担心杜松会独得头功，因此急令部队火速前进。

阿布达里冈一带地形复杂，重峦叠嶂，险峻难行，马匹也难以列队，士兵更是难以保持队形。尽管如此，刘綎仍然督促兵马单列急进。当刘綎亲自率领精锐的前锋部队抵达阿布达里冈时，隐藏在山麓、丛林、溪谷、沟岔中的后金军伏兵突然发起攻势，一拥而上。

阿敏等人率领的部队突击而来，将刘綎军拦腰切断，并奋力攻击其尾部。同时，皇太极等人从山上飞驰而下，如同山洪暴发一般，漫山遍野地向明军冲杀而来。此时，努尔哈赤施展诡计诱骗刘綎，他利用杜松阵亡时的衣甲和旗帜，伪装成明军，乘胜督战。

当刘綎开始扎营时，却陷入了努尔哈赤的埋伏，最终遭到了失败。

后金军采用了里应外合的战术，从各个方向同时发动攻击，整个山谷充斥着喊杀声。刘綎虽然奋力抵抗了数十回合，但终因体力耗尽而战败身亡。他的养子刘招孙勇敢地冲入敌阵，试图救援，但最终也壮烈牺牲。

据《明史纪事本末·补遗》记载："建州兵假杜将军旗帜奄至，綎不之备，遂阑入阵，阵乱，綎中流矢，伤左臂，又战，复伤右臂，綎犹鏖战不已。自巳至酉，内外断绝，綎面中一刀，截去半颊，犹左右冲突，手歼数十人而死。刘招孙救之，亦死。"由此可见，后金军假冒杜松军的旗帜突然出现在战场上，刘綎完全没有防备，导致阵地失陷。在混战中，刘綎先后被流箭射中，但他仍然坚持战斗，一直战到亲手斩杀了数十名后金军后才英勇牺牲。刘招孙在救援过程中也不幸遇难，他的勇猛果敢，也令人大为震撼。

东路宽甸军的主将刘綎兵败身死，给明军带来了巨大的打击。随后，数千名浙江籍的士兵败退到山上扎营。据历史记载，后金军数百名骑兵突然发动攻击，浙江士兵无法抵挡，瞬间崩溃。在很短的时间内，这些士兵就被后金军屠杀殆尽，目睹这场惨状的人无不感到心痛和震惊。

战争的残酷和无情使人感到压抑。但无论是努尔哈赤胜利，还是明朝军队胜利，最终受难的都是参战的士兵以及无辜的百姓。倘若后金军不奋力激战，那么倒下的就会是自己。现实总是如此残酷。所以，当时的百姓心里是渴望统一的，这样起码不会再处于战乱之中。

在阿布达里冈的刘绖军失败后，代善等人将目标转向了富察，意图打击由康应乾统领的刘绖余部以及协助明朝作战的朝鲜军队。

在明朝监军乔一琦的催促下，姜弘立率领朝鲜军队在 4 日内抵达了富察。姜弘立作为都元帅，命令军队分为左、中、右 3 个营地，并亲自驻扎在中营。

然而，就在营地刚刚扎下的时候，代善率领数万骑兵向富察发起了猛烈的攻击，整个山林都被烟尘所笼罩。康应乾和乔一琦的军队在突如其来的攻击下迅速崩溃，乔一琦被迫逃向朝鲜军队的营地。当朝鲜军队的左、右两营刚刚开始发射铳炮时，后金骑兵已经冲入营地。由于连续多日的饥饿和口渴，朝鲜士兵战斗力严重下降。他们陷入了进退两难的境地，想要逃跑却没有后路，想要迎战却力不从心。在这种情况下，都元帅姜弘立和副元帅金景瑞选择了投降，但不幸的是，金景瑞在投降后仍被后金军杀害。明廷监军乔一琦在走投无路的情况下选择投崖自尽。

这场战争以明朝和朝鲜军队的惨重失败而告终。

明军在抚顺路、开原路、宽甸路接连失利后，杨镐急令清河路的李如柏回兵驰援。李如柏本就性格懦弱，行动迟缓，尚未与后金军交战，便接到了杨镐的回师命令。于是，他急忙下令撤军。

据《清史列传》所载："武理堪率二十骑至呼兰山，见敌军行山麓，乃于山巅驻马大呼弓手，四顾为指麾伏兵状。敌望见惊溃。武理堪遂纵骑疾驰击之，斩四十人，获马五十，敌相蹂躏，死者千余。"此时，后金军的牛录额真武理堪受命率领 20 名哨骑在虎拦山巡逻。他巧妙地利用地形，斩杀了 40 名明军士兵，夺得 50 匹战马，从而使得明军大乱。

《满文老档》和《满洲实录》也有类似的记述。虽然这些记载可能存在夸张的成分，但都生动地描绘了李如柏退师时草木皆兵、惊慌失措的情景。

李如柏撤军后，引发了明朝廷内部极大的愤怒。许多官员指责李如柏与努尔哈赤之间存在着秘密的联系，因此他才在战场上逗留不前，观望局势。努尔哈赤方面则坚称自己并未对李如柏的军队发动过任何攻击。

此外，户科给事中李奇珍劾李如柏娶了努尔哈赤的弟弟舒尔哈齐的女儿为妻，并育有 3 个孩子。由此还引发了"奴酋女婿作镇守，未知辽东落谁手"（《明神宗实录》）之民谣。暗示李如柏与后金的关系可能影响了他在辽东的镇守职责。

李如柏最终逃回清河，后来被关入监狱，自行了断生命。

在萨尔浒之战中，努尔哈赤与明朝经略杨镐之间的较量，以后金军的胜利和明朝的溃败而告终。

这场战役给明朝带来了巨大的损失。据统计，明朝军队中有 310 余名文武将吏阵亡，4.587 万余名士兵死亡，还失去了 2.86 万余匹战马、骡子和骆驼。

此役的失败，对明朝来说是一次极为沉重的打击。

萨尔浒之战中，明军的失利，主要缘于政治领域的腐败现象、军事层面的废弛状态、将领之间的矛盾与不和以及战术指挥的重大失误。这些因素加在一起，导致明军在战场上的挫败。

首先，朝廷腐朽。辽东事务的失败，根源在于经略、枢部、辅臣等高级官员乃至万历帝的腐败无能。明朝浙江道御史杨鹤在上呈的一份关于萨尔浒之战失败的奏疏中评论道："辽事之失，不料彼己，丧师辱国，误在

经略；不谙机宜，马上催战，误在辅臣；调度不闻，束手无策，误在枢部；至尊优柔不断，又至尊自误。"(《明史》)

杨鹤分析了导致明朝在萨尔浒之战失败的原因。首先，在战略上没有正确评估敌我形势，导致丧失大量军队和国家荣誉，这是经略的失误。其次，辅臣不熟悉战争策略，仓促下令出战，也是导致失败的重要原因。再次，兵部尚书在战争中未能有效调度军队，面对困境束手无策，也是其失误所在。最后，皇帝在决策时犹豫不决，缺乏果断，也是自误其国。

杨鹤耿直的性格显露无遗，他直言不讳，直击要害，甚至直接指向了万历帝，同僚都认为他的奏疏过于尖锐。一种无力感涌上杨鹤心头，因此，他以患病为由辞职。

实际上，萨尔浒之战的失败，其根源并不能仅仅归咎于万历帝和经略、尚书、宰辅等高级官员的个人过失，而是明朝君主专制体制腐朽所导致的恶果。

其次，军备废弛。明朝的军事状况严重恶化，从而导致萨尔浒之战的失败。

在战前，明军仓促应战，缺乏准备，军心涣散，斗志不足。此外，粮草和军饷供应不足，武器装备陈旧不堪，使得明军战斗力大打折扣。而援兵因为恶劣的条件哀号不已，将领也纷纷叛逃。新调来的援兵甚至不愿出关作战，而是伏地哀号。

明朝军队在辽东战事乱象频发，不仅援兵士气低落、哀号不断，而且援将也出现叛逃的情况，如："陕西固原游击佟国祚，领兵援辽，于万历四十六年九月二十八日，师次昌平，国祚闻伊父原任总兵鹤年降奴，遂萌叛志。给各官领兵先行，至二十九日又诡称家人佟六汉亡，即差牢役邵进忠等分投追赶，国祚遂得只身轻骑脱逃以去。"(《明神宗实录》)陕西固原的游击将军佟国祚，驻扎在昌平附近时，得知他的父亲、原任总兵佟鹤年投降了敌人，于是佟国祚开始产生了叛变的念头，并得以独自轻装逃脱。

可见，在这样的将领领导下，明军士兵又能有何作为。

再次，将帅不和。明军内部的将帅关系也十分紧张，存在着严重的内部问题，他们之间心存畏惧和猜忌，互相攀比和嫉妒。如，杜松和刘𬘭争夺军功，马林和杜松互相嫉妒，潘宗颜对马林不满，刘𬘭则对杨镐怀有怨恨。这种内部矛盾与不和，严重削弱了明军的战斗力，使得整个军队在萨尔浒之战中无法发挥出应有的水平。

此外，刘𬘭对杨镐的不满情绪表现得十分明显，这无疑也加剧了明军内部的对立和冲突。整个明军在萨尔浒之战中的表现，可以说是军事废弛、将帅不和的集中体现，也是导致明军失败的重要原因。

最后，指挥失策。可以说，杨镐的指挥失策是明军在萨尔浒之战中失败的直接原因。他既未深入了解敌情，也未倾听有益的谏言，同时缺乏对地理环境的熟悉，更未亲自参与战斗。虽然他提出了"兵分四路、分进合击"的作战计划，但由于未能妥善协调各路兵力，导致西路冒进，没有形成有效的合击之势，这使得明军原本在战略上的优势转变为战术上的劣势，从而导致四路出击，两路双双败北。

后金军在萨尔浒之战中之所以能够获得胜利，除了明朝的政治腐败、军事废弛、将帅不和以及指挥失策等外部因素外，还因为后金内部团结一致、将领智勇双全、兵马精锐强大以及部民的广泛支持。当然，其中最为关键的因素是努尔哈赤的出色指挥。

作为满族杰出的军事家，努尔哈赤巧妙地利用了上述外部不利条件和内部有利因素，精准地抓住了杨镐指挥失策的关键环节，充分发挥了自己的智慧和才能。分析如下。

其一，侦察敌情，判断正确。努尔哈赤在战略上展现出了过人的侦察和判断能力。与杨镐的盲目不同，他通过哨探、谍报和商人等多种渠道，深入了解明军的统帅、主将、兵力分布和作战计划。尤其是各路哨骑传来警报时，他能够迅速把握战局的关键，果断地选择以杜松军作为主攻方向。

其二，集中兵力，各个击破。努尔哈赤比较擅长以集中兵力的战术实现各个击破的战略目标。尽管明军在数量上占据优势，但努尔哈赤能够合理地调配有限的兵力，当各路受到威胁时，仅在东路派遣 500 人防御，南路派遣 200 人防守，而北路兵力虽无确切记载，但也不会太多。他坚信"凭尔几路来，我只一路去"的原则，集中兵力迎击明军。

杨镐作为明朝的军事统帅，制定了"兵分四路，分进合击"的战略，但在实际执行中，分路进攻并未形成有效的合击，最终导致兵败。而努尔哈赤则采取了"集中兵力，分路击破"的战术，通过合并兵力，形成强大的合击之势，以 3 倍或 4 倍于敌的兵力，逐路击败明军。这就使后金军在战略上的相对劣势，变为战术上的绝对优势。

其三，铁骑驰突，速战速决。努尔哈赤在萨尔浒之战中显露出惊人的战术眼光，他凭借精锐的骑兵部队，采取速战速决的策略。在明军形成合围之前的短短 4 天里，他成功击败了杜松军，接着又破灭了马林军。第三天，他更是精明地设伏准备，最终在第四天彻底歼灭了刘綖军。倘若后金军稍有迟疑，战局或许就会逆转。

其四，诱敌入伏，以静制动。努尔哈赤军事指挥的一个特点，就是善于利用地形优势，诱使敌人进入埋伏圈，以静制动，从而取得胜利。如，他成功地将刘綖引入伏击圈，以逸待劳，利用长处制敌短处，使敌人陷入混乱，最终将其消灭。

其五，努尔哈赤懂得利用战术上的优势，使后金军在士气和体力上都占据优势。他通过局部的战术成功和主动性，对抗明朝军队的劣势和被动性，逐步取得胜利。同时，他还擅长运用诈术和间谍，将投降的汉人装扮成杜松军士兵，成功欺骗了刘綖，使其上当受骗。这种精明的战术，能够让后金军从局部的优势和主动性逐渐转化为全局的优势和主动性，最终取得全面胜利。

其六，努尔哈赤在萨尔浒之战中身先士卒，亲临战场，指挥调度，与后金军军民一心，共同抵御明军的进攻。即使在边远的山区屯寨，也能灵活地埋藏粮食，坚壁清野，设置路障来抗击明军。努尔哈赤的英明领导以及后金全民的积极参与，为后金军的胜利提供了有力保障。

简而言之，正因努尔哈赤能够冷静分析，谨慎应战，灵活调整战术策略，精准判断战机，最终才得以取得萨尔浒之战的胜利。而萨尔浒之战，成为中外军事史上著名的以少胜多的战例。

在萨尔浒之战的整个过程中，努尔哈赤始终牢牢把握着战争的主动权。特别是在明军试图形成合围之前，他能果断作出判断，快速集中兵力，逐一击溃明军的各个部队。这场战役充分展示了努尔哈赤出色的军事指挥能力，可以说是他军事才能的一次精彩展现。

通过萨尔浒之战，努尔哈赤不仅赢得了战争的胜利，更巩固了他在军事领域的地位。

萨尔浒之战是明朝与后金之间一场具有重大历史意义的战役，其胜负直接影响了双方的军事地位和战略走向。此战的结果，标志着明朝由进攻转为防御，而后金则从防御转为主动进攻。

在随后的辽沈大战、广宁大战和松锦大战中，明朝军队接连失利，八旗军则连连得胜。这一系列战役，为后来清军入关、统治中原、实现国家统一奠定了基础。

后来，乾隆帝评价说："明之国势益削，我之武烈益扬，遂乃克辽东、取沈阳，王基开，帝业定。"(《清高宗纯皇帝实录》)萨尔浒之战的胜利，不仅削弱了明朝的国势，也提升了后金的军事实力，为后来征服辽东、夺取沈阳以及清朝的建立和皇权的稳固打下了无法撼动的基石。

随后，后金与明朝之间发生的一系列事件，可称之为"萨尔浒效应"。

六、萨尔浒效应

在萨尔浒大捷之后，努尔哈赤在赫图阿拉的官署内搭建了一个凉棚，用来庆祝，并为接下来的战役做准备。

与后金欢庆胜利、积极备战的情况形成鲜明对比的是，萨尔浒战败的消息传到京师后，引起了明朝廷极大的震动和恐慌。朝野上下，无不感到震惊和惶恐。官员开始收拾行李，准备将家属南迁避难。商民人心惶惶，京城九门甚至出现了上午开启、下午关闭的情况。然而，尽管朝廷面临着巨大的埋怨和混乱，却未能提出有效的对策来扭转辽东的局势。

在萨尔浒战败2个月后，明朝廷仍未能就辽东的局势制定出有效的应对策略。这时，努尔哈赤敏锐地察觉到了战机，于是趁着胜利的余威，率领军队对开原发起了攻势。

开原，最初是元朝时期的开元路地区，到了明朝时期得以扩建。开原地势险要，"跨龙冈，临大漠，边徼咽喉之路"（《开原县志》）。它东边与建州相邻，西部与蒙古接壤，北部与叶赫相连。因此，"辽左三面临险，而开原孤悬一隅"，可见开原在战略上具有重要的地位。

天命四年、万历四十七年（1619）六月，努尔哈赤率领四万八旗军，对开原发起进攻。

努尔哈赤将军兵分成奇袭和正面两路：一路以小规模部队直奔沈阳，扮演着诱敌的角色，沿途斩杀多人，以此来虚张声势；一路以主力大军进驻靖安堡，并于十六日突然抵达开原城外，发起猛烈攻击。

当时，明朝开原道的官员韩原善并不在任上，而是由推官郑之范暂时代理道事。然而，郑之范是个极其贪婪且残暴的官员，他的贪婪和腐败行为引起军中士兵的强烈不满。开原城中的守军腐败严重、士气低落、缺乏斗志，士兵没有粮食和军饷，战马也缺乏草料，整个军队陷入混乱和崩溃的状态。

努尔哈赤提前派出情报人员前往开原，对城内的军队数量、士兵的勇敢程度、粮饷储备、将领和官吏的能力等情况进行了深入侦察，对城内情况了如指掌。他得知守军将战马放牧在远离城外的地方，于是便抓住了这个机会，乘虚而入，突然率领军队包围了开原城。

八旗军在南、西、北3个城门同时发起攻击，他们布置了战车、竖起了云梯，士兵们鱼贯而入，沿城冲杀，使得城上的守兵无法抵挡而溃散。同时，八旗军在东门布置了重兵，进行激烈的夺门战斗。

由于后金派出的谍工已经在城内作为内应，八旗军得以内外夹攻，成功夺门进城。开原城最终陷落，明军将领大多战死沙场。

对于努尔哈赤来说，开原是继抚顺、清河之后第三座被攻陷的明辽东城池。

七月二十五日，努尔哈赤在成功占领开原之后，又率领贝勒大臣，指挥五六万大军，从三岔堡（亦称"山七拉堡"，在今辽宁铁岭市东南三岔子）出发，对铁岭城发起了包围攻势。

铁岭城，位于明朝沈阳的北部，是一个重要的城堡，四周被多个敌对国家环绕，处于极为关键的战略位置。

由于堡垒最容易从内部被攻破，努尔哈赤为了从明军内部打开缺口，不惜投入大量金钱收买明军中的叛徒，从而让铁岭的守军陷入内外夹击的困境。

值得一提的是，同年四月，明朝任命李如桢担任辽东总兵官。李如桢是李成梁的第三子，凭借父亲的荣耀和功绩得以成为指挥使，之后更是晋升为右都督，并曾在锦衣卫担任要职，同时还管理过南、北镇抚司。当李如桢抵达辽东后，杨镐因其是铁岭人，便派他守铁岭。不久之后，明朝廷又命令李如桢屯驻沈阳。这样一来，铁岭的防守力量变得更为薄弱，仅由参将丁碧等人率领少量兵力防守。

　　努尔哈赤看准了这个机会，决定利用丁碧作为突破口，达到攻陷铁岭的目的。

　　围攻铁岭之前，努尔哈赤仍精心策划，深入了解了明军内部将领之间的矛盾以及铁岭城防的空虚状况。他选择铁岭城东南的一座小山作为观察点和指挥所，亲自坐镇，指挥八旗军的步骑兵发动猛烈的攻城行动。同时，他利用之前收买的明军参将丁碧作为内应，让丁碧在关键时刻打开城门，迎接八旗军进城。

　　努尔哈赤运用智谋和策略，通过明军内部的叛徒从内部攻破堡垒，最终成功夺取了铁岭城。然而，李如桢未能及时意识到危险并迅速派兵支援铁岭，这成为明朝失去铁岭的关键因素。

　　开原和铁岭作为明朝辽东地区防御后金军西进的重要屏障，它们的失守给明朝带来了巨大的损失。

　　天命六年、天启元年（1621）春，努尔哈赤为了攻取辽阳和沈阳，进而掌握辽河流域的控制权，发动了辽沈之战。

　　战前，努尔哈赤精心策划，刺探情报，加强军备，制造攻城器械，如钩梯和楯车，为此战做了充分的准备。努尔哈赤制订作战计划，欲先攻下奉集堡，以此作为辽沈之战的开端。

　　奉集堡，介于沈阳和辽阳之间，是一个战略上较为重要的地点，位于沈阳东南40里处，能够与沈阳形成掎角之势。而奉集堡西南30里处的虎皮驿，则能与奉集堡形成策应之势。此外，奉集堡距离抚顺、辽阳各90里，是监视辽阳或进攻抚顺、马根单的必经之地，具有重要的阻截作用。

　　倘若奉集堡失守，沈阳将孤立无援；同样，倘若不守住虎皮驿，奉集堡也将陷入困境。这三地形成了三足鼎立的战略格局。因此在策划辽沈之战时，努尔哈赤将其视为关键的战略目标。

　　努尔哈赤率领贝勒大臣、左翼和右翼的精锐步兵与骑兵，分为八路进攻奉集堡，正式开启了辽沈之战的序幕。

奉集堡的守城总兵官李秉诚在得知八旗军逼近的消息后，没有选择坚守城池，而是在城外 6 里处扎营准备迎战。他派出 200 名骑兵作为先锋，但不幸遭遇了后金军左翼四旗的埋伏，最终溃败。后金军乘胜追击，李秉诚只好率兵撤回城内。

此时，努尔哈赤亲自在城北的高地指挥作战。他命德格类等带领右翼四旗兵追击明军。最终，明军的两万骑兵溃败，德格类率领的骑兵冲入明军集结的地方，使得明军惊恐逃散。

这时，明朝的总兵朱万良领兵前来驰援，但刚与后金军相遇，便众兵溃散，导致数百名士兵死亡。

努尔哈赤在奉集堡实施的一次侦察行动出乎意料地取得了成功。

在攻陷奉集堡 5 天之后，努尔哈赤将目标转向了沈阳的另一个重要支撑点虎皮驿，并将其一举拿下。紧接着，后金军队又来到了王大人屯，行动飘忽不定，显然是在为更大规模的进攻做准备。

努尔哈赤指挥着他的军队四处出击，忽东忽西，既在试探明军的虚实，也在试图麻痹明军的警惕，以便能够举全国之力，一举拿下沈阳。

沈阳是一座坚固的砖城，城墙高大厚实，护城河宽阔深邃。据史书记载，这座城池周长 9 里 30 步，高度达到 2 丈 5 尺。护城河分为两层，内层宽阔 3 丈，深度 8 尺，周长 11 里 3 步；外层同样宽阔 3 丈，深度 8 尺，周长则达到了 11 里多。城门共有 4 座，分别命名为永宁、保安、安定和永昌。

当时，明朝拥有相当庞大的兵力，贺世贤作为总兵，带领着他的直属部队和收降的士兵计有五六万人，副将尤世功则指挥着 1.5 万人的兵力。整体来看，守卫沈阳的兵力在七八万人。从明朝派出镇守沈阳的兵力之强，可以看出沈阳作为明朝在辽东地区的重要军事要塞，其战略地位何等显著。

三月十日，努尔哈赤亲自率领贝勒和大臣以及八旗大军，携带着"板木、云梯、战车，顺浑河而下，水陆并进"（《清太祖武皇帝实录》）向沈阳进发。

明朝军队在得知后金军进攻的消息后，立即通过烽火传递警报。沈阳的守将总兵官贺世贤和副将尤世功在接到警报后迅速行动，连夜率领1万名士兵加强城防。

"沈阳城颇坚，城外浚壕，伐木为栅，埋伏火炮。"（《明熹宗实录》）为了增强防御效果，明军在城周还挖设了沟堑，并设置了陷阱。士兵在井底插入尖桩，上面覆盖着秫秸和浮土，以伪装成普通地面，防止敌人趁夜偷袭。城墙上则环列着火器，确保对任何接近的敌人都能进行有效打击。

三月十二日，八旗军队抵达沈阳城下。努尔哈赤率领大军来到前线，但并未立即下令攻城。他先派出数十名骑兵渡过护城河进行侦察。尤世功带领家丁冲出城外，成功杀死4名后金侦察兵。随后，努尔哈赤命令使用战车进行冲锋，步兵和骑兵在后方跟进，将沈阳城彻底包围。

三月十三日清晨，努尔哈赤再次派出骑兵向明军发起挑战。贺世贤虽然勇猛但缺乏谋略，他每天都饮酒过量，贪图立功而频繁出城迎战。据《明熹宗实录》记载："世贤故嗜酒，次日取酒引满，率家丁千余出城击奴，曰：'尽敌而反！'奴以羸卒诈败诱我，世贤乘锐轻进。奴精骑四合，世贤且战且却，至沈阳西门，身已中四矢。"贺世贤没有察觉到自己已经进入努尔哈赤设好的陷阱中，战时过于冒进。当后金军的精锐骑兵从四面夹击时，贺世贤无力抵抗，逐渐后退，一直退到沈阳城的西门附近。最终身中数箭，坠马而死。

此时，努尔哈赤一方面派出精锐骑兵追击贺世贤的部队，另一方面则亲自督战，命令士兵使用云梯和攻城车进攻沈阳城。

在后金军如猛虎出林般的凶猛攻势下，贺世贤兵败，尤世功战死，明军士气大降，城内外陷入一片混乱。后金军一拥而上，涌入城内，占领了沈阳。

在努尔哈赤攻陷沈阳并击败明朝两路增援部队之后的第五天，即三月十八日，努尔哈赤召集诸贝勒大臣，提出了一个重大的军事决策："沈阳已拔，敌兵大败，可率大兵，乘势长驱，以取辽阳。"（《满洲实录》）

这个决策得到了所有贝勒和大臣的赞同。随后，努尔哈赤亲自率领八旗军，旌旗飘扬，遮天蔽日，浩浩荡荡地向辽阳进发。

辽阳被称为"砖城"，周长超过16里，城墙高3丈3尺，设有6座城门，每座城门上都有楼阁，而城市的四角则建有角楼。辽阳地区繁华昌盛，明代诗人张鏊曾用"辽阳春似洛阳春，紫陌飞花不见尘"的诗句来形容其美丽景象。

作为辽东经略驻地，辽阳在明朝与后金的争夺中具有极其重要的地位，是双方的必争之地。

辽阳作为明朝辽东地区的行政中心，是东北地区政治、经济、军事和文化的重要枢纽，其拥有坚固的城墙和深深的护城河，护城河沿岸布置了火器，城墙周围则设置了重型火炮，展示了其强大的防御能力。

然而，随着沈阳和奉集堡的连续失守，辽阳失去了其天然屏障。原本，辽阳是依靠沈阳和奉集堡这两座城市作为其防御的屏障。此时，明朝的精英将领和精锐士兵大多集中在沈阳和奉集堡，辽阳的兵力不足万人，寡不敌众。

在得知沈阳失守的消息后，经略袁应泰迅速命令各地的军队撤回辽阳进行防守。他下令引入太子河的水注入护城河，同时在城墙周围布置士兵，准备应对后金军的进攻。

三月十九日，后金军开始围攻辽阳。他们从虎皮驿出发，渡过浑河后直扑辽阳城。

三月二十日，后金军开始对辽阳城发起两面夹攻。明朝军队将主要兵力集中在东门和小西门进行防御。

明朝士兵首先在东城门排列成队，发射火炮以反击后金军的攻势。努尔哈赤随即命令后金军分成左右两翼，其中右翼四旗军队负责攻击东门，左翼四旗军队则负责攻打小西门。努尔哈赤亲自在右翼督战，并命令右翼军队分散力量去封锁城东的水道入口，而左翼军队则分派人手挖掘小西门的闸口，以便放掉护城河中的水。

明朝军队排列成三层，使用火器进行防御。后金军队大声呼喊并持续进攻，明朝的骑兵开始动摇，但步兵仍坚持战斗。而后，后金军队发动强攻，最终明朝步兵受到挫败并撤退。

三月二十一日，努尔哈赤亲自指挥左右翼军队发起了全面攻势，辽阳城最终被后金军攻下。

明朝的军队擅长守城战，而在野战方面则相对较弱；相反，后金军在野战中表现出色，但在攻城方面则稍逊一等。然而，出人意料的是，后金军在短短10天之内，接连攻陷了沈阳和辽阳两座重要城市。

努尔哈赤取得这一系列胜利，既是因为明朝政治腐败，使得民心丧尽，加之负责边疆事务的官员频繁更换，导致军队士气低迷，各地方之间不和，随意收纳投降人员，对情况掌握不清，指挥失当；同时，也是因为后金军利用了有利时机，将士们勇猛无畏，军队兵力集中，准备周全，战术运用灵活，上下一心，武器装备精良，指挥得当。且更为关键的是，努尔哈赤取得了萨尔浒之战的决定性胜利。

可以说，萨尔浒之战是后金与明朝在辽东地区的一场总决战，也是明朝的命运之战。

萨尔浒之战对后金和明朝都产生了深远的影响。自此，双方在军事上攻守换位，明朝进入防御阶段并再也没有反击的力量来扭转局面。明朝在辽东的主力部队近乎全军覆没，不但再无力反击，防御也只能重点防守几个较重要的城市。而后金终于可以毫无牵制地消灭明朝在辽东最后的盟友叶赫部，随着叶赫部的败亡，明朝也丧失了在辽东最后的倚仗。

在萨尔浒之战中，双方投入大量的兵力。此战过后，努尔哈赤从攻占明朝辽东的首座要塞抚顺开始，继而是开原、铁岭、沈阳，最终到辽东的行政中心辽阳，一路过关斩将，战无不胜，攻无不克，所向披靡。其中重要因素，就是萨尔浒之战的胜利，它如同一缕春风，唤醒了后金军心中的希望；如同一盏明灯，照亮了后金军前进的道路，使得后金军在生死徘徊中激发出惊人的威力，在努尔哈赤一次次明智的作战策略中找到胜利的方向。

反观明朝，因为此役战败，逐渐走向灭亡，虽然又勉力支撑了 25 年，但最终还是进入了政权更迭的循环。

在中国的历史长河中，不乏以少胜多的战例。然而，能让人始终铭记于心的却寥寥无几，而萨尔浒之战便是其中之一。

这场改变明朝与后金命运的战役，将始终在人们心里占据一席之位，其影响深远而持久。它重塑了历史的走向，激发了无数后人的思考与感慨。每当我们回顾这段历史，都能从中汲取经验智慧和前行的力量。